英国外交史
从都铎王朝到汉诺威王朝

〔英〕蒙塔古·伯罗斯 著　蒋弘 译

THE HISTORY OF THE FOREIGN POLICY OF GREAT BRITAIN

中国出版集团公司
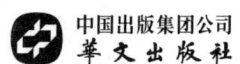
华文出版社

图书在版编目（CIP）数据

英国外交史：从都铎王朝到汉诺威王朝/(英)蒙塔古·伯罗斯著；蒋弘译. -- 北京：华文出版社，2021.9

（华文全球史）

ISBN 978-7-5075-5491-5

Ⅰ.①英… Ⅱ.①蒙… ②蒋… Ⅲ.①外交史—英国 Ⅳ.①D856.19

中国版本图书馆CIP数据核字(2021)第165806号

英国外交史：从都铎王朝到汉诺威王朝

作　　者：	[英]蒙塔古·伯罗斯
译　　者：	蒋弘
选题策划：	华文盛世
插图供应：	18629596618
责任编辑：	景洋子　魏丹丹
出版发行：	华文出版社
社　　址：	北京市西城区广外大街305号8区2号楼
邮政编码：	100055
网　　址：	http://www.hwcbs.com.cn
电　　话：	总编室010—58336239 发行部010—58336212
经　　销：	新华书店
印　　刷：	三河市燕春印务有限公司
开　　本：	710×1000　1/16
印　　张：	23
字　　数：	320千字
版　　次：	2021年9月第1版
印　　次：	2021年9月第1次印刷
标准书号：	ISBN 978-7-5075-5491-5
定　　价：	89.00元

版权所有　侵权必究

出版前言

随着中国开放的大门越开越大,关注世界各国尤其是西方国家文明的源流、发展和未来已经成为当下世界史研究的一个热点。为了成系统地推出一套强调"史源性"且在现有世界史出版物中具有拾遗补阙价值的作品,我们经过认真论证,推出了"华文全球史"系列,首次出版约为一百个品种。

"华文全球史"系列从书目选择到译者的确定,从书稿中图片的采用到人名地名的规范,都有比较严格的遴选规定、编审要求和成稿检查,目的就是要奉献给读者一套具有学术性、权威性和高质量的世界史系列图书。

书目的选择。本系列图书重视世界史学科建设,视角宽阔,层级明晰,数量均衡,有所突出。计划出版的华文全球史中,既有通史,也有专题史,还有回忆录,基本上是世界历史著作中的上乘之作,同时也是填补国内同类作品出版的空白。

人名地名规范。本系列图书中人名地名,翻译规范,重视专业性。同时,在人名翻译方面,我们坚持"姓名皆全"的原则,加大考据力度,从而实现了有姓必有名,有名必有姓,方便了读者的使用。另外,在注释方面,书中既有原书注,即完整地保留了原著中的注释;也有译者注,又体现了译者的研究性成果。

书中的插图。本系列图书的一个重要特点是书中都有功能性插图,这些插图全方位、多层次、宽视角反映当时重大历史事件,或与事件的场景密切相关,涉及政治、军事、经济、社会、外交、人物、地理、民俗、生活等方面的绘画作品与摄影作品。功能性插图与文字结合，赋予文字视觉的艺术，增加了文字的内涵。

译者的确定。本系列图书的翻译主要凭借的是一个以大学教师为主的翻译团队，团队中不乏知名教授和相关领域的资深人士。他们治学严谨，译笔优美，为确保质量奉献良多。

"华文全球史"系列作为一套具有较高学术价值的优秀的世界历史丛书，对增加读者的知识，开阔读者的视野，具有积极的意义。同时要看到，一方面很多西方历史学家的观点符合事实，另一方面不少西方历史学家的观点是错误的，对于这些，我们希望读者不要不加分析地全盘接受或全盘否定，而是要批判地吸收外国文化中有益的东西。

华文出版社

2019年8月

序　言

19世纪以来，英国史的研究范畴日益扩大。对公众来说，阅读各个专题的英国史很有必要。本书试图采用有别于通史的描述方式，尽可能地为读者勾勒出英国史的全貌。鉴于专题史撰写工作的复杂性，书中难免存在纰漏之处。为了让读者对英国外交史有更深刻、更广泛的理解，笔者需要花些笔墨回顾英国外交政策演变过程中，许多国内重大事件和国外重大事件的发展脉络和内在联系。考虑到本书中部分章节的内容，《英国外交史》的书名略显狭隘，但以英国外交政策为主线的写作方式自有其优势。过多地引用繁杂的条约细节、外交礼仪及各个国家具体的法律规定和习俗，会不可避免地涉及国际法和古代文献学等领域，叙述也会因此变得更加枯燥。读者很难理解对他们来说完全陌生的领域。对读者来说，叙述历史事实的方式更容易帮助他们理解英国外交政策的演变。

本书写作的主要目的是向读者展示连贯、漫长的英国外交政策史。王朝更迭、外交失误、统治过失、宗教纷争、外部竞争和环境压力等因素，时常会导致英国外交政策回归传统。与其他国家相比，作为"海上明珠"的英国拥有无与伦比的地理优势。在坚持原则和顺应国运的前提下，英国既历经沧桑，也曾繁盛一时。岛屿形态和海上风暴为英国筑起了与欧洲大陆对峙的隐形堡垒。逐渐强大的皇家海军让英国能够走出光荣孤立，开始融入欧洲。最初，英国只是偏居大西洋一隅、孤立于欧洲大陆的"天涯海角"[①]。随后，它开始关注欧洲大陆上的纷争。随着自身利益的不断扩大，英国开始以挑衅者、盟友或仲裁人的身份参与欧洲大陆的政治事务。英国尽管积极参与欧洲的势力均衡，但从未忘记利用自己独立于欧洲大陆的地理优势，通过发展海军、商贸和殖民扩张，逐渐发展成世界性的海上帝国。在发展过程中，英国获得的辉煌成就、遭遇的曲折及采取的外交政策构成了本书的主要内容。

书中提到的某些观点，来自笔者早期出版的《英格兰历史评论》。此外，书中有几页内容改编自笔者的另外两本书，即《英格兰帝国》和《海军上将爱德华·霍克传》。

---

① 天涯海角，又称图勒，是古代欧洲传说中位于世界极北之地"许珀耳玻瑞亚"的一个地方，通常被认为是一座岛屿。最早由古希腊探险家皮西亚斯提及，他的记载中写道：图勒旁边的地方"由既不是水也不是空气的物质组成，或者说是前两者的混合""陆地和水都悬浮着，既不能踏足，也不能航行""太阳落下两三个小时后又会升起来"。——译者注

目 录

001 **第 1 章**
伊丽莎白一世统治前后的英格兰王国外交政策原则

021 **第 2 章**
斯图亚特王朝时期的英格兰王国外交政策

039 **第 3 章**
威廉三世统治下的英格兰王国外交政策

067 **第 4 章**
18 世纪早期的英国外交政策

085 **第 5 章**
1739 年英国与西班牙王国爆发战争始末

113 **第 6 章**
大英帝国崛起时期的英国外交政策（1739 年到 1763 年）

145 **第 7 章**
七年战争结束到法国大革命时期的英国外交政策
（1763 年到 1789 年）

167	**第 8 章**	
	法国大革命时期的英国外交政策（1793 年到 1800 年）	
193	**第 9 章**	
	拿破仑战争时期的英国外交政策（1798 年到 1807 年）	
227	**第 10 章**	
	拿破仑战争时期的英国外交政策（1807 年到 1808 年）	
253	**第 11 章**	
	拿破仑战争时期的英国外交政策（1808 年到 1814 年）	
283	**第 12 章**	
	1814 年到 1827 年的英国外交政策	
309	**第 13 章**	
	1827 年到 20 世纪的英国外交政策	
339	**译名对照表**	

第 1 章

伊丽莎白一世统治前后的英格兰王国外交政策原则

精彩看点

英国外交政策的基础——建立一支常备海军及与欧洲大陆国家结盟的必要性——英格兰王国早期君主在欧洲大陆的权势——出类拔萃的英格兰海军——佛兰芒联盟——"势力均衡"理念的兴起——率先统一的英格兰王国——势力均衡系统形成的原因——亨利七世抓住机遇——亨利八世和伊丽莎白一世对亨利七世外交政策的延续——伊丽莎白一世外交政策的必要性——伊丽莎白一世实施势力均衡外交政策的动机和方式——伊丽莎白一世外交政策的效果

中世纪后，英格兰王国的外交政策历史脉络清晰、连贯，但我们很容易忽视一个事实：自诺曼人征服英格兰王国后，英格兰王国的外交政策少有变更。英格兰王国采取何种外交政策不是由偶然因素，如某个特定君主的雄心、外交大臣的煽动、民众的热情或殖民地的壮大决定的，而是出于某些必然选择。追根溯源，英格兰王国的外交政策都由一个基础事实决定：英格兰王国是一个岛国，并且紧邻爱尔兰。因此，在制定外交政策时，英格兰王国必须考虑到"爱尔兰"这一因素。

目前有一种被广泛接受的错误观点，即英国的外交政策成形于近代。这是一种对英格兰历史的狭隘看法。斯图亚特王朝的四个君主采取了与以往王朝截然不同的外交政策，导致我们对斯图亚特王朝之前英国的外交政策印象模糊。为了把握英国外交政策的整体历史脉络，我们必须认识到，斯图亚特王朝采取的外交政策背离了英国外交的传统，应该被视为个例。在都铎王朝的全新背景下，亨利八世和伊丽莎白一世贯彻的外交政策，延续了英格兰王国的外交传统，遵守了斯图亚特王朝君主违背的不成文法。为了帮助读者更好地理解英国外交政策史，我们需要从更早的历史时期讲起，比如从诺曼底王朝和金雀花王朝讲起。

任何漂洋过海来到英格兰的入侵者都需要考虑一个首要问题，即如何防止自己占领的英格兰被再次侵略。历史上,英格兰曾遭遇四次入侵。罗马人征服了最初定居英格兰的凯尔特人;盎格鲁-撒克逊人征服了罗马人统治下的不列颠人;丹麦人征服了盎格鲁-撒克逊人;诺曼人征服了丹麦人和英格兰人。在超过一千年的时间里,不列颠群岛成了一批批入侵者垂涎的宝地。将英格兰与欧洲大陆分隔开的英吉利海峡,让英格兰人在进攻而非防御上更占优势。在发展初期,英格兰人口分布稀疏,统治力量薄弱。当地人很难预测敌人将从何处登陆入侵,并且缺乏一支能够四处巡航的强大海军。英格兰人虽然生性顽强,英雄气概十足,但在上述四次入侵中,均未能成功抵御外来侵略。

盎格鲁-撒克逊人

老弱妇孺目送诺曼人的舰队远征英格兰

航行在英吉利海峡的诺曼舰队

英格兰遭遇的四次入侵在每个英格兰人的脑海中留下了永恒的印记。每次入侵都带来了惨痛后果，不仅让人民饱受摧残，往往还会引发英格兰的法律、语言和土地制度的剧变。因此，诺曼人征服英格兰后，无论是曾经的征服者还是被征服者，所有英格兰人都能够通过加强防御、维持稳定的政治秩序等方式，迅速团结起来，抵抗外敌入侵。

最关键的国家防御政策有两项：一是英格兰王室必须组织起一支常备海军；二是英格兰王国要积极拉拢盟友，对抗共同的敌人。几个世纪后，第二项政策逐渐演变成以下要求：与英格兰东南部隔海相望的欧洲大陆必须掌握在英格兰王国或其盟友手中。

除上述基础性原则之外，诺曼人和金雀花王朝的君主还提出了其他要求。当时，诺曼人和金雀花王朝的君主占领着法兰克人的土地——主要包括一些独立国家，导致诺曼人和金雀花王朝君主的属岛数量有所增加。一方面，诺曼人和金雀花王朝的君主的实力已经远超法兰西国王；另一方面，英格兰王国和法兰西王国始终相互敌对，法兰西王国的历代国王都是英格兰人的宿敌。在很长一段时期内，通过不断兼并其他封建国家，法兰西国王的权势逐渐超过了英格兰国王。但在三百年里，独立的阿基坦大区和相对独立的布列塔尼公国严重阻碍了法兰西王室进一步扩张势力范围。

法兰克人

路易八世　　　　　　　　　　　　　　　　　　　　　　　　理查二世

英格兰国王肩负着领导英格兰人民对抗法兰西王国的艰巨任务。在议会制政府建立和英格兰国王的权力受到制约前，英格兰国王时常陷入与法兰西王国的战争泥潭。在几个世纪中，由于历任英格兰国王和法兰西国王的喜怒无常，英格兰王国与法兰西王国的关系波动剧烈、时好时坏。在实践中，此前提到的英格兰王国防御政策的必要性和正确性总能得到验证。路易八世入侵英格兰的真正目的，是与英格兰王国的某些党派结盟，而不是侵略英格兰。尽管在理查二世的软弱统治下，英格兰沿海城镇被烧毁，但从那以后，英格兰王国并不曾被真正入侵过。

在发展早期，英格兰海军实力欠佳，但与同时期其他国家海军相比，称得上是出类拔萃。"五港同盟的皇家海军"一直受英格兰王室的直接控制。必要时，英格兰国王名下的军舰会在战争中协助"五港同盟的皇家海军"。诺曼人入侵英格兰前，英格兰人和佛兰德斯人就十分亲近，布列塔尼人也曾为英格兰人占领诺曼底提供支持。对英格兰人来说，诺曼底和皮卡第没有过多条件优良的海港或足够长的海岸线，所以不会对自己造成严重的安全威胁。

低地国家①的居民与英格兰人血缘相近，商贸往来频繁。大部分佛兰德斯城镇居民是英格兰人的生意伙伴，其社会地位远高于法兰西人扶持的佛兰德斯封建领主。

因此，英格兰和佛兰德斯拥有良好的合作基础。在与佛兰德斯的交界线上，法兰西的防守十分薄弱。当爱德华三世宣称英格兰王国拥有海上主权时，低地国家的居民和布列塔尼人自然十分认可。

爱德华三世

---

① 低地国家，又译作低地诸国，是对欧洲西北沿海地区的称呼，广义上包括荷兰王国、比利时王国、卢森堡大公国及法国北部与德国西部；狭义上则仅指荷兰王国、比利时王国、卢森堡大公国三国，合称"比荷卢"或"荷比卢"。——译者注

在接下来的几个世纪中，英格兰王国与西班牙王国或其他欧洲大陆国家结成的联盟往往视法兰西王国为劲敌。与法兰西王国为敌是英格兰王国外交政策的精髓，因为这样做可以避免英格兰王国再次遭遇入侵，也因为诺曼底王朝和金雀花王朝控制下的部分法兰西行省管理起来有一定难度。15世纪中叶，诺曼底王朝和金雀花王朝遗留下来的法兰西行省纷纷脱离了英格兰人的控制，回到法兰西王国的怀抱。

金雀花王朝日渐衰败。随后出现的一个更加强大的英格兰王朝，将会建立起势力均衡系统，用一种更文明的方式维护英格兰王国的利益。

等到物质条件成熟后，新的势力均衡系统方能成形。15世纪，法兰西王国、西班牙王国和神圣罗马帝国都曾实现过国家统一。英格兰王国的统一时间则更早。在征服了威尔士、统治了爱尔兰、与苏格兰达成某种外交协议（因为爱德华七世未能成功地兼并苏格兰）后，英格兰王国实现了前所未有的统一。西班牙王国在联合了卡斯蒂尔和阿拉贡后才实现统一；法兰西王国在吞并了加斯科涅、普罗旺斯和布列塔尼后实现统一；马克西米利安一世开始统治神圣罗马帝国后，神圣罗马帝国也才实现统一。统一后的欧洲国家开启了全新的发展道路。英格兰王国外交政策的关键是在欧洲国家之间斡旋，平衡它们的实力，通过运用外交手段避免战争爆发。为了实现上述目的，英格兰王国必须实现国内统一和掌握海上霸权。于是，皇家海军得到长足发展。

在更早些时候，势力均衡原则就已经出现，我们在此不过多阐述。古希腊各城邦曾灵活运用势力均衡原则。神圣罗马帝国时期，势力均衡原则被搁置一旁。中世纪的罗马教皇曾利用西西里岛上的诺曼人制衡反对教皇的德意志人、意大利人和法兰西人。亨利七世和亨利八世更是运用势力均衡原则的高手。稍后，我将对比伊丽莎白一世与父亲亨利八世和祖父亨利七世的外交手腕。在外交领域，伊丽莎白一世对势力均衡原则炉火纯青的运用使她所向披靡。在讨论摒弃了都铎王朝外交传统的斯图亚特王朝前，我们先回顾一下都铎王朝君主的外交政策。

马克西米利安一世

亨利七世

亨利八世

伊丽莎白一世的外交政策与亨利七世、亨利八世的外交政策存在差异，这与欧洲大陆宗教改革引发的变化密切相关。亨利八世统治末期，宗教改革引发欧洲局势变化。然而，在欧洲，势力均衡系统的逐渐发展和成熟，是从神圣罗马帝国皇帝查理五世即位后开始的。如果要避免霸权帝国出现，就必须组建国家间的联盟。国际法自此应运而生。势力均衡的实质是自我防御。它是欧洲各国统治者的智慧结晶。然而，当势力均衡真正发挥作用后，就会立即遭到滥用。不久后，势力均衡以"欧洲协调"的名义出现，再次流行起来。所谓欧洲协调，就是强国通过议会管理弱国的一种制度，管理手段通常以收效甚微的仲裁为主。

神圣罗马帝国皇帝查理五世

欧洲各国开始逐渐走向统一。即位前的坎坷经历让亨利七世提前拥有了英格兰君主必备的外交素质。亨利七世的流亡生涯、在法兰西王国长期居住的经历，以及他知人善任的眼光，让他选择采用势力均衡的外交原则。事实上，势力均衡原则最早由法兰西王国和西班牙王国创建。布列塔尼公国的分崩离析与约克派支持者——佛兰德斯人——对亨利七世作为兰开斯特派领袖的敌意，打破了一段时间以来法兰西王国和英格兰王国之间的和平局面。通过参与入侵法兰西王国的行动，英格兰王国维护了本国安全。1494年，意大利战争爆发后，西班牙王国、法兰西王国和神圣罗马帝国之间冲突不断。亨利七世抓住机遇，开始实施势力均衡的外交原则。伊丽莎白一世将势力均衡原则进一步系统化。下面我将用少量篇幅介绍都铎王朝时期势力均衡体系的运作，以及斯图亚特王朝背离势力均衡体系的过程及引发的灾难性后果。人们通常认为，亨利七世的外交政策的目的是与实力日益增强的西班牙王国紧密结盟，进一步巩固都铎王朝。毫无疑问，西班牙王国正处于巅峰时期：驱逐摩尔人和发现美洲大陆让其成为当之无愧的众国之首，对意大利南部的入侵则为其赢得了地中海的控制权。亨利七世认为，与西班牙王国建立紧密联系可以弥补法兰西王国统一给英格兰王国带来的损失。这是亨利七世实施势力均衡外交政策的直接原因。法兰西人曾经将英格兰人从祖祖辈辈一直居住的阿基坦大区赶走。如今，阿基坦已并入法兰西王国，英格兰王国需要西班牙人在南边密切关注这一地区的动向。佛兰芒海岸已经被神圣罗马帝国和法兰西王国一分为二，英格兰王国也需要平衡它们的实力。

与神圣罗马帝国皇帝马克西米利安一世及其子卡斯蒂尔国王腓力一世的联姻，迅速提升了西班牙王国的实力和地位，也加深了西班牙王国和神圣罗马帝国在低地地区的共同利益。法兰西国王查理八世统治地位岌岌可危，只能通过与英格兰王国联盟的方式应对西班牙王国的威胁。因此，在宗教因素对国际政治产生广泛影响前，势力均衡的外交政策已经形成，但尚未成熟。只有英格兰王国和法兰西王国这样强大的国家才能运用这种政策，来停止它们之间频繁的复仇之战和避免人员伤亡。在英国历史上，亨利七世、亨利八世和伊丽莎白一世都曾实施过势力均衡的外交政策。法兰西人的外交手腕也毫不逊色。法兰西国王查理五世也曾因统治地位遭到威胁，在外交中高度重视势力均衡原则。弗朗索瓦一世也曾不顾外界眼光，毅然与土耳其人组成联盟。因此，势力均衡也是法兰西王国外交政策的重要原则之一。值得注意的是，势力均衡原则、科学的外交方式、国际法和文艺复兴几乎是同步推进的。威尼斯就是一个典型案例。

都铎王朝的君主奉行了一脉相承的外交政策。在亨利八世统治末期和伊丽莎白一世统治时期，宗教问题演变成影响外交政策的关键因素。在此，我

弗朗索瓦一世

不再赘述亨利七世反复无常的结盟细节。英格兰王国先是和西班牙王国结盟对抗法兰西王国，然后与法兰西王国结盟制衡权势极大的神圣罗马帝国皇帝查理五世（查理五世是自西罗马帝国皇帝查理一世以来统治势力范围最广的君主），最后又联合神圣罗马帝国皇帝查理五世抗衡法兰西王国。亨利八世和托马斯·沃尔西的制衡外交，让文艺复兴时期的英格兰王国得以繁荣，也让英格兰人逐渐接受了势力均衡的外交策略。来自神圣罗马帝国和英格兰王国的改革者交流互动日益频繁，产生了深远影响。英格兰各地开始翻译和诠释《圣经》，为后来亨利八世与罗马教廷在离婚案上产生的矛盾，以及随后英格兰王国国内反对教皇的运动埋下了伏笔。

爱德华六世和玛丽一世统治期间，法兰西王国收复了亨利八世统治时占领的全部法兰西土地。在经历了爱德华六世和玛丽一世的短暂统治后，英格兰人迎来了伊丽莎白一世的统治。伊丽莎白一世将势力均衡原则运用得淋漓尽致。即位后，伊丽莎白一世立刻发觉自己的处境比父亲亨利八世和祖父亨利七世更凶险。玛丽一世与西班牙国王腓力二世联姻。腓力二世随后继承了父亲查理五世统治下的庞大帝国。虽然腓力二世的叔叔斐迪南一世负责统治德意志和奥地利，但腓力二世继承到的权力依旧巨大。苏格兰女王玛丽一世与后来成为法兰西国王的弗朗索瓦二世联姻。上述事件都为伊丽莎白一世的统治增添了许多不稳定因素。如今，两大天主教国家，即法兰西王国和西班牙王国都对英格兰王国怀有敌意。西班牙国王腓力二世曾向伊丽莎白一世求婚，但被伊丽莎白一世拒绝。从此，腓力二世与伊丽莎白一世势不两立。法兰西国王弗朗索瓦二世和美貌动人、拥有苏格兰和法兰西双重血统的苏格兰女王玛丽一世结婚后，将苏格兰王室的徽章融入法兰西王室徽章图案中。英格兰王国以当时的实力不足以与结盟后的法兰西王国和西班牙王国对抗。在能力高超的大臣的辅佐下，伊丽莎白一世终生都在贯彻势力均衡的外交理念。

在伊丽莎白一世统治的四十五年中，势力均衡理念得到了持续完善。当亨利七世和亨利八世在位时，英格兰外交大臣时常犯错，狡猾的欧洲大陆君主也

托马斯·沃尔西

爱德华六世

玛丽一世

伊丽莎白一世

腓力二世

斐迪南一世

苏格兰女王玛丽一世

法兰西国王弗朗索瓦二世

时常向英格兰外交大臣发出挑战。伊丽莎白一世节俭的财政政策与谨慎的治国态度,帮助她避开了不少弯路。通过降低税收取得人民支持后,伊丽莎白一世逐个攻破治国难题。此时,生存环境恶劣的新教教徒需要一位精神领袖。只有在危急情况下,伊丽莎白一世才会向新教教徒伸出援手。不过,伊丽莎白一世仍是一位可靠的保护者。亨利八世在位时,势力均衡、宗教等因素尚未深刻影响王权统治。伊丽莎白一世统治时,她需要开始综合考虑上述因素。在法兰西王国和神圣罗马帝国,宗教改革派纷纷起义,对抗天主教的迫害。由于伊丽莎白一世对新教教徒的支持态度,英格兰王国没有爆发类似的宗教战争。众多历史学家抨击伊丽莎白一世,指责她只在危机爆发时对新教教徒伸出援手。伊丽莎白一世的决策都是在经过一番深思熟虑后做出的。生性聪慧、历尽风霜的伊丽莎白一世深知,英国宗教改革基于初期教会和《圣经》的实践,从加尔文宗分化出来的新教则将《圣经》作为宗教信仰和政治活动的唯一指南,二者有本质上的差别。

伊丽莎白一世深知自己不能随意激怒英格兰王国宫廷和国内的温和派天主教教徒,因为他们将英格兰人而非罗马教皇的利益排在第一位。伊丽莎白一世很清楚,作为一个女性,她可以充分利用自身的魅力。通过鼓励自己的众多追求者,伊丽莎白一世顺利完成了当时英格兰军队束手无策的任务。这是她实施势力均衡外交政策的独特方式。伊丽莎白一世实施的势力均衡外交政策效果良好,深受英格兰人的认同和赞扬。伊丽莎白一世之后的英格兰王国君主如果想要改变外交政策,往往会面临极大的风险。英格兰人认为自己是欧洲大陆政治体系中不可或缺的一部分,他们为自己能十分轻松地维持欧洲的势力均衡深感自豪。英格兰王国迅速发展商业贸易,与其他欧洲国家拉开了距离。约翰·霍金斯、弗朗西斯·德雷克和"英格兰海上骑士"多次袭击西班牙殖民统治下的美洲。西班牙舰队的入侵激起了英格兰人投身航海事业的热情。原本野心勃勃的西班牙王国从此走上了衰败之路。

伊丽莎白一世为法兰西国王亨利四世提供了关键性的帮助。伊丽莎白一世对亨利四世背信弃义和道德败坏的行为嗤之以鼻，但始终与这位紧紧追随自己外交政策的"学生"保持着良好的关系。伊丽莎白一世驾崩前，她依然在帮助亨利四世实施势力均衡的外交政策。

不久，历经变革的低地国家摆脱了西班牙王国的掌控，免于被法兰西王国入侵。英吉利海峡的长久和平得以实现。伊丽莎白一世统治时期，英格兰人需要忍受她偶尔盛气凌人的举动与吝啬的性格，以及因对势力均衡过度执着而

亨利四世

导致的危机。然而，在伊丽莎白一世驾崩后的一百多年里，英格兰人会再度怀念都铎王朝成功的外交政策。伊丽莎白一世实施的势力均衡外交政策，需要以确保不列颠群岛统一（或尽量维持团结）为前提。这样一来，任何外国人都很难从英格兰、苏格兰或爱尔兰的海岸登陆。法兰西人一旦踏上苏格兰的土地，就会立即被驱逐出境。那些企图登陆爱尔兰的西班牙人，也得到了英格兰人同样的"礼遇"。

第 2 章

斯图亚特王朝时期的英格兰王国外交政策

精彩看点

斯图亚特王朝君主废除伊丽莎白一世的外交政策及其原因——亨利二世和马克西米利安·德·贝蒂纳的外交理念——法兰西王国操纵下的势力均衡——查理一世延续父亲詹姆斯一世的错误做法——奥利弗·克伦威尔对法兰西王国的大力扶持——英荷战争——英格兰海军的荣耀——在法兰西王国资助下复辟的斯图亚特王朝——法兰西人试图摧毁荷兰人和不列颠人的势力——荷兰共和国势力衰退

伊丽莎白一世驾崩后，英格兰王室后继无人，苏格兰国王詹姆斯六世加冕为英格兰国王，称詹姆斯一世。英格兰王国势力均衡的外交政策被斯图亚特王朝的君主全面推翻，为日后英格兰内战的爆发埋下祸根。斯图亚特王朝实施的外交政策伴随着对英格兰宪政传统的破坏，以及对天主教的过度宽容，之后的斯图亚特王朝君主都沿袭了詹姆斯一世的外交政策。如果没有合适的环境，最好的政治理念也会引发最糟糕的结果。宽容本身是一件好事。不过，为了保留宗教改革的成果，就解除防止教皇滥用职权的种种限制，不管是从短期还是长期来看，都会造成极其负面的影响。斯图亚特王室可以增强其权力，但前提是确保议会能够自由召集、议员能够畅所欲言。和平是上帝赋予人类最宝贵的祝福。"和平之光洒满人间，亲善之意常驻心间。"然而，一个国家只有做好充分的战前准备，才能确保和平。这是人性使然。如果一个国家不愿为和平而战，那么其他国家必将联合起来与之对抗，并且趁机从中谋取利益。

由于特殊的教育背景和思考方式，詹姆斯一世总是缺乏对现实问题的思考。詹姆斯一世虽然博学多才、思维缜密，却是一个极度迂腐、顽固的统治者。詹姆斯一世称得上能言善辩，手下大臣对他总是阿谀奉承。但真正采取行动时，詹姆斯一世往往被恐惧、偏见和私人感情支配。他总是对大臣的受贿行为

伊丽莎白一世驾崩

詹姆斯一世加冕为英格兰国王

后知后觉，也总是被西班牙人愚弄。英格兰王国的对手认为，詹姆斯一世只是可以被他们随意利用的工具而已。西班牙驻英格兰大使贡多马尔伯爵迭戈·萨缅托·德·阿库纳甚至讽刺英格兰王国只是随时准备售卖商品的"小商贩之国"。他曾向西班牙王室汇报说，英格兰人毫无血性，整个英格兰王国都在英格兰廷臣的掌控之中。在詹姆斯一世的统治下，英格兰王国逐渐衰落。

詹姆斯一世

在斯图亚特王朝初期，英格兰王国其实十分有必要继续实施伊丽莎白一世的外交政策。如果没有伊丽莎白一世的资助，神圣罗马帝国和法兰西王国的新教教徒根本无法与西班牙王国、奥地利大公国和巴伐利亚公国支持下的强大天主教势力抗衡。苏利公爵马克西米利安·德·贝蒂纳在自传中曾经提到法兰西国王亨利二世对势力均衡的重视，从中我们可以清晰地认识到，斯图亚特王朝实施势力均衡政策是十分必要和紧迫的。马克西米利安·德·贝蒂纳认为，伊丽莎白一世是法兰西国王亨利四世在外交政策上的指导老师。在自传中，马克西米利安·德·贝蒂纳引用过伊丽莎白一世的原话："如果法兰西王国、英格兰王国、瑞典王国和丹麦王国能结成紧密联盟，那么该联盟将会无坚不摧。"值得注意的是，伊丽莎白一世没有提到趁英格兰王国和西班牙王国作战时崛起的荷兰共和国。然而，马克西米利安·德·贝蒂纳将荷兰共和国列入了所谓欧洲两大派系的名单中，其中一派包括罗马教皇和神圣罗马帝国皇帝的势力、西班牙王国及其统治下的佛兰德斯、神圣罗马帝国、瑞士的部分地区、萨伏依及意大利的大部分地区；另一派则包括罗马天主教势力占上风的法兰西王国、英格兰王国、丹麦王国、瑞典王国、威尼斯共和国及荷兰共和国。西欧各强国与北欧各强国打算建立一种能够终止现状的制度，并且结成一个能够维护各国利益的邻近同盟委员会。邻近同盟委员会各成员国实力足够强大，能够得到邻国的尊重。同时，它们之间的外交政策能够相向而行。

为了实现上述目标，邻近同盟委员会各成员国必须确保国内政治稳定、秩序井然，否则国家的独立性就无从谈起。邻近同盟委员会各成员国还需要关注其他国家的繁荣发展。它们的共同目标是，通过军事行动将和平与和谐带给其他国家。邻近同盟委员会的成立基于以下理念：一个国家如果强大到无视国际舆论的地步，必定会做出吞并邻国、蔑视国际公法的举动。因此，只有加强对权力局势的掌控才能抑制战争和暴力。马克西米利安·德·贝蒂纳将东欧国家排除在外。他在自传中写道："我没有将波兰、普鲁士王国、利沃尼亚、莫斯科公国、特兰西瓦尼亚列入同盟国家。"

英格兰国王詹姆斯一世与法兰西国王亨利四世均未能实现马克西米利安·德·贝蒂纳规划的欧洲繁荣事业。枢机主教黎塞留却取得了成功。他拯救了神圣罗马帝国信仰新教的诸侯，让法兰西王国成为势力均衡体系的实际操纵者，并且将英格兰王国排除在外。1648年签订的《威斯特伐利亚和约》中甚至没有出现英格兰王国。然而，势力均衡原则在《威斯特伐利亚和约》中得到了体现。后来签订的《乌得勒支和约》则更加突出了这一原则。

签订《威斯特伐利亚和约》

签订《乌得勒支和约》

查理一世

迭戈·萨缅托·德·阿库纳

英格兰王国在《威斯特伐利亚和约》中的缺位产生了深远的负面影响。不久,查理一世将被处决。没有人知道,曾经势力均衡的操纵者——英格兰王国——能否再创辉煌。英格兰王国不再受人尊重,甚至成了全欧洲的笑柄。由于詹姆斯一世心胸狭隘,再加上迭戈·萨缅托·德·阿库纳狡猾的外交手段,英格兰王国没能为普法尔茨选帝侯的反抗事业提供人力和财力上的帮助。普法尔茨选帝侯打算帮助清教徒对抗强大的教皇势力及其附庸国,其事业也与英格兰王国的安全、贸易和繁荣息息相关。除递送源源不断的外交建议之外,英格兰王国没有采取其他实质行动。因此,英格兰王国被其他欧洲国家嘲笑。英勇的英格兰绅士和苏格兰绅士冲出国界,试图遏制负面的国际舆论,提升英格兰王国的地位,但以失败告终。个人的力量是渺小的。但最终,英格兰绅士的努力起到了一定作用。詹姆斯一世驾崩后,丹麦王国出现了一位信仰新教的国王——克里斯蒂安四世。随后,瑞典王国也出现了一位信仰新教的国王——古斯塔夫·阿道夫。代表新教势力的英格兰士兵和苏格兰士兵更是接连在战争中取得胜利。英国内战爆发时,信仰新教的英格兰士兵自然不会对斯图亚特王朝的君主有正面的态度和立场了。

由于查理一世和白金汉公爵乔治·维利尔斯的私人原因,查理一世说服了詹姆斯一世,让英格兰王国向西班牙王国宣战。随后,查理一世卷入与法兰西王国的战事,陷入与当时欧洲最强大的两个国家双线作战的窘境,并且没有得到英格兰陆军或海军的支持。查理一世和乔治·维利尔斯对法兰西王国胡格诺派的恶劣态度进一步激化了矛盾。

克里斯蒂安四世

古斯塔夫·阿道夫

奥利弗·克伦威尔

枢机主教黎塞留

在此，我不打算过多阐述詹姆斯一世和查理一世的外交政策。奥利弗·克伦威尔没有意识到欧洲的势力均衡已经改变。枢机主教黎塞留实施的外交政策迅速提高了法兰西王国的地位。英格兰联邦只有通过向西班牙王国提供援助，才能恢复欧洲的势力均衡。然而，在是否为西班牙王国提供援助的问题上，奥利弗·克伦威尔举棋不定，甚至打算通过攻打西班牙王国为自己赢得更多支持。事实上，西班牙王国始终没有从与英格兰王国和荷兰共和国的战事中恢复过来。奥地利大公国成为推动三十年战争最终爆发的始作俑者。在三十年战争中，法兰西王国大获全胜。在枢机主教黎塞留的全力辅佐下，法兰西国王路易十四成为一个生活奢侈、行为专断的君主。奥利弗·克伦威尔无法抵挡占领敦刻尔克和从西班牙王国手中夺走西印度群岛的诱惑，采取了短视的外交政策，为未来埋下了隐患。欧洲的势力均衡被彻底打破，西班牙王国再没能重现往日辉煌。整个17世纪和18世纪上半叶，法兰西王国成为欧洲大陆最强大的天主教专制政权，与英格兰王国在殖民扩张和海外贸易等方面展开激烈角逐。英格兰王国和法兰西王国再次成为竞争对手，注定要拼个你死我活。奥利弗·克伦威尔应该承担起促进两国竞争的主要责任。这也许是因为奥利弗·克伦威尔想让英格兰人民加深如下印象：宗教改革的浪潮加重了早期斯图亚特王朝的君主为英格兰王国带来的灾难，只有在奥利弗·克伦威尔成功打败荷兰人后，英格兰人才得以解放。

在奥利弗·克伦威尔和查理二世统治时期爆发的三次英荷战争是英国外交史上的关键事件。三次英荷战争的爆发难以避免，尤其是第一次英荷战争

查理二世

和第二次英荷战争。自从与西班牙王国分道扬镳后,在海权争夺上,荷兰共和国取得巨大进展。通过抢占西班牙王国和葡萄牙王国的利益,荷兰共和国商业迅速繁荣。荷兰人已经容不下任何竞争对手。英格兰人宣称拥有英吉利海峡和爱尔兰海主权。这一举动正中荷兰人下怀。荷兰人决心要与英格兰人在海上一决胜负。英格兰人对英吉利海峡和爱尔兰海的主权可以追溯到诺曼人入侵英格兰时期,在金雀花王朝和都铎王朝得以延续。詹姆斯一世统治时期,英格兰海军仍遵循着伊丽莎白一世时期的惯例。当法兰西王国大使乘坐的军舰未能及时向英格兰军舰致敬,英格兰海军就下令将其烧毁。奥利弗·克伦威尔不甘心放弃对英吉利海峡和爱尔兰海的主权。荷兰人知道,只要荷兰军舰拒绝向英格兰军舰致敬,英格兰王国和荷兰共和国必定会爆发一场战争。

除了对海上主权的争夺,英格兰王国和荷兰共和国还在贸易领域展开了激烈竞争。安汶岛上爆发的激烈冲突一直波及全世界。英格兰王国和荷兰共和国都曾被称作"海员之国"。荷兰人和英格兰人的勇气和航海能力不相上下,他们也都经历过艰苦卓绝的战争。两国军队都在战争中历经磨炼。英格兰王国和

荷兰人在安汶岛迫害英格兰人

荷兰共和国都十分清楚，它们之间的斗争越早结束越好。然而，荷兰人没有预料到，英格兰王国身经百战的海军将领能够快速成长为指挥才能一流的海军上将，英格兰王国的海军实力也随之增强。尽管荷兰共和国拥有像马尔滕·特龙普和迈克尔·德·勒伊特等优秀的海军指挥官，但他们的才能远不及罗伯特·布莱克、乔治·蒙克和爱德华·蒙塔古等英格兰海军将领。英格兰海军的

迈克尔·德·勒伊特

罗伯特·布莱克

乔治·蒙克

爱德华·蒙塔古

造船水平也一度处于世界领先水平。除归功于查理一世筹集资金组建而成的英格兰海军舰队之外，皇家海军的辉煌也得益于佩特家族精妙绝伦的造船技艺。但不久，法兰西王国和西班牙王国的造船技术逐渐超越了英格兰王国。

三次英荷战争的过程无比激烈。最终，英格兰王国赢回了海上主权和荣耀。在查理二世统治时期爆发的第二次英荷战争和第三次英荷战争都与势力均衡理念紧密相关。第一次英荷战争爆发的主要原因是英格兰王国对优越感的追求。无论奥利弗·克伦威尔的政策如何短视，他都领导英格兰王国屡次赢得了战争和军事行动的胜利。这将英格兰和爱尔兰凝聚在一起。地中海的国家首次领略到，英格兰王国开展海上贸易和打击柏柏里海盗的决心。

我们很难想象16世纪和17世纪柏柏里海盗究竟有多强悍。英格兰海军尚未强盛时，这些柏柏里海盗在英吉利海峡兴风作浪，使来往的商人提心吊胆。即使在汉诺威王朝早期的和平时期，英格兰军官也很难在与柏柏里海盗的战斗中取得胜利。尽管曾经遭到罗伯特·布莱克和约翰·纳伯勒的沉重打击，但柏柏里海盗仍然被贩卖欧洲奴隶的巨额利润吸引。法兰西王国、西班牙王国和意大利王国无法组建一支舰队，以抵抗防御精良、武器先进的阿尔及尔海盗与突尼斯海盗和的黎波里海盗。曾经拯救了全欧洲的马耳他骑士团早已勇猛不再。因此，英格兰王国肩负起剿灭地中海柏柏里海盗的任务。伴随着英格兰王国与法兰西王国的斗争，英格兰王国开始在地中海争夺海上霸权，该地区的战略意义持续加重。

斯图亚特王朝复辟后，斯图亚特王朝的君主返回英格兰。但最终，他们与詹姆斯一世、查理一世一样，难逃凄凉的政治命运。被他们统治的英格兰人民的命运更悲惨。斯图亚特王朝的君主的统治方式始终带有在法兰西王国接受的教育的痕迹。历代斯图亚特君主都曾在少年时期被迫离开英格兰。这种人生经历对他们的影响，与苏格兰女王玛丽一世类似。他们习惯从法兰西人的角度看问题，并且非常容易受到路易十四的影响。路易十四是一位强悍的保护者。他的高贵气质与暴虐统治，以及金碧辉煌的宫殿，对斯图亚特王朝的君主都极富吸引力。路易十四奢华无度的生活更是斯图亚特王朝的君主向往的。宗教问题时常成为斯图亚特王朝君主统治国家的拦路虎。他们往往深受性格固执的母亲影响，即使是家庭教师和密友也无法帮助他们摆脱这种影响。当查理二世和詹姆斯二世回到英格兰，他们既不是英格兰人，也不是苏格兰人，而是法兰西人，既不是英格兰国教教徒，也不是苏格兰国教教徒，而是虔诚的天主教教徒。他们身上法兰西人的浪荡气质甚于祖辈。

了解斯图亚特王朝的君主曾在法兰西居住的经历后，我们就不会对他们彻底摒弃都铎王朝的外交原则过于惊讶。尤其是当斯图亚特王朝复辟后，斯图

路易十四

詹姆斯二世

亚特王朝君主的统治又延续了很长时间。查理二世和詹姆斯二世非但没有为路易十四残暴统治下虚弱的新教政权提供足够的保护，反倒成了路易十四的代理人，用尽所有方式毁灭英格兰人的自由和新教精神。在斯图亚特王朝君主的统治下，英格兰议会也像英格兰王室一样腐败，甚至因接受路易十四的资金支持而得到了"受资助议会"的称号。斯图亚特王朝时期，英格兰王国参与的主要战争——与法兰西王国的劲敌荷兰共和国作战，也是受路易十四唆使。路易十四未能在陆地上打赢荷兰人。如今，他试图唆使英格兰人从海上打败荷兰人。在第二次英荷战争爆发前，荷兰人原本有意与英格兰人续签和约。奥利弗·克伦威尔竭力试图促进两国之间的和平。在第二次英荷战争中，乔治·蒙克、爱德华·蒙塔古、莱茵河的鲁珀特亲王及约克公爵詹姆斯·斯图亚特[①]让荷兰人元气大伤。路易十四开始担心荷兰人从此一蹶不振,无法继续制衡英格兰王国。于是,他决定通过向英格兰人宣战,从侧面鼓励荷兰人。然而,法兰西海军军官收到按兵不动的指令,迟迟没有正式开战。于是,英格兰人和荷兰人很快意识到,法兰西王国的外交政策就是让英格兰王国和荷兰共和国相互摧毁、相互制衡。

第三次英荷战争的爆发也与势力均衡紧密相关。1674年,路易十四指挥其代理人查理二世与荷兰人开战,还派出一支法兰西海军舰队前去援助英格兰人。然而,路易十四仍然延续了在第二次英荷战争中对荷兰人的态度,没有给予英格兰人任何实质帮助。在多场激烈的战事爆发后,英格兰王国和荷兰共和国再次达成协议。荷兰共和国经济遭受重创,不得不向英格兰人屈服。在三次激烈的英荷战争中,英格兰王国的造船技术、海外殖民和贸易发展缓慢。上述领域正是此前英格兰王国繁荣发展的关键。自此,英勇的荷兰人失去了持续长达一个世纪的海上霸主地位,正如陷入颓势的西班牙人此前经历的那样。在陆地和海洋上,英格兰王国和法兰西王国即将开始新一轮的竞争。

---

① 即位后为詹姆斯二世。——原注

第 3 章

威廉三世统治下的英格兰王国外交政策

精彩看点

威廉三世恢复都铎王朝的势力均衡外交政策——辉格党的贡献——被光荣革命拯救的英格兰王国——善良的英格兰人民——不列颠群岛再度统一——威廉三世加强对英吉利海峡的防守——威廉三世的军事领导地位——《分治条约》签署——路易十四试图控制西班牙王国——路易十四试图控制英格兰王国——法兰西王国走向衰落——英格兰王国抓住机遇——威廉三世驾崩时欧洲大陆的实力对比——势力均衡外交政策失去宗教特征——莱茵河附近神圣罗马帝国的诸侯国——英格兰王国的盟友

奥兰治亲王威廉[①]与詹姆斯二世之女玛丽二世的婚姻，让英格兰王国和荷兰共和国化敌为友，也促成了两国人民在威廉三世统治下的团结合作。对欧洲整体来说，这算是一桩喜事。1688年光荣革命后，英格兰王国恢复了都铎王朝时期的势力均衡外交政策。在统一政府的领导下，不列颠群岛紧密地团结起来。和平的破坏者法兰西王国被欧洲反法同盟国抵制。英格兰王国与荷兰共和国成为盟友，英吉利海峡的安全得到保障。皇家海军实力持续增强，甚至已经赶上了复兴后的法兰西海军。英格兰王国成为奥格斯堡同盟的核心力量。英格兰议会不仅支持威廉三世恢复势力均衡外交政策，还提供财政支持。英格兰王室、辉格党及托利党齐心协力，努力恢复都铎王朝时期的外交政策。

英格兰王室、辉格党和托利党虽然在外交政策上保持高度一致，但更多时候处于相互牵制的状态。辉格党经常会从崇高或腐败的动机出发，让威廉三世和安妮女王统治期间的英格兰王国持续卷入战争。辉格党是废除詹姆斯二世的主谋，绝不容许詹姆斯二世破坏自己支持的政策。在赢得英格兰人民的广泛支持后，辉格党连续执政四十六年。随后，辉格党分裂成多个实力虚弱、纷争不断的派别。在老威廉·皮特和小威廉·皮特的连续执政结束后，辉格党在大英帝国建立和发展的过程中最终退出了历史舞台。

---

① 即位后为威廉三世。——译者注

玛丽二世与威廉三世

光荣革命期间,威廉三世进入英格兰

1688年光荣革命爆发时，路易十四已经结束了第一段，也是持续时间最长、意气风发的统治时期。在阻止路易十四建立全球帝国的宗旨下，奥格斯堡同盟，即大同盟宣告成立。长期以来，欧洲国家都十分畏惧路易十四的权势。此时，只有一人能够担起领导奥格斯堡同盟的重任。威廉三世意识到，自己应该抓住这次千载难逢的机会，承担起领导欧洲的责任。英格兰王国恢复其势力均衡外交政策的过程极具研究价值。在该过程中，一系列重要事件发生了：詹姆斯二世鲁莽、轻率地走向自我毁灭；查理二世的私生子蒙茅斯公爵詹姆斯·斯科特突然失踪，为威廉三世即位铺平道路；爱尔兰天主教教徒的失败；路易十四犯下致命错误，让詹姆斯二世在军事上彻底失利，为最终光荣革命的爆发创造了条件。

蒙茅斯公爵詹姆斯·斯科特

光荣革命为英格兰王国和整个世界带来广泛的积极影响。自1688年11月5日起,英格兰王国恢复了势力均衡外交政策。对此,埃德蒙·伯克曾评论道:"势力均衡一直以来都被各国视作欧洲的习惯法。在参与势力均衡体系的所有国家中,英格兰王国是最忠实的贯彻者。"[①]埃德蒙·伯克的评价未免过于笼统。对17世纪和18世纪英格兰王国外交政策的调查表明,在四个斯图亚特王朝君主的统治下,英格兰王国的外交实力和国际地位都有所下降。光荣革命结束后,英格兰王国亟须修正斯图亚特王朝君主在外交上的错误做法。否则,当英格兰王国的盟友失利,或深受欧洲大陆国家压迫时,英格兰王国也很难独善其身,甚至有可能重新被天主教控制。英格兰王国必须时刻警惕外部可能发生的各种危机。为了将英格兰王国蜿蜒的海岸线转变为永久性的防御线,得到欧洲大陆盟国的支持,英格兰王国必须重拾势力均衡的外交政策。英格兰人深知,抛弃由伊丽莎白一世确立的势力均衡外交政策,将会给英格兰王国带来巨大危害。在光荣革命期间,英格兰人民大放异彩。此前,英格兰人民尽管偶尔会有反抗行为,但不仅备受复辟后斯图亚特王朝的压迫,还要忍受斯图亚特王朝君主糟糕的外交政策及对宪政的公开践踏。英格兰人民发觉,宗教改革的成果正在被破坏。英格兰人的凝聚力因此增强。然而,英格兰人没有忘记战乱和动荡带来的危害。他们不愿意陷入极端境地。英格兰人民但凡能够摆脱无可救药的詹姆斯二世,或者将詹姆斯二世赶到法兰西王国,就绝不会采取发动革命的极端方法。英格兰人民有勇气面对流亡后的詹姆斯二世与英格兰王国的敌人结盟的危险。他们认为,对詹姆斯二世来说,遭受法弗舍姆水手的粗暴对待已经是奇耻大辱[②]。英格兰人相信威廉三世对詹姆斯二世的恰当处置,足以震慑试图出卖英格兰王国的叛国者。

同时,英格兰人民非常清楚,为了赢得光荣革命的胜利,自己面临许多风

---

① 埃德蒙·伯克:《论弑君的和平》,第196页。——原注
② 1688年12月12日,詹姆斯二世试图逃跑时曾躲在谢尔尼斯岸边的一艘船中。一个法弗舍姆水手发现他,并将他囚禁在当地市场的一间屋子里。——译者注

光荣革命爆发后,詹姆斯二世逃亡

詹姆斯二世在逃亡过程中遭到法弗舍姆水手的粗暴对待

险，必须放下尊严，付出倾家荡产甚至流血的代价。为了国家的整体利益，英格兰人民必须放弃个人利益。宗教改革的成功以许多英格兰人的生命为代价。时间已经抚平了英格兰人民在宗教改革中遭受的创伤。教育和文学的普及让英格兰人民坚信，发动光荣革命是最佳选择。尽管天主教被迫改革，但改革带来的负面影响仍让英格兰人担忧不已。英格兰人民相信，遵循传统才是最安全的选择。他们希望伊丽莎白一世的势力均衡外交政策能够得到延续。

光荣革命后，英格兰王国面临的紧迫而关键的任务，就是恢复此前被詹姆斯二世打破的爱尔兰与英格兰的统一局面。历任英格兰君主都非常清楚，爱尔兰与英格兰王国的分离必然会为英格兰王国带来灾难。

爱尔兰与英格兰的距离如此近，英格兰王国自然不能忽略爱尔兰的重要地位。爱尔兰由于国土面积有限，必须在其他国家的帮助下才能获得独立。

威廉三世登基后建立汉诺威王朝，图为英格兰王国汉诺威王朝的皇家盾形徽章

因此，重获权力后，英格兰国王亨利二世立刻采取行动，将爱尔兰纳入统治范围，派英格兰人和诺曼人前去管理爱尔兰。金雀花王朝的君主们也利用手中有限的力量，继续占领着爱尔兰。

金雀花王朝时期，苏格兰人会偶尔入侵英格兰。苏格兰人这种恶作剧式的侵略行为，让随后的英格兰君主充分吸取了教训。15世纪爆发的英国内战让爱尔兰人有了可乘之机。兰开斯特家族在爱尔兰屡次遭遇危机，因为爱尔兰是其死对头约克家族的大本营。亨利七世执政时，爱尔兰人曾大力支持珀金·沃贝克的叛乱。都铎王朝的君主具有极强的政治洞察力，决心让英格兰王国跻身欧洲强国之列。他们都意识到爱尔兰是英格兰王国维持安定的软肋，再加上此前西班牙王国曾利用爱尔兰入侵英格兰，都铎王朝的君主对爱尔兰人采取了诱降策略，由英格兰王室对爱尔兰实行直接管辖。詹姆斯一世采取了进一步的措施，通过加强对苏格兰和英格兰北部各郡的管理，巩固了爱尔兰的防御和安全。奥利弗·克伦威尔也意识到爱尔兰的重要性，在取得英国内战的胜利后，于1652年签订了针对爱尔兰的《克伦威尔协议》。最终，接受法兰西天主教资金支持的詹姆斯二世，决定让法兰西军队守卫爱尔兰并对抗英格兰军队。威廉三世的胜利凸显了英格兰王国的优势。

以上叙述虽然简洁，但展现出光荣革命爆发前五百年里英格兰王国和爱尔兰的关系。18世纪末，爱尔兰叛军让法兰西人再度卷入纷争，英格兰王国和爱尔兰也更紧密的团结在一起。所谓的"格拉顿议会"[①]随之解散，英格兰议会成为爱尔兰王国和英格兰王国的唯一议会。此前分别独立的议会给英格兰王国造成了严重威胁，也让英格兰王国的敌对国家不断入侵爱尔兰海岸。终于，这种局面在持续了五百多年后结束。从此，自我防御因素超越了种族、情感等因素，成为决定英格兰王国与爱尔兰王国关系走向的重中之重。

和之前的君主一样，威廉三世需要先保证英格兰王国与苏格兰王国的团

---

① 1782年宪法给予了爱尔兰在立法上的独立地位，该时期的议会被称为"格拉顿议会"，以当时爱尔兰主要领导人亨利·格拉顿的名字命名。——译者注

结,才能正式实施外交政策。苏格兰国王詹姆斯六世后来继承了英格兰王位,成为英格兰国王詹姆斯一世。这是都铎王朝外交政策的直接体现。亨利七世的女儿玛格丽特·都铎与苏格兰国王詹姆斯四世结为连理,影响了接下来一百年英格兰王国与苏格兰王国的关系。然而,王室之间的联姻不足以让英格兰王国和苏格兰王国完全团结。在英国内战中,苏格兰人民重新燃起了强烈的宗

玛格丽特·都铎

弗洛登战役

奥利弗·克伦威尔率领一支骑兵部队在邓巴战场

教情感,成为议会派的坚定支持者。弗洛登战役爆发后,苏格兰人的战略地位变得更重要。然而,1650年,在邓巴,奥利弗·克伦威尔率军击败纽瓦克勋爵戴维·莱斯利率领的苏格兰保王派军队,为英格兰王国和苏格兰王国的重新联合奠定了基础。代表斯图亚特王朝势力的邓迪子爵约翰·格雷厄姆去世,为威廉三世统治凶猛好战的苏格兰人清除了最后的障碍。威廉三世通过一系列宗教宽容政策确立了统治地位。在英格兰议会和苏格兰议会，1706年到1707年分别通过《联合法案》时，安妮女王别无选择，必须继续维持苏格兰王国和英格兰王国的团结关系。

通过采取比伊丽莎白一世更坚定的势力均衡外交政策，威廉三世进一步强化了自己的统治基础。在欧洲，威廉三世努力寻找盟友，增强自己对欧洲势力均衡体系的影响力。在陆地和海上，威廉三世与欧洲独裁统治者对抗。路易十四曾经利用英国内战，大幅提升法兰西王国的实力。然而，1688年，路易十四错失良机，未能及时攻击前往英格兰王国的威廉三世，随后又接受了错误的建议，没能利用自己手下强大的海军为爱尔兰人提供帮助。当终于意识到自己的失误时，路易十四再次酿成大错：在战争中没有让法兰西海军上将安内·伊拉里翁·德·科斯唐坦独立决策。当时，安内·伊拉里翁·德·科斯唐坦本有能力

法兰西海军上将安内·伊拉里翁·德·科斯唐坦

比奇角战役

指挥法兰西军队在比奇角反败为胜。尽管一些历史学家选择为托灵顿伯爵阿瑟·赫伯特正名,但作为威廉三世任命的第一个海军上将,阿瑟·赫伯特的军事能力显然不足以赢得比奇角战役。皇家海军上将爱德华·罗素则以手下一半的兵力,击败了被迫听从路易十四错误指令的安内·伊拉里翁·德·科斯唐坦。在光荣革命的背景下,寻找一个值得信赖的英格兰海军指挥官并不容易。虽然英格兰海员对光荣革命充满热情,但海军军官仍然十分怀念斯图亚特王朝的统治。

最终,在荷兰海军舰队的高效协助下,威廉三世成功清退了英吉利海峡的法兰西军舰,让荷兰军队踏上了回国之路。英吉利海峡的安全状态是威廉三世变革英格兰外交政策的必要保障之一。

作为神圣罗马帝国诸侯国新教教徒的领袖,在丹麦人的支持下,威廉三世屡战屡胜,解放了备受奴役的欧洲人。率领着顽强不屈的英格兰军队和丹麦军队,威廉三世可以说是所向披靡。在兰登战役和斯德克尔克战役中痛苦挣扎后,那慕尔之围让法兰西人意识到,打败英格兰人十分困难。1603年到1697

斯德克尔克战役

那慕尔之围

签订《赖斯韦克和约》

年,势力均衡理念被长期搁置。1697年,《赖斯韦克和约》的签订标志着势力均衡理念的复兴。英格兰人再次成为势力均衡理念的忠实贯彻者。

威廉三世统治后期,一系列《分治条约》先后失败,革命不断发生,在这种情况下,大不列颠传统的外交政策开始复兴。尽管有些用力过猛,但《分治条约》充分展现了势力均衡系统最成熟的形式。疯癫的西班牙国王卡洛斯二世驾崩后,路易十四的次孙腓力五世继承西班牙王位。这引发了欧洲各国的不满。为了防止法兰西王国吞并西班牙王国,甚至再次称霸欧洲,欧洲各国希望重新划分其领土。从《分治条约》秘密签订的方式,我们可以猜测《分治条约》的签署也许还存在势力均衡之外的考虑。英格兰王国签署《分治条约》的目的,则是避免和其他北欧国家共同参与地中海事务。当时,西班牙王国统治着意大利。在法兰西海外殖民地进一步壮大的情况下,黎凡特的贸易面临着被摧毁的危险。其他欧洲海上强国的海军实力也将被削弱，甚至被摧毁。各国签订《分治条约》的目的主要是防止法兰西王国再次称霸欧洲。根据《分治条约》，法兰西王国只能分到意大利南部及西班牙王国的吉普斯夸省。西班牙大部分、荷兰共和国和印度群岛被划分给年轻的巴伐利亚选帝侯约瑟夫一世。当时，比起其他权力强大的君主，欧洲各国普遍认为巴伐利亚选帝侯威胁较小。伦巴第则被分给当时仍是奥地利大公的查理六世。

后来，巴伐利亚选帝侯约瑟夫一世去世，《分治条约》从此失效。第二次签署的《分治条约》将西班牙王国交由当时仍是奥地利大公的查理六世统治。作为交换，奥地利大公查理六世愿意将伦巴第让给洛林公爵利奥波德。

很快，英格兰人发现，两次签署的《分治条约》不仅无法巩固自身利益，而且完全倾向于荷兰人和德意志人。西班牙王国的领土被欧洲强国私下瓜分，

巴伐利亚选帝侯约瑟夫一世　　　　　　　　　　　　　　　　奥地利大公查理六世

腓力五世

卡洛斯二世

这让西班牙人有苦难言。从血缘上看，腓力五世是卡洛斯二世最近的王位继承人。因此，尽管西班牙王国面临着被法兰西王国吞并的风险，濒死的卡洛斯二世依然只能让路易十四的次孙腓力五世继承西班牙王位。路易十四不再有任何顾忌，立刻接手了卡洛斯二世的遗产，弥补了此前战败的损失。在英格兰，因为英格兰王国在《分治条约》中并没有获得过多利益，所以威廉三世逐渐失去民心，驾崩前退居荷兰。威廉三世始终怀有强烈的爱国热情，并且为欧洲的势力均衡体系奋斗终生。他让英格兰王国重回外交巅峰——担任欧洲联盟的领导者和势力均衡外交原则的捍卫者；他修复了英格兰王国和荷兰共和国这两大海洋强国的关系，为后来欧洲的平衡局面打下基础；他让英格兰王国、苏格兰王国和爱尔兰王国团结起来；他将英格兰王国带上了自由、安宁和繁荣的道路。后来的英格兰人视威廉三世为一位明君，认为他可以让不列颠走向辉煌。后人的评价对威廉三世是一种慰藉，可以淡化他在《分治条约》上的彻底失败。驾崩前，威廉三世已经意识到，英格兰人对自己不道德的生活方式、数额庞大的拨款、冷淡的态度①必定颇有微词。

法兰西王国将腓力五世推上西班牙王座后，欧洲局势发生了剧烈变化。1701年詹姆斯二世驾崩后，法兰西王国试图让路易十四的次孙腓力五世登上西班牙王位。这给英格兰人再次敲响了警钟。英格兰人开始警惕法兰西王国的扩

詹姆斯二世驾崩

---

① 尽管是出于政治动机。——原注

马尔伯勒公爵约翰·丘吉尔

张野心。路易十四大力支持詹姆斯二世的后代夺回英格兰王位。威廉三世驾崩前,马尔伯勒公爵约翰·丘吉尔的才能还不为人知,英格兰王国和苏格兰王国的詹姆斯党人势力远比人们想象的强大。

逐渐衰老的路易十四变得更贪婪。法兰西宫廷里都是溜须拍马的平庸之辈。路易十四如果像年轻时那样精力充沛、眼光长远,就会发现自己对英格兰人的满腔敌意最终反倒帮助威廉三世实现了英格兰王国的振兴。路易十四没能抵制住发动战争的诱惑,导致法兰西王国走上了衰败之路。法兰西人民总是在统治者犯的错误中受尽磨难。

很快,路易十四意识到时间紧迫,下令让荷兰卫戍部队立刻撤出前线城镇。这样一来，英格兰王国别无选择，只能迅速加入这场已经耗费上百万英镑、造成上千名人员伤亡的战争。在战争中，英格兰人异常团结。在威廉三世的英勇指挥下，辉格党和托利党紧密协作。威廉三世紧急安排约翰·丘吉尔指挥荷兰共和国境内的反法联军。约翰·丘吉尔不仅才能过人，还是安妮女王的密友及其子格洛斯特公爵威廉王子的监护人。威廉三世恢复势力均衡外交政策的时机已经成熟。他复兴英格兰王国的举动不会招致任何忌妒。当面临共同的敌人时，英格兰王国的内部斗争戛然而止。英格兰人十分熟悉战争的流程和准备工作。军官、士兵、军需都已经准备好，只等着作战号角吹响。此时，年幼的格洛斯特公爵威廉王子突然逝世。威廉三世必须保证自己足够长寿，才能团结1701年《王位继承法》涉及的各方人士。1701年的《王位继承法》为威廉三

安妮女王　　　　　　　　　　　　　　　　　　　　　　　　格洛斯特公爵威廉王子

乔治一世

世登上英格兰王位提供了法律依据。《王位继承法》将乔治一世设定为安妮女王的继承人，确保了英格兰王国势力均衡的外交政策传统能够被重新巩固。

1702年3月，威廉三世结束在英格兰王国的统治。我们有必要回顾一下18世纪初欧洲大陆的发展情况。在四十五年的漫长斗争后，伊丽莎白一世坚决贯彻的外交政策，最终让欧洲实现了势力均衡。势力均衡体系既继承了伊丽莎白一世时期的基本内容，也因英格兰王国面临的急切困境而有所发展。宗教改革非但没有带来和平，反倒引发纷争。宗教改革让欧洲陷入冲突，宗教问题成为引发政治冲突的关键因素之一。如果不是路易十四对当时的欧洲势力均衡局势造成了更大问题，宗教问题极有可能会引发全欧洲范围内的战争。尽管如此，宗教问题仍是摆在欧洲各国面前的棘手难题。斯图亚特王朝统治下的英格兰王国在宗教问题上的失败策略，让奥地利大公国等天主教国家更坚信，要想获得独立就必须抑制天主教的复兴，与其他新教国家一同对抗法兰西王国。其实，法兰西王国也一直贯彻着上述原则。法兰西王国沿袭的"高卢自由"传统让独立和反叛精神深深扎根于天主教教徒的内心。威尼斯共和国也是如此。威尼斯作家保罗·萨尔皮将独立和反叛精神通过其作品传播到欧洲大部分地方。弗朗索瓦一世甚至与土耳其人和神圣罗马帝国的新教势力联盟，共同对抗奥地利大公国和胡格诺派教徒。亨利四世统治时期，法兰西王国国内甚至形成了一股强大的政治力量，试图将法兰西王国转变为新教国家。

当然，法兰西王国不可能变成新教国家。亨利四世为了稳固统治改变了自身信仰，但仍然采取了势力均衡的外交策略，将法兰西王国和英格兰王国当作与西班牙王国、奥地利大公国和其他天主教国家对抗的新教的领导者。法兰西王国虽然无法接受一个信奉新教的国王，但可以掌控欧洲的势力均衡体系。随后，枢机主教黎塞留与丹麦王国和瑞典王国的新教教徒国王组成新联盟，成功控制住西班牙王国和奥地利大公国这两个天主教国家。可以说在路易十四的领导下，法兰西王国逐渐成为欧洲各国的领头羊，在1688年光荣革命爆发前让丹麦人和英格兰人保持了中立。奥地利大公国也从中吸取了教训。巴拉丁选帝侯国覆灭后，一度坚定追随天主教教皇的巴伐利亚选帝侯国势力迅速增强，甚至经常与法兰西王国联盟，严重威胁到奥地利大公国的安全。

莱茵河附近的神圣罗马帝国的诸侯国始终没有与神圣罗马帝国合作。神圣罗马帝国的邦国制度过于松散和缺乏凝聚力。宗教改革进一步加深了帝国主义者和法兰西王国支持者的分歧。事实上，在神圣罗马帝国，上述分歧由来已久，可以追溯到神圣罗马帝国的分裂时期。莱茵河在神圣罗马帝国的中心地带和加洛-法兰克人的聚居地之间架起天然屏障，让北海到意大利之间的神圣罗马帝国的诸侯国纷纷独立。有一种观点认为，欧洲的战乱局面就源于此。在本书中，我将一直追溯到加洛林王朝的历史。

洛塔林和洛林不过是一个强大但分散的国家拥有过的部分领土。中世纪，在"大胆"查理的领导下，洛塔林和洛林等地曾经有机会被合并，成为法兰西王国和神圣罗马帝国之间的一个独立王国。"大胆"查理让佛兰德斯和勃艮第的实力一度壮大。然而，瑞士人和洛林人击退了"大胆"查理的入侵，使他的计划落空。在随后发生的数场战争中，强大起来的法兰西王国、奥地利大公国

"大胆"查理

和普鲁士王国纷纷占领了洛塔林和洛林等地。法国大革命和拿破仑·波拿巴统治期间的法兰西帝国做了最后一次尝试。法兰西帝国以莱茵邦联作为伪装，企图吞并法兰西帝国和神圣罗马帝国之间的领土。如今，我们已经知道了结果，也了解到神圣罗马帝国最终成功反抗。19世纪初，欧洲强国已对洛林和阿尔萨斯部分领土的争夺战画上句号。但相关领土的纠纷因比利时王国、荷兰共和国、卢森堡大公国和瑞士联邦的中立态度而始终存在。

威廉三世驾崩后，英格兰王国的盟友，即奥地利大公国、荷兰共和国、佛兰德斯与神圣罗马帝国西部的诸侯国都十分担忧英格兰王国的安危。俄罗斯

威廉三世驾崩

彼得大帝

帝国和普鲁士王国即将登上历史舞台。彼得大帝打算让俄罗斯帝国跻身欧洲强国行列。普鲁士王国则竭力冲破勃兰登堡选帝侯的束缚,准备在接下来的纷争中彰显自身实力。在欧洲北部,波兰人开始放任俄罗斯帝国和普鲁士王国迅速扩张。鞑靼人则频繁骚扰东欧的中南部。尽管弗朗索瓦一世曾经利用奥斯曼帝国在西欧构建势力均衡体系,但由于波斯帝国的实力不断增强,奥斯曼帝国逐渐退出了该体系,甚至一段时间内在东欧只能起到象征性的平衡作用,因为当时在东欧,波兰人、利沃尼亚人、普鲁士人和俄罗斯人势均力敌。

《乌得勒支和约》签订前,英格兰人无法预测,西欧国家过度追求势力均衡的做法究竟是好是坏。不过,我们十分清楚,英格兰王国坚持的势力均衡外交政策并不是腐败时期的产物,也没有对后来欧洲的发展产生致命的消极影响,而是自我牺牲和深谋远虑的公共意识的结果,并且让加入势力均衡体系的国家从中受益。

第 4 章

18 世纪早期的英国外交政策

精彩看点

约翰·丘吉尔率领反法同盟——爱尔兰王国的稳定——联合苏格兰王国——反法同盟中的荷兰人——约翰·丘吉尔的行动取得成功——西班牙王位继承战争——地中海的系统防御——反法联军在西班牙遭遇失败——英格兰王国占领直布罗陀——直布罗陀的重要性——乔治一世在直布罗陀问题上的失误——明智的英格兰人——西班牙人包围直布罗陀——英格兰人控制地中海——西班牙王国与英格兰王国在西印度群岛的势力范围——美洲的英格兰殖民地——英格兰北美殖民地与宗主国的关系——西班牙王国对英格兰贸易的态度——17世纪英格兰王国签订的有利条约——搜查权——"詹金斯之耳"

18世纪早期，英国外交史将步入更现代的阶段。此前，威廉三世已经为英国外交现代化打下坚实基础。威廉三世驾崩后，约翰·丘吉尔开始负责与英格兰王国的外交盟友打交道。从此，在外交上，英格兰王国赢得了主动权。此前，英格兰人总是认为威廉三世和荷兰人控制了英格兰王国的外交。英格兰人尽管赞同威廉三世的外交政策，但总是害怕这种外交政策无法为英格兰王国带来直接利益和好处。因为安妮女王"纯正的英格兰人"身份，所以她的即位备受欢迎。英格兰人相信，接下来的局势会朝着好的方向发展。他们的判断是正确的。约翰·丘吉尔面临的障碍很快将烟消云散。他将在外交事业上取得丰硕成果。

我们需要回顾一下当时英格兰王国的国内政策，因为国内政策是外交政策的基础。与都铎王朝统治时期、奥利弗·克伦威尔担任护国公时期和光荣革命时期相比，安妮女王统治时的国内环境更繁荣安定。爱尔兰局势安定，尽管这种安定是在实施刑法和"新教教徒的优越地位"政策的情况下取得的。上述政策的贯彻过程十分艰难。然而，在詹姆斯二世、天主教教皇和法兰西人等与英格兰人的激烈斗争结束后，实施这种政策十分必要。

威廉三世的政府未能彻底解决苏格兰王国的问题。威廉三世不赞成远征达里恩。达里恩远征失败后，威廉三世也拒绝宽慰受难的苏格兰人。愤怒的苏格兰人用各种方式发泄情绪。这让安妮女王及其大臣更坚信，维护英格兰王国和苏格兰王国的团结至关重要。《1706年与苏格兰联合法案》就是英格兰人向苏格兰王国施压的结果。英格兰政府的施压方式虽然很严格，却并不粗暴，反倒十分温和，让苏格兰人很难拒绝。在双方各退一步的基础上，《1706年与苏格兰联合法案》最终颁布了。这种相互体谅的精神，也促成了乔治三世统治时期英格兰王国与爱尔兰王国的统一。《1706年与苏格兰联合法案》意味着不列颠群岛向统一迈出了一大步。从此，不列颠群岛开始走上团结道路。约翰·丘吉尔不再有任何后顾之忧，因为法兰西人不再尝试从海洋或陆地上入侵英格兰王国，他们在威廉三世统治期间的类似尝试均以失败告终。

在荷兰共和国，约翰·丘吉尔集结反法联军。联军以英格兰人和荷兰人为主，还包括汉诺威人、黑森人、普鲁士人和丹麦人。在确保匈牙利和意大利前线安全后，萨伏依的欧根亲王率领的帝国军队准备与约翰·丘吉尔率领的反法联军共同在多瑙河沿线抗击敌人。尽管在指挥反法联军时遭遇了极大困难，但约翰·丘吉尔仍然尽力克服重重困难，最终在战争中获胜。约翰·丘吉尔之所以遇到指挥上的难处，是因为此前负责指挥丹麦军队的荷兰总督一职出现空缺，使丹麦军队失去了统帅。在经历了对抗腓力二世和路易十四的两场大规模战争后，荷兰共和国繁荣的商业贸易被英格兰人抢走。荷兰共和国被其他欧洲国家占尽便宜。实际上，荷兰人本该守护好自己的前线，尽己所能地援助约翰·丘吉尔。

如果不是约翰·丘吉尔担任总指挥，反法联军将会因军令迟缓、缺乏效力而四分五裂。约翰·丘吉尔认为英格兰王国应该在战争中发挥关键作用，而不是像托利党希望的那样尽量扮演辅助角色。约翰·丘吉尔从战时办公室的辉格党朋友那里获得了军需援助，最终取得胜利。虽然法兰西军队已不再拥有军事指挥能力高超的将领，路易十四的杰出大臣也纷纷离世，但法兰西军队的实力仍不容小觑。幸好威廉三世已经打下了坚实的基础：任何破坏欧洲势力均衡体系的国家都将被群起而攻之。在约翰·丘吉尔的领导下，英格兰王国对欧洲

萨伏依的欧根亲王

势力均衡体系的控制达到了新高度。1702年,约翰·丘吉尔率领反法联军占领芬洛、鲁尔蒙德等地,1703年占领波恩、于伊和林堡等地。欧洲各国确信大事即将发生。战无不胜的约翰·丘吉尔开始策划发动布伦海姆战役。布伦海姆战役的胜利让神圣罗马帝国的诸侯国免遭法兰西王国的侵略。如果不是因为英格兰王国国内出现党派分歧,约翰·丘吉尔被妻子萨拉·丘吉尔出卖,那么反法联军一定会一直行进到巴黎城下。

约翰·丘吉尔的军事行动摧毁了路易十四统治下的法兰西王国取得的优势地位,恢复了欧洲的势力均衡,结束了英格兰王国与法兰西王国的战争。最终,法兰西王国通过权谋之术而非战争,保证了本国利益。威廉三世和约翰·丘吉尔打了多次胜仗,与其意义相比,其结果显得微不足道。但我们需要用

布伦海姆战役

更长远的眼光来评估,并且必须注意到,在西班牙王位继承战争期间,英国外交政策出现了新的转变。我们可以从中为英格兰王国在外交和政治上遭遇的失败寻得些许安慰。

英格兰王国率领反法联军发动西班牙王位继承战争主要出于以下目的:先发制人,占据主动;调整欧洲的势力均衡态势;通过强大的海军力量,保护英吉利海峡的安定和英格兰海上贸易。西班牙王位继承战争爆发后,英格兰王国的势力均衡外交政策得到进一步完善和发展。腓力五世上台后,西班牙王国已变成法兰西王国的一个"行省"。在打破西班牙王国和法兰西王国的联盟上,神圣罗马帝国与英格兰王国具有共同的利益诉求。尽管非洲北部海盗横行,但18世纪英格兰王国在地中海的贸易已十分繁荣。此前,英格兰海军将领罗伯特·布莱克、约翰·纳伯勒都曾与非洲北部的海盗有过激烈交锋。奥斯曼帝国和波斯帝国逐渐发现,前往西方开展贸易能带来巨大利益。如今,西班牙王国被伊丽莎白一世统治下的英格兰王国重创后,不得不把精力放在保护美洲殖民地上面。如今,葡萄牙王国与英格兰王国签订了《梅休因条约》,建立起更紧密的商贸联系。威廉三世签署的《分治条约》亟待落实,同时英格兰王国需要解决伊比利亚半岛的问题。

英格兰海军舰队和反法联军率先支持奥地利大公查理五世继承西班牙王位。随后,奥地利部分军队也对此表明支持态度。英格兰王国还利用西班牙的卡斯蒂尔王国和阿拉贡王国之间的世代恩怨,与阿拉贡王国和巴利阿里群岛结成联盟。在陆地上,神圣罗马帝国迅速出兵。在海上,英格兰海军取得优势。驻扎在意大利的法兰西军队即将溃败。1700年之后,英格兰的外交政策中增加了对地中海的防御措施,目的是保护英格兰王国的海上贸易。

上述军事行动与约翰·丘吉尔在莱茵河和多瑙河的征战形成平行战线,取得了一定程度的胜利。里斯本提供了前往西班牙西部的入口,已被彼得伯勒勋爵查尔斯·莫当特攻下。加泰罗尼亚的古都巴塞罗那则提供了前往西班牙东部的入口。一直以来,巴塞罗那都是西班牙卡斯蒂尔王国和阿拉贡王国争夺的中心地带。英格兰海军期望能够在地中海一展身手，让地中海成为英格兰王国的一个湖泊。然而，最终，上述愿想没有实现。也许失败的首要原因是英格兰王国和奥地利大公国过于急功近利。加泰罗尼亚人几代以来都坚定地支持卡斯蒂尔王国。在加泰罗尼亚，作为外来力量的英格兰王国和奥地利大公国并不受欢迎。加泰罗尼亚人发动叛乱主要是为了获得自主立法权。在与卡斯蒂尔的结盟中，加泰罗尼亚失去了独立的立法权。加泰罗尼亚人希望通过发动叛乱重新获得这一权力。然而，在西班牙王国统一后，卡斯蒂尔人和加泰罗尼亚人在某种程度上达成了和解。

虽然法兰西军队在伊比利亚半岛赢得了胜利，但英格兰王国在1704年占领了直布罗陀。1704年，英格兰人沉浸在布伦海姆战役胜利的巨大喜悦中。事实上，占领直布罗陀也许意义更重大，因为这是英格兰王国向领导欧洲迈出的一大步。《乌得勒支和约》签订后，英格兰军队占领直布罗陀的公正性被其他国家质疑。19世纪，有人仍然认为，英格兰军队不应该占领直布罗陀。接下来，我们将从英国外交史的角度出发，为英格兰王国占领直布罗陀正名。

英格兰军队占领直布罗陀

乔治·鲁克

约翰·利克

　　根据乔治·鲁克的描述，英格兰军队十分轻松地攻下了直布罗陀。约翰·利克则占领了拥有马翁港的梅诺卡岛。梅诺卡岛是英格兰王国在欧洲赢得的唯一战利品，也成了英格兰王国为避免"西班牙王国和法兰西王国紧密结合，从而威胁欧洲大陆自由和安全"做出艰辛努力的证明。在旁观者看来，英格兰王国耗费了大量人力和财力后，虽然约翰·丘吉尔和萨伏依的欧根亲王都取得了胜利，但来自英格兰王国和其他国家的反法联军将领并没有取得出色战绩。安妮女王和博灵布罗克子爵亨利·圣约翰没有像人们想象的那样责怪其他英格兰将领。法兰西人及其盟友很难相信，经历了异常艰苦的战斗后，他们最终居然能顺利撤退。由于西班牙人承担了绝大部分损失，法兰西人没有因战事失利而陷入过度沮丧。直布罗陀被英格兰军队占领后，西班牙人的爱国热情急剧上升。此时，作为胜利者的英格兰人却陷入危机。法兰西人看似风轻云淡，但对痛失直布罗陀表现出来的失落感并不比西班牙人少。

英格兰王国占领直布罗陀的举动虽然没有让法兰西人像西班牙人那般自尊受损，但严重影响了法兰西王国的后续战略规划。当路易十四建造的强大海军基地土伦也被英格兰军队占领后，法兰西人的战略规划被彻底打乱。土伦和直布罗陀被英格兰军队占领，让刚刚从战争失利中逐渐恢复的法兰西人备感悲痛。占领直布罗陀可以有效保证英格兰王国与意大利、非洲各国和黎凡特的独立贸易往来，还可以保护英格兰王国的海上贸易免受阿尔及尔海盗和其他海盗的骚扰。直布罗陀成为英格兰军舰的中转站，也可以防止海盗的偷袭和破坏。战争爆发时，英格兰王国可以及时切断英格兰王国南部港口与法兰西西部沿海的交通。

此时，西班牙王国已经被分割成两部分。直布罗陀位于西班牙领土的最南端，伸入大海。英格兰人占领直布罗陀后，西班牙王国东部和西部的港口往来

土伦

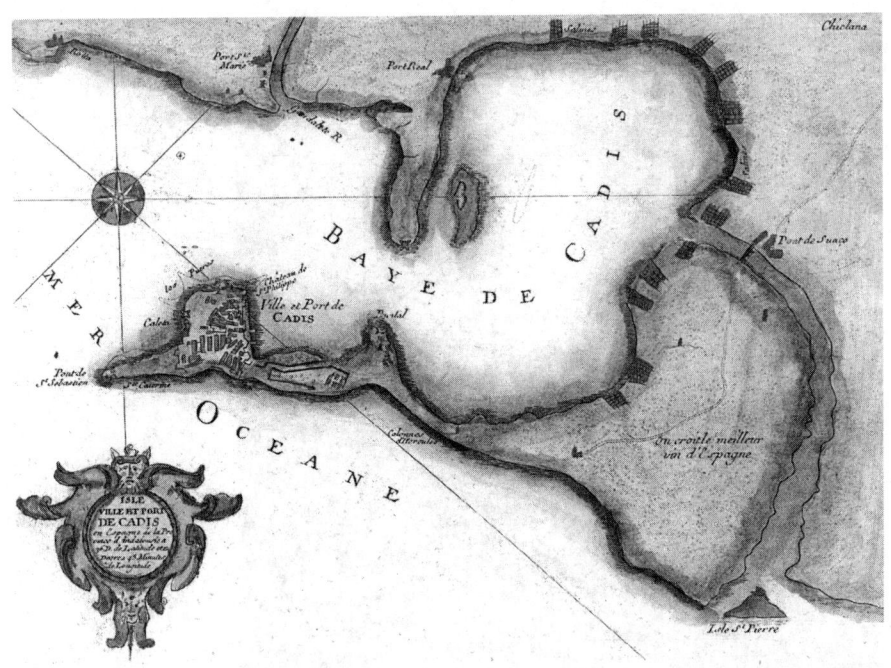

加的斯示意图

中断。占领直布罗陀还可以保护英格兰已经占领的加的斯。加的斯是西属美洲的财富集散地。有了直布罗陀这个极佳的停靠点,英格兰王国可以尽情掠夺西班牙王国在美洲的财富。深陷困境中的西班牙人只能选择淡忘直布罗陀被攻占的屈辱,但更强大的法兰西王国仍然抱有辉煌的海上帝国的梦想,绝不允许西班牙王国就此罢休。法兰西王国准备好时刻提醒西班牙王国此前遭受的屈辱,甚至试图通过与西班牙王国签署秘密条约的方式,支持西班牙人夺回失去的领土。通过强迫西班牙人签署条约的方式,英格兰王国令西班牙人的复仇计划落空,还让西班牙人再次备感屈辱。西班牙人的屈辱情绪是十分正常的。但直布罗陀被英格兰人占领,完全是西班牙人的失误造成的。

起初,我们很难理解,为何英格兰政府遗忘或忽视了直布罗陀对英格兰商贸和国际影响力的重要意义。乔治一世及其大臣不止一次地坚持将直布罗陀归还给西班牙王国。他们之所以这样做,是因为他们了解汉诺威王朝统治英

詹姆斯·斯坦霍普

格兰王国的潜在威胁，以及汉诺威王朝与周边国家微妙而脆弱的外交关系。例如，在1715年的恐慌氛围中，乔治一世并没有意识到，将直布罗陀归还给西班牙王国并不合适。1718年，乔治一世的大臣詹姆斯·斯坦霍普曾急切地试图通过归还直布罗陀的方式，与西班牙人达成协议。1719年的短暂战争结束后，英格兰王国对直布罗陀的管辖权曾一度被废除。但英格兰王国、法兰西王国、神圣罗马帝国与荷兰共和国签订的《四国协议》重新确认了直布罗陀属于英格兰王国。1721年，乔治一世再次许诺"在合适时机和英格兰议会同意的情况下，按照公平原则将直布罗陀归还给西班牙王国"。

幸运的是，乔治一世的许诺从未兑现，英格兰议会也绝不会通过他的提议。英格兰人不会随便放弃自己的权利。约翰·丘吉尔更是如此。西班牙人很快忘记了自己遭遇的苦难源自法兰西人。发现乔治一世的秘密提议后,英格兰人异常愤怒。英格兰议会更不可能同意乔治一世的提议。西班牙王国的实际掌权者西班牙王后埃丽莎贝塔·法尔内塞曾出言不逊道:"英格兰王国必须做出选择,要么放弃直布罗陀,要么放弃与西班牙王国和西印度群岛的贸易。"但英格兰人绝不会放弃其中任何一个,因为这些珍贵权利都是他们努力争取获得的。多个条约也保障了英格兰王国对直布罗陀的管辖权,以及与西班牙王国和西印度群岛的贸易往来。每年,英格兰王国都要花费五万英镑保卫直布罗陀。对英格兰人来说,这笔钱算不了什么。

埃丽莎贝塔·法尔内塞

1726年，在没有提前宣战的情况下，西班牙人直接包围了英格兰军队在直布罗陀的据点。这让英格兰人备感羞辱，也断绝了英格兰人妥协或退让的可能性。西班牙人的进攻没能成功，并且此后的几次侵略尝试均以失败告终。多年后，也就是1757年，老威廉·皮特曾沮丧地试图用直布罗陀换取梅诺卡岛，所幸西班牙人拒绝了他的提议。此后，英格兰王国再也没有表达过归还直布罗陀的想法。

控制地中海是英国在外交史上的重要里程碑。从此，英格兰人不仅可以自由进入地中海和欧洲大陆，还可以在地中海建立军事据点，保障英格兰舰队的航行。英格兰王国开始控制地中海的内海贸易，并且为英格兰舰队建立军事基地。

英格兰王国对地中海的控制让英国外交政策在18世纪初进入了新的发展阶段。随着英格兰王国对地中海的控制逐步增强，西印度群岛的势力分布也在悄然发生变化。英格兰王国在西印度群岛开始参与商贸活动和部署海军行动，可以追溯到伊丽莎白一世击败腓力二世的时期。真正建立起势力范围则有赖于亨利七世和亨利八世时期的卡伯特父子，即父亲约翰·卡伯特和儿子塞巴斯蒂安·卡伯特。其中，塞巴斯蒂安·卡伯特是爱德华六世的海事首席顾问。在英国外交中，卡伯特父子扮演着重要角色。在他们的努力下，在北美的利益纠纷上，英格兰人开始享有仲裁权，正如西班牙人和葡萄牙人在南美拥有的特权。然而，位于太平洋和西印度群岛中间的美洲中部，包括墨西哥湾并不完全是西班牙人的属地，尤其在伊丽莎白一世、詹姆斯一世、詹姆斯二世在北美开拓殖民地后，这里逐渐出现了一些重要、繁华的社区。

值得注意的是，美洲的西班牙殖民地与英格兰殖民地有着本质上的区别。与葡萄牙殖民地类似，西班牙殖民地对金银采矿业和属地的管理比较松散，并且没有大量来自西班牙王国的移民。西班牙王国对其殖民地的管理方式与英格兰王国对加斯科涅或大英帝国对印度的管理方式类似。然而，英格兰王国对北美殖民地的管理方式，与古希腊和古罗马管理英格兰时采用的方式类似——大量朱特人、撒克逊人和盎格鲁人在罗马人统治下的英格兰居住，正如现在有许多英国人生活在加拿大、澳大利亚和南美。在北美殖民地居住的英格兰人是真正意义上的移民。新英格兰居住着形形色色的移民群体——既有男人、女人、儿童，也有农民、政治家、商人和宗教人士。他们将英格兰祖先的航海习俗和传统带到了北美，充分利用了北美绵长的海岸线和具备有利条件的港口发展经济。他们是卡鲁·罗利及其跟随者的后代，绝不会放弃占领墨西哥湾邻近海域和西印度群岛的绝佳机会。

在管理和维持殖民地秩序上，英格兰殖民者的祖先赋予了他们独特优势。在保护殖民地利益和促进商贸发展，以及确保殖民地的文学、政治和国内政策与英格兰王国保持一致等方面，尽管英格兰殖民者没有多少经验，但这是各国殖民者都面临的问题。我们很少评估在独立战争前北美殖民地的发展状况，但为了更好地理解英国外交政策的发展史，我们必须认真观察北美殖民者利用西班牙人在墨西哥湾海岸港口的松散管理一步步策划独立的过程。

下面，让我们一起追溯在美洲殖民地，英格兰王国和西班牙王国爆发冲突的前因后果。首先，我需要梳理一下和平时期的状况，随后再讲述1739年战争爆发的全过程。

伊丽莎白一世统治时期，英格兰人战胜西班牙人的事迹已经被人忘却。在詹姆斯一世努力下达成的《1604年和约》，让西班牙人得以尽情追求美洲殖民的梦想。西班牙人没有意识到北美的英格兰殖民地正在快速增长。他们只希望今后英格兰海军将领弗朗西斯·德雷克、约翰·霍金斯这类人不会再出现在美洲附近的海域。事实上，在詹姆斯一世、查理一世统治时期，西班牙人认为，英格兰军舰和荷兰军舰在美洲附近"肆意掠夺"。在奥利弗·克伦威尔发动英西战争时，英格兰人不仅占领了牙买加，弗朗西斯·德雷克等人还在特内里费岛大肆破坏西班牙人的贸易活动，掠夺西班牙人的财富。直到1667年，西班牙人才认清现实，默许和承认了英格兰人在美洲的殖民活动。随着《马德里条约》的签订，西班牙王国和英格兰王国交往的基础奠定了。查理二世统治时期，西班牙王国和英格兰王国对彼此的态度有所转变。19世纪，有证据表明，雄心勃勃的路易十四曾对美洲的英格兰殖民地虎视眈眈，导致西班牙王国与英格兰王国在美洲结成联盟。最终，西班牙人为英格兰人在美洲，尤其是西印度群岛以优惠条件开展贸易活动提供了支持。接下来，我们有必要梳理一下英格兰王国与西班牙王国就美洲贸易问题签订的条约。

1667年，英格兰王国与西班牙王国签订了第一个贸易条约。该条约的开头部分引用了1648年《明斯特条约》的相关内容。《明斯特条约》签订后，荷兰人

1648年《明斯特条约》签订现场

抢在英格兰人之前获得了贸易特权。当时,英格兰王国的经济仍然不景气。随后,荷兰人在《明斯特条约》中取得的贸易特权也适用于英格兰人。西班牙人还没有提出搜查权概念,仅允许英格兰人在欧洲港口与他们进行贸易。因此,贸易特权覆盖的范围不包括西班牙人的美洲殖民地。1670年,英格兰王国与西班牙王国签订的第二个贸易条约。该条约规定,在没有特殊许可的情况下,各个国家的殖民地之间不得进行贸易。该条约第十五条规定:"在不违反条约的情况下,各国的航行自由不受侵犯。"同时,该条约中首次出现了与搜查权有关

的条款。但为了避免搜查权被滥用，条约特别强调搜查权仅限于搜查武器、弹药和士兵。提出搜查权这一概念主要是为了防止英格兰军舰向柏柏里海盗提供军需物资。详细梳理17世纪西班牙王国和英格兰王国签订的条约是很有必要的，1720年到1739年，西班牙人在条约中对搜查权的具体解释最终导致1739年"詹金斯之耳"战争爆发。在与英格兰人签订的条约中，西班牙人宣称自己可以对"港口"附近和公海出行的英格兰商船行使搜查权。

不仅西班牙军舰上的高级舰长和海军上将可以实施非法搜查，而且海岸警卫队的底层军官也会粗暴地行使搜查权。数年后，英格兰商船上已经不载有任何"武器、弹药和士兵"，而是载满西班牙殖民者愿意花高价购买的英格兰货物。

被西班牙人抓捕的英格兰商船船长通常被送往西班牙，关进条件恶劣的监狱。和罗伯特·詹金斯船长的经历一样，很多人都被施以重刑，落下终身残疾。值得注意的是，"詹金斯之耳"战争爆发后的很长一段时间里，罗伯特·詹金斯船长被西班牙人割下耳朵的故事的真实性始终是个谜。埃德蒙·伯克用"詹金斯之耳"战争作为案例，来表达自己对法兰西大革命的支持。他认为"詹金斯之耳"战争建立在流言之上，体现了"赤裸裸的抢劫和极度的不公平"，但英国人干涉法兰西大革命是完全合理的。

当时，埃德蒙·伯克声称自己对"詹金斯之耳"做过大量精准的研究，并没有遭到驳斥。在很长时间内，历史学家和文学家都采用了埃德蒙·伯克的观点，认为"詹金斯之耳"是一个编造的谎言。很久后，怀疑埃德蒙·伯克说法的声音才出现。约翰·诺克斯·劳顿教授在国家档案馆翻阅材料时，找到了可以证明"詹金斯之耳"这个故事并非虚构，而是事实的相关证据。

第 5 章

1739 年英国与西班牙王国爆发战争始末

精彩看点

罗伯特·沃波尔的和平政策——封锁波托贝洛——弗朗西斯·霍西尔舰队的悲剧——法兰西王国和西班牙王国的秘密条约——弗雷瑞斯枢机主教安德烈-埃居尔·德·弗勒里治理下的法兰西王国——英国从欧洲事务中脱身——英国殖民者斗志昂扬——西班牙人行使搜查权——罗伯特·沃波尔的疏忽——有计划的走私——从自由贸易到限制性贸易——售奴许可证——西班牙王国持续不断地羞辱英国商人——战争一触即发——英国议会里的"爱国者"——请愿书——罗伯特·沃波尔开始退让——罗伯特·沃波尔的可耻举动——下议院对英国王室的致辞——罗伯特·沃波尔的失误——英国的政治家和诗人——罗伯特·沃波尔宣布开战——罗伯特·沃波尔被迫辞职——埃德蒙·伯克的描述——法兰西王国的挑衅——1739年战争的正当性和必要性

罗伯特·詹金斯曾戏剧性地将自己被割下的耳朵用棉布包好，展示给英国下议院的议员。他还在回答英国下议院议员的提问时说："我把灵魂献给了上帝，把事业献给了英国。""詹金斯船长的耳朵"不过是引发1739年战争爆发的

讽刺漫画：同伴摘下罗伯特·詹金斯的假发，向罗伯特·沃波尔等人展示伤口。罗伯特·沃波尔对此不屑一顾，他的一位同事更是漠不关心，宁愿与一位女士交谈

众多突发事件之一，但奠定了英国外交政策的基调。1733年，西班牙王国与法兰西王国签订秘密协议，西班牙人大肆嘲笑英国人对该协议的抗议。在此，我必须说明罗伯特·沃波尔在管理国家上犯的错误。罗伯特·沃波尔试图采取各种荒谬绝伦的方法，尽量避免战争的最终爆发，甚至愿意付出任何代价求和。我先从法兰西人对西班牙人的煽动讲起。

1726年，西班牙王国曾经试图进攻直布罗陀，但未能成功。罗伯特·沃波尔视西班牙此举为小孩子般的发怒行为，没有严肃对待，导致西班牙王国免

罗伯特·沃波尔

于向英国缴纳罚金。在运输完金银后，西班牙商船往往会聚集在波托贝洛。英国海军上将弗朗西斯·霍西尔奉命率领一支大规模海军舰队封锁波托贝洛。没有人知道弗朗西斯·霍西尔接到的具体命令内容，人们只知道这是一种展示武力的绥靖政策。同时，弗朗西斯·霍西尔被要求不得攻击西班牙王国的堡垒。1739年，英国军队仅用了六艘大型军舰就占领了波托贝洛。英国人封锁波托贝洛的行为引起了西班牙人的不满。对英国人来说，封锁波托贝洛是极其耗费钱财的行动。因为物资运输被阻，西班牙人烦躁不安。西班牙人也派不出能够恢复物资运输的海军舰队。不过，西班牙人意识到，英国人能采取的最严厉措施也不过如此。于是，西班牙人只将封锁波托贝洛的军事行动当作一次对自己的短暂磨炼。

然而，奉命出航的弗朗西斯·霍西尔舰队损失惨重。弗朗西斯·霍西尔舰队的惨痛经历，注定会在英国历史上留下永恒的印记。即使是最无能的政府，也不会犯下如此严重的错误。在长久的和平时期，弗朗西斯·霍西尔舰队一直没有被征用，多数军舰破烂不堪。在墨西哥湾巡航了数月后，弗朗西斯·霍西尔舰队的多艘军舰裂成了一堆木板，陈旧的武器装备也无法使用。在牙买加，几乎所有英国船员染上了瘟疫，连年迈的弗朗西斯·霍西尔也未能幸免。跟随弗朗西斯·霍西尔的十个舰长、五十个尉官和三千到四千个海员都病故了。此次巡航消耗的人力、物力成本和英国海军舰队参加了三次海战差不多。英国人将永远铭记弗朗西斯·霍西尔舰队的悲剧。1751年问世的叙事诗《弗朗西斯·霍西尔的鬼魂》标志着罗伯特·沃波尔政治生涯的结束。

1733年，西班牙王国和法兰西王国签署秘密协议。随后，罗伯特·沃波尔发现，西班牙人对英国商船行使搜查权的次数持续上升。1733年，西班牙人和法兰西人签署的秘密协议规定："在任何对西班牙王国和法兰西王国有利的时机，应尽量禁止英国人进行海上贸易时行使搜查权，如果英国人表示反对，法兰西王国将会动用陆地和海上的一切军事力量对抗英国。"上述秘密协议对欧洲大陆和美洲大陆产生了深远影响。1734年，欧洲大陆的安定局面被法兰西王国、西班牙王国和撒丁王国组成的联盟打破。该联盟成功让西班牙国王腓力五世成为那不勒斯和西西里岛的国王。此时，罗伯特·沃波尔仍然是英国首相。在盟友神圣罗马帝国分崩离析后，英国开始变得孤立无援。在西欧大陆，波旁王朝权倾一时，控制着地中海的西班牙半岛和意大利半岛。西班牙人越来越不满英国人对直布罗陀和梅诺卡岛的占领。法兰西王国决心利用与西班牙王国联盟的机会，进一步扩张法兰西殖民帝国。在北美的英国殖民地后方，法兰西人开始建造堡垒和军事据点，甚至开始威胁英国在印度的殖民地。

1735年，法兰西王国的实力达到新的高度。通过签署《维也纳条约》，年迈、睿智的弗雷瑞斯枢机主教安德烈-埃居尔·德·弗勒里让法兰西王国实现了

弗雷瑞斯枢机主教安德烈－埃居尔·德·弗勒里

强国梦想。在收复了洛林和巴尔后,法兰西王国确保了自己东部防线的安全。如今,法兰西王国已经重回权力巅峰,实现了路易十四倾全国之力、频繁宣战也未能达成的目标。法兰西王国的成功与英国和荷兰共和国的中立态度密切相关。荷兰共和国之所以保持中立,是因为在拯救全欧洲的战争中,荷兰共和国已经耗尽力量,无法重新恢复以往的地位。荷兰人为自由事业做出的贡献应该得到国际社会的尊重。

暗中支持西班牙王国的法兰西王国,摆出一副咄咄逼人的姿态,成功恐吓了时任英国首相的罗伯特·沃波尔。此时,罗伯特·沃波尔已经知道,西班牙王国和法兰西王国私下签订了秘密协议。于是,在西印度群岛,他采取了软弱的外交政策。罗伯特·沃波尔的外交政策换来了暂时和平,但为接下来爆发的战争埋下了导火索。罗伯特·沃波尔决定,让英国远离欧洲事务。这意味着英国必将放弃都铎王朝和斯图亚特王朝时期在欧洲赢得的地位,也会在南半球和北半球备受屈辱。罗伯特·沃波尔甚至放任实力早已衰退的西班牙王国肆意羞辱和挑衅英格兰王国。在西印度群岛和西班牙控制下的美洲,西班牙王国和英国贸易关系错综复杂,每天都在上演着激烈的挑衅和冲突。伦敦、布里斯托尔和其他地方的英国商人大量拥入西印度群岛和西班牙控制下的美洲。那些拼命赚取血汗钱和乘着商船四海为家的人,也就是北美沿岸坚强的英国定居者也纷纷拥入西印度群岛和西班牙控制下的美洲。他们是定居在新世界[①]的英国人,忍受着西班牙人的侮辱和挑衅,以及西班牙王国严格的贸易限制。

在追溯18世纪的纷争时,我们需要牢记,此时,西印度群岛的英国人也参与了欧洲战事。像克里斯托弗·科德林顿父子这类富庶糖岛上的封建领主,都曾被英国政府任命为加勒比总督。在威廉三世和安妮女王统治期间,克里斯托弗·科德林顿父子还曾远征法兰西王国,成功激发部分种植园主的尚武精神。海洋自由理论与当时的社会文明密切相关。英国人尽管可能会反对胡戈·赫罗

---

① 此处的新世界是指美洲大陆。——译者注

胡戈·赫罗齐厄斯

齐厄斯关于荷兰人有权在英吉利海峡和爱尔兰海航行的主张，但不认为公海的概念有碍自己在西班牙附近海域和美洲海域航行。12世纪以来，英国人始终不认为航行权是某个国家专属的权利。

17世纪，在西印度群岛和周边海岸定居的除了英国人，还有法兰西人和荷兰人。因此，当西班牙人宣称自己在墨西哥湾北部向南和向西的海岸及海洋独享航行权时，英国人和其他美洲殖民者自然会认为这种想法非常荒谬，并且有失公允。在遥远的海域，欧洲各国有着复杂的纠葛。在殖民浪潮的推动下，任何国家对殖民地就像父母对前途光明的孩子一样热切。这样一来，西班牙殖民者与陆续驻扎美洲的其他国家殖民者必定会爆发冲突。相邻的殖民地如果能够享受自由的贸易政策，也许可以和平相处。但罗伯特·沃波尔担任首相时实施的所谓"温和"外交政策，根本无法保证殖民地的安宁。

美洲有着为数众多、活跃、独立的英国殖民者，并且英国在海上享有传统的尊贵地位。上述事实共同导致美洲殖民地时常爆发残暴的冲突和可怕的战争。当已经没落的西班牙帝国摆出一副海上霸主的姿态，特别是西班牙人在公海上对来往于各殖民地间的英国商船行使所谓的"搜查权"时，英国人很难忍受西班牙人的挑衅。英国政府未能采取任何措施，制止西班牙人的猖狂行为，让西班牙人对搜查权的滥用演变成了海上惯例。对此，英国人怒不可遏。

西班牙人开始越来越频繁地在海上行使搜查权。西班牙海岸警卫部队的军舰驶入英国港口，当着英国军舰的面搜查英国商船。有确切证据表明，大量英国人因此背上了走私的罪名，受到西班牙人惨无人道的虐待。在西班牙种植园内死去的英国人比在西班牙王国内的还要多。很多英国商人都有着与罗伯特·詹金斯类似的遭遇。由于前往美洲殖民和贸易的利润非常高，很多英国人仍然前仆后继地拥入美洲殖民地，导致上述惨剧持续发生了很多年。但罗伯特·沃波尔对英国人的抱怨不以为意，甚至不敢采取措施报复西班牙人。英国人不禁开始怀疑，罗伯特·沃波尔的政策是否能够确保和平，毕竟任何独立国家都不会容忍西班牙人对英国人的伤害和侮辱。很快，在英国，愤怒和怀疑的情绪弥漫开来。最终，罗伯特·沃波尔改变了外交政策。事实上，西班牙王国可以阻止英国人在西班牙美洲殖民地开展贸易，但西班牙王国采取行动的方式让人难以忍受。因此，西班牙人不应该将这场由他们自行挑起的战争称为"掠夺和极不公平的战争"。

在17世纪上半叶和整个18世纪，有关西班牙王国和英国为何爆发战争的原因始终不甚清晰。此前，我已经探讨了西班牙人在公海行使搜查权的合法性，并且说明了这种搜查权根本没有相关协议的支撑。我也解释了英国人的"走私"行为，并且说明了它在道德上是站得住脚的。从查理二世统治时期到

17世纪末，出于对法兰西王国崛起的恐惧，西班牙人向英国抛出橄榄枝，先后于1667年和1670年签署了两个条约，放松了对英国与西班牙王国开展贸易的诸多限制。自由贸易的风气开始形成。"由于西班牙王国的默许和放任，一种非法贸易在西班牙美洲殖民地和英国殖民地迅速繁荣起来。"[①]1700年，波旁王朝的腓力五世成为西班牙国王。随后，西班牙王国因王位继承战争而四分五裂，但美洲殖民地自由贸易的风气依旧。1713年《乌得勒支和约》签订后，西班牙王国才开始摆脱分裂状态。

西班牙王国和英国的关系日趋紧张。1713年《乌得勒支和约》签订后，西班牙王国和英国开始向全新的关系，即一种绝对限制自由贸易的关系转型。在1713年前近百年的时间里，西班牙王国和英国互通有无，自由贸易繁荣发展。但如今，这种局面不复存在。我们可以想象，在限制自由贸易前的漫长时期，大量英国家庭因自由贸易而变得富有，甚至将财富传给了下一代；巨额钱财在自由贸易中流通；英国殖民地和宗主国间的联系和沟通也越来越密切。根据《乌得勒支和约》，除奴隶贩卖之外，英国人在西班牙殖民地开展的其他贸易均被严格禁止。虽然最终安妮女王和托利党大臣同意了西班牙人限制自由贸易的举措，但这绝非他们的本意。他们仍然怀抱希望：也许西班牙王国不会严格贯彻限制自由贸易的政策。接下来发生的一切让安妮女王及其大臣的希望全部落空。腓力五世不仅是一个充满敌意的法兰西人，也是一个不怀好意的西班牙国王。由于英国的反对势力支持腓力五世的统治，西班牙王国和英国此前的友好关系已经不复存在，尤其在西班牙王国痛失直布罗陀和梅诺卡岛后。

腓力五世的机会来了。根据《乌得勒支和约》的规定，即使拥有贸易许可证也无法开展贸易活动。此前，西班牙王国和英国南海公司达成协议，推出了所谓的售奴许可证。英国南海公司每年为西班牙殖民地输送一定数量的黑人奴隶。根据该协议，英国南海公司可以每年派遣一艘装满欧洲商品的商船，前

---

① 威廉·考克斯：《罗伯特·沃波尔传》，1802年，第558页。——原注

威廉·考克斯

往西班牙殖民地开展贸易活动。西班牙人如果像他们的祖先一样明智,就不会取消英国南海公司的贸易特权,阻挡自由贸易的趋势。然而,腓力五世取消了该项特权。历史学家威廉·考克斯曾经如下描述西班牙王国取消英国南海公司贸易特权造成的后果:

> 如今,《美洲条约》的字面意思得到贯彻,其精神却被硬生生抛弃。英国人尽管仍然可以驶入西班牙殖民地的港口整修船和补充供给,但已经失去了以往在西班牙殖民地开展自由贸易的权利。英国人

的一举一动都受到西班牙海岸警卫队的密切监视。除黑人奴隶贸易之外，英国人无法再与西班牙人开展任何其他形式的贸易活动。①

不出意料，英国商人和殖民者拒绝遵守《美洲条约》中限制自由贸易的相关条款。他们与美洲的西班牙殖民者始终保持着密切的合作关系，已经将长久以来的自由贸易当作不容侵犯的权利。英国商人和殖民者"接连不断地驶入美洲的西班牙港口，甚至在很多地方公开与欧洲商人交换金银制品。西班牙人声称，'每年来往于美洲的售奴船'后面跟着一些其他英国商船。在一定距离外，这些英国商船下锚停泊。当售奴船将奴隶全部卸载完毕，这些英国商船便会源源不断地将新鲜货物运送到售奴船上。通过这种方式，英国人暗中继续着与美洲殖民地的贸易。此前，为西班牙人和欧洲商人提供金银交易场所的巴拿马博览会已没有昔日的繁华。由于英国人几乎垄断了美洲贸易，巴拿马博览会的交易量大幅下降"。②

显然，对如何开展贸易，西班牙人和英国人都有自己的想法，彼此拒绝退让。布里斯托尔伯爵奥古斯塔斯·赫维曾精准描述西班牙人和英国人在开展贸易方面的争端："西班牙人经常抓捕一些非走私船。许多西班牙官员都接受了英国走私者的行贿。真正的英国走私者反倒会被放行。因此，在港口这类本应危机重重的地方，英国走私者是安全的。但在海上，他们容易遭遇危险。"西班牙美洲殖民地海岸线绵延数百英里③，但定居在此的西班牙人寥寥无几。出于对利润的追逐、对冒险的热爱和对自身权利的拥护，英国商人更疯狂地前往美洲，开展违法贸易。《乌得勒支和约》签订后，短暂的贸易自由不止一次出现过。当西班牙王国和法兰西王国发生纠纷，《乌得勒支和约》中有关限制自由贸易的要求就会放松，英国商人在美洲开展非法贸易的意愿也会随之加强。

---

① 威廉·考克斯：《罗伯特·沃波尔传》，1802年，第558页。——原注
② 威廉·考克斯：《罗伯特·沃波尔传》，1802年，第485页。——原注
③ 一英里约合一点六千米。——译者注

布里斯托尔伯爵奥古斯塔斯·赫维

西班牙王国始终未能阻止英国商人在西班牙美洲殖民地开展非法贸易。1727年封锁波托贝洛的行动失败后,英国和西班牙王国剑拔弩张,矛盾一触即发。西班牙王国态度越来越固执,实施了更孤注一掷的措施。似乎所有欧洲国家,无论是敌是友,如今都团结起来对抗英国,竭力封锁英国的海上贸易。西班牙王国的做法进一步激怒了英国人。英国人对过往条约有独特的诠释。陆续放松的自由贸易限制和英国人对"自由贸易权"的坚持,以及西班牙人对搜查权的滥用,让局势持续恶化。事实上,西班牙人所谓的搜查权毫无根据。杰出的格兰维尔伯爵约翰·卡特里特曾公正地评价道:"在英国与西班牙王国进

格兰维尔伯爵约翰·卡特里特

行的所有协商中,英国大臣始终没有找到西班牙有权行使搜查权的相关证据。西班牙人通过条约来证实搜查权的举动更是无稽之谈。"①

西班牙王国和英国的紧张关系再度恶化。十分明显的是,如果此时西班牙王国采取全面让步,或者至少撤销在公海对英国商船的搜查行动,战争的爆发仍然是可以避免的。英国商人认为自己有权扩大海上贸易,更认为西班牙人阻止其开展海上贸易是暴力行径。英国商人甚至要求英国政府出面协商。此外,西班牙人指责英国商人没能制止岸上走私活动是毫无根据的。事实上,制止岸上走私活动并不是英国人的责任,而是西班牙人的责任。由于西班牙美洲殖民地的海岸线蜿蜒曲折,组织大规模海岸警卫队的成本极高,所以许多西班牙殖民者已经被英国商人收买。1737年,英国驻西班牙大使本杰明·基恩曾经说过:"英国和西班牙王国争论的关键在于,英国商人总是认为,即使自己实际参与了非法贸易,也不应该受到任何惩罚。西班牙人则认为,自己不仅有权扣押持续进出西班牙港口的英国商船,还可以在公海随意搜查英国商船,以便找到英国人从事非法贸易的证据。除非上述两种观点能够互相包容,否则英国商人将会一直抱怨英国政府。为了改变现状,英国政府不得不继续与西班牙政府进行毫无成果的协商。"

也就是说,英国和西班牙王国都认为自己利益受损,都不愿主动解决问题,而是坚持从自身角度看待问题。英国人对《乌得勒支和约》的执行情况很满意,而西班牙人继续坚持拥有搜查权,尽管这种权利从未在任何条约中明确规定。西班牙人没有采取严厉措施,惩罚西班牙殖民者和岸上的英国走私者,而是坚持实施在公海搜查英国商船的挑衅政策,最终引发战争。当西班牙人在公海捕获英国商船,而英国商船拒绝赔偿时,冲突就无法避免了。

毫无疑问,西班牙人的固执行为激化了英国人和西班牙人在搜查权上的对立。除在墨西哥湾与西班牙人开展贸易之外,英国人还在西印度群岛的其他

---

① 出自1770年查塔姆伯爵威廉·皮特在英国议会辩论中的发言。——原注

地方享有贸易权。例如,许多条约都规定,英国人有权在坎佩切湾砍伐洋苏木和在西班牙殖民地采盐。英国人还占据着牙买加岛。如今,英国人的其他权利也受到损害,英国人的运盐舰队就曾经遭遇过两艘西班牙军舰的袭击。幸得英勇的托马斯·迪雷尔舰长及时相救,英国运盐舰队中的三十二艘军舰[①]才得以侥幸逃脱。完成使命后,托马斯·迪雷尔舰长顺利离开。

　　随后,英国商人向英国政府频繁抱怨自己遭受的不公正待遇。罗伯特·沃波尔的对手,即英国议会中的"爱国者"开始利用这一机会。随后,对罗伯特·沃波尔的不满情绪在英国国内迅速蔓延。英国人开始思索,西班牙王国如此肆意妄为,是否背后有其他势力的支持。罗伯特·沃波尔的胆怯态度让英国人越来越难以忍受。根据1737年到1738年的英国议会辩论记录,罗伯特·沃波尔虽然承认英国人在西班牙美洲殖民地正遭受着不公正待遇,但认为英国人不应对西班牙人实施报复。随后,罗伯特·沃波尔命令英国议会不得通过报复西班牙人的相关决议。最终,1737年到1739年罗伯特·沃波尔的逃避态度点燃了英国人的怒火。

　　接下来,我们需要回顾一下英国下议院的态度,因为这在某种程度上也影响了大英帝国的崛起进程。英国下议院议员将怒火从西班牙王国转移到罗伯特·沃波尔身上。1737年,英国下议院对罗伯特·沃波尔的愤怒情绪到达巅峰。英国下议院收到一份来自西印度群岛英国商人的请愿书。英国商人在该请愿书中写道:"数年来,英国商船不仅被西班牙人频繁截停和搜查,而且在公海时常被改装成海岸护卫舰的西班牙船舶俘获。英国商船的船长和船员遭受了非人道的对待。英国商船被拖往西班牙港口用来装载西班牙货物。西班牙人的上述行为违背了西班牙王国和英国签署的协议。英国大臣抗议,但未能收到西班牙政府的任何回复。英国的海外贸易面临巨大风险。"请愿书还要求,包括西班牙王国在内的任何国家都不得以任何借口在公海扣押英国商船。

---

① 总共三十六艘。——原注

1738年，西印度群岛的英国商人向英国下议院递交了言辞更激烈的请愿书，引发英国下议院的热烈讨论。该请愿书梳理了西班牙人在公海追捕英国商船的历史，提出了英国下议院程序的不合理之处，甚至向英国王室提出诉求。其中写道："西班牙人丝毫不将乔治二世国王陛下的仁慈、宽容放在眼中。自1727年的《塞利维亚条约》生效以来，西班牙人一直都在公海掠夺英国商船。从1737年开始，西班牙人更是变本加厉，在公海肆意拦截往返于英国殖民地的英国商船，给英国的海上贸易带来了严重损失。被西班牙人抓捕的英国船长被囚禁在西印度群岛。英国船员则被卖到西班牙王国做奴隶，遭到西班牙人惨无人道的对待。"

罗伯特·沃波尔尽管在英国下议院能够获得大多数议员的支持，但仍然无法阻止英国下议院在其对手的影响下，通过了支持1738年请愿书要求的相关

乔治二世

决议。在英国下议院的质询下，罗伯特·沃波尔被迫承认："在请愿书中，英国商人详细、全面地叙述了自己遭受的损失。西班牙人掠夺英国商船的行为有违西班牙王国和英国的各自法律及共同协议。简单来说，西班牙人的行为极其恶劣，彻底违反了公平原则。"

> 罗伯特·沃波尔提出的决议具体内容如下：按照法律，航海自由和贸易自由是英国人民不容置疑的权利。西班牙王国和英国的双方协定从未限制上述权利。如今，西班牙人却以毫无根据和公正性的理由阻碍了自由贸易的蓬勃发展。自《塞利维亚条约》生效、西班牙王室发表保护英国贸易安全的宣言以来，西班牙人多次以前所未有的残忍、野蛮手段，肆意掠夺英国商船。为此，英国政府频繁向西班牙王室提出抗议，要求公平对待乔治二世饱受折磨的人民，严厉惩罚西班牙的海上掠夺者，阻止滥用权力的类似现象再次发生。然而，英国政府的抗议毫无成效，西班牙国王有关赔偿英国商人损失的命令也无法得到认真贯彻。西班牙人在海上的暴力掠夺行径让前往美洲的英国商人遭受巨额损失，直接破坏了英国王室和西班牙王室此前签订的诸多协议。

为了理解当时英国面临的艰难处境，我们有必要仔细列出上述关键决议的具体内容。一些外国历史学家很难找到证明1739年战争正当性的证据。这是因为如果要了解英国政府颁布的详细政策，历史学家需要仔细查找原始文件或下议院的质询记录，尤其是在想要论证决定英国外交政策的关键事件时。

在英国历史中，也许我们很难再找到像罗伯特·沃波尔和曲意逢迎的英国下议院多数议员这样恬不知耻、置国家尊严于不顾的政府官员。作为1738年下议院决议的提请人，罗伯特·沃波尔依然对西班牙王国保持胆怯、容忍的态度。英国下议院已经询问了提交1738年请愿书的英国商人，也证实了他们所说内容的真实性。但罗伯特·沃波尔依旧我行我素，始终坚持"通过和平手段获得满意结果及全额补偿"，还声称"我们不应该让英国再次卷入可怕的战事中"。在一次演讲中，罗伯特·沃波尔说道："一旦开始长期战争，我们将会永久失去在西班牙和地中海的一些贸易。"在英国下议院，罗伯特·沃波尔还说过，"有时候忍气吞声也符合国家利益"，甚至暗示与西班牙王国开战可能会激怒其他欧洲强国，"如果不是从其他欧洲国家那里得到鼓励，西班牙人绝不敢如此肆意损害英国人的利益"。

威廉·温德姆强烈抨击了罗伯特·沃波尔的言论："回顾西班牙王国和英国近期签署的协议不难发现，我们与西班牙人的协商都是枉费心机，根本没有

威廉·温德姆

约翰·巴纳德

巴斯伯爵威廉·普尔特尼

收到任何效果。"他还轻蔑地说道:"英国政府准备了强大的海军舰队,却没能给他们下达合适的指令。"约翰·巴纳德驳斥了罗伯特·沃波尔"一个国家如果不能得到其他国家的尊重,可以依赖自己以往的成就"的观点。巴斯伯爵威廉·普尔特尼以其雄辩口才发声道:"要求西班牙人做出补偿为时已晚。放任西班牙人损害英国在美洲的贸易利益,根本无法保护在西班牙、意大利和土耳其的英国商人。"随后,威廉·普卢默接话道:"如果英国贸易衰退,英国的实力必定会被削弱,其他国家帮助我们的意愿也会减弱。每个英国人应该自力更生,而不是等待法兰西议会整顿欧洲秩序。公开宣战总好过委曲求全的和平。"威廉·温德姆指出了独立国家的最佳行事法则:"当其他国家对本国有侮辱或进攻行为时,海军舰队和军队应该立刻出面解决问题,而不是依靠外交使节从中斡旋。"英国上议院的辩论中也出现了类似意义重大的精彩发言。

针对英国上议院和下议院的发言,英国王室做出了"亲切回复"。如果不是因为有1738年5月的上议院和下议院的质询记录存档,我们很难相信,罗伯特·沃波尔会一再表明相同的态度,反对任何与"试图将英国拖入一场毁灭性和无意义战争"有关的提案。罗伯特·沃波尔还宣称:"英国人绝不是西班牙人和法兰西人的对手。"对此,威廉·普尔特尼回复说,他希望自己有朝一日不必说出"英国水手难逃被俘虏的命运,英国商人必将被掠夺,英国贸易即将崩溃。这一切的发生只是因为英国人的反击举动惹怒了法兰西人",以及"我们已经受尽敌人的侮辱,即将面对盟友的鄙视,根本无力捍卫自身权利"的话语。英国人不相信自己不是法兰西人和西班牙人的对手。事实证明,他们的想法是正确的。

在英国下议院向英国王室的第二次致辞中,有许多可圈可点的地方,尤其是英国下议院议长、辉格党政治家代表阿瑟·翁斯洛的发言:"放任西班牙人

阿瑟·翁斯洛

搜查英国商船，就是放任他们争夺英国的海上主权。这是历任英国君主都无法容忍的举动。"这次，英国王室同样给出了"亲切回复"，内容和上次的回复基本相同，依旧主张采取妥协的权宜之计。在英国王室的这份回复中，英国放弃了自身利益，一味迎合西班牙王国，根本没有提到任何追究西班牙人卑劣行径的要求，也没有提到英国下议院已经达成共识的赔偿金额，更没有提及最关键的"搜查权"问题。西班牙人不仅无须缴纳任何赔偿金，而且无须承担任何责任。

罗伯特·沃波尔领导的英国政府犯下大错，开始不可避免地走向垮台。英国国内兴起了对罗伯特·沃波尔言论的反对浪潮。这种反对浪潮与个人恩怨和党派纷争无关。

我们不能将英国人对罗伯特·沃波尔的反感归结到某些英国作家在散文和诗歌作品中采用的文学技巧上。这些作家只是将英国人的悲痛以文学作品的形式宣泄出来。英国人民十分感激他们。英国人喜爱亨利·圣约翰所著的散文和亚历山大·波普的讽刺诗。除了威廉·普尔特尼、约翰·巴纳德等人在下议院质询时辞藻华丽的言辞受英国人推崇，爱德华·弗农具有水手风格、朴实的长篇大论也很受欢迎。

显然，此时罗伯特·沃波尔应该明智地引退。但他没能及时意识到这一点。相反，罗伯特·沃波尔选择用极其卑微的姿态迎合反对党。罗伯特·沃波尔的悲剧命运已经注定。尽管如此，他仍然没有摸清事态的真实走向。在万分不情愿地签署《帕尔多公约》后，西班牙政府却出尔反尔。然而，英国政府依旧没有对西班牙王国宣战。英国政府正在谋划对西班牙王国实施报复，但英格兰人的报复计划来得太迟。1738年10月15日，罗伯特·沃波尔发布的开战宣言彻底推翻了自己此前的和平政策。开战宣言中写道："西班牙王国和英国签署的《帕尔多公约》最终没能真正生效。西班牙王国对搜查权的主张缺乏法律依据，对英国和英国殖民地造成了毁灭性的破坏。"在西班牙美洲殖民地，英国人遭受了惨无人道的野蛮对待；西班牙人向英国人征收高昂的贸易关税；英国

亚历山大·波普

爱德华·弗农

人长久以来的贸易特权被剥夺；西班牙王国始终未能遵守与英国签署的《帕尔多公约》。英国向西班牙王国宣战是为了"维护英国人不容置疑的权利，确保英国人享有航海和贸易特权"。

由于罗伯特·沃波尔长期实施绥靖政策，英国人民无法继续相信他所谓的开战宣言。我们无须花费过多时间回顾罗伯特·沃波尔倒台的痛苦过程。我们只关心英国人如何用实际行动反抗。埃德蒙·伯克认为，1739年的英西战争充满了"掠夺和极度不公平"。我们需要全面地看待1739年英西战争。埃德蒙·伯克的错误在于只关注西班牙王国和英国在西印度群岛贸易上的分歧和矛盾，而没有考虑法兰西王国、直布罗陀和地中海等其他影响因素。罗伯特·沃

埃德蒙·伯克

波尔声称自己选择了当时环境下最恰当的政策,尽管最后该政策造成了灾难性后果。罗伯特·沃波尔的政策虽然为英国赢得了短暂和平,但引发了后来的战争危机。法兰西王国和西班牙王国恢复了威廉三世统治时对英国的满腔敌意。于是,英国再次被卷入战争。

　　回顾1739年英西战争爆发始末时,我们必须清楚地意识到,埃德蒙·伯克误解了许多与罗伯特·沃波尔倒台密切相关的参与者。埃德蒙·伯克认为,在猛烈抨击罗伯特·沃波尔的参与者中,"没有一个人最终支持宣战或端正了自己的偏激态度"。我们不能只将埃德蒙·伯克的描述当成夸张的修辞,而要对其展开辩证分析。例如,老威廉·皮特就完全不符合埃德蒙·伯克的描述。老

老威廉·皮特

威廉·皮特辉煌的政治生涯始于英国下议院就《帕尔多公约》进行的激烈辩论。他始终支持英国反抗法兰西王国和西班牙王国。

1739年英西战争爆发后，英国一度陷入低迷和绝望。直到老威廉·皮特担任首相，英国的形势才有所好转。这段时期的历史深深地影响了埃德蒙·伯克。当时，英国人陷入了选择罗伯特·沃波尔担任首相的悔恨中，还没来得及意识到，一批18世纪最优秀的政治家即将登上历史舞台。在宣布开战后，罗伯特·沃波尔做出预测："在一番激烈斗争后，英国人将会迅速赢得战争胜利。"英国海军上将爱德华·弗农的短暂胜利让英国人为之振奋，但随后是一系列战败。1739年，法兰西王国唆使西班牙王国应战，与1742年普鲁士王国的行为如出一辙。1744年，法兰西王国卸下伪装，与英国直接开战，正如毫无英格兰民族精神的罗伯特·沃波尔曾经恐惧的那样。

1739年英西战争爆发后，英国政府的管理十分混乱，使英国海军一度陷入无政府的松散状态。在欧洲大陆，英国政府损失了大量人员和钱财。1745年叛乱爆发后，英国政府采取的应对措施也不够光彩。对英国来说，《第二亚琛和约》的签订是种耻辱。从此，欧洲大陆进入时而和平、时而战争的动荡阶段。英国人不愿意相信，此时法兰西王国正在试图恢复17世纪的巅峰地位。英国依然在艰难地争取欧洲霸权。此时，距离英国的最终胜利还有二十年。在胜利前，许多英国政治家深切感受到了英国人民的忧虑。英国政治家的所作所为也时常遭到误解。

到了这时，也许仍有人认为，英国向西班牙王国宣战是受当时猖獗的海盗风气影响，主要目的是掠夺西班牙人。我们很难想象，当法兰西王国由幕后参与者转为英国的公开对抗者，英国人将会是什么心情？《乌得勒支和约》签署后，英国和法兰西王国再也没有爆发过任何冲突。为了与法兰西王国保持良好关系，英国政府几乎抛弃了传统的势力均衡外交理念，还要忍受来自西班牙王国的侮辱和骚扰。在历史上，西班牙王国类似的行为绝对会挑起战争。在西印度群岛，法兰西王国与西班牙王国并无共同利益，也没有正当理由支持西班牙人挑衅英国人。从英国人的角度来看，法兰西人本应是自己的盟友，而不是敌人。但我们不得不承认，在1739年英西战争中，法兰西人有自己的利益考虑。法兰西王国的做法，让那些对威廉三世和安妮女王的统治仍然记忆犹新的人感觉到十分愤怒。

随着战争的爆发，英国人进一步明晰了法兰西人的意图。在枢机主教皮埃尔·保罗·介朗·德·唐森的影响下，法兰西王国首席大臣安德烈-赫丘勒·德·弗勒里成为法兰西王国的主要领导角色。历史上，法兰西王国曾试图让天主教势力控制英格兰王国。在法兰西将领莫里斯·德·萨克斯卓越的军事

枢机主教皮埃尔·保罗·介朗·德·唐森

才能的威胁下，英国再次面临被天主教控制的危机。随着法兰西王国变得越来越危险，英国人对1739年英西战争爆发的必要性的认识日益深刻。简单来说，观察法兰西王国和西班牙王国的关系史，尤其是它们曾经因签署秘密协议而组成联盟的相关历史，我们就不难发现，英国发动1739年英西战争并非出自掠夺等不公正目的，而是一次在道德意义和政治意义上都充满公正性和必要性的防卫战，甚至可以说这场战争已经拖得太晚。

第 6 章

大英帝国崛起时期的英国外交政策

（1739 年到 1763 年）

精彩看点

军舰、殖民地和贸易——英国及其殖民地面临威胁——皇家海军的颓势——皇家海军的效率和英国胜利的关键——英国陆军无法与皇家海军保持步调一致——乔治二世和爱德华·霍克——大不列颠王国与低地国家结盟——汉诺威选帝侯国与荷兰共和国——大不列颠王国的凄凉前景——1745年詹姆斯党人叛乱拯救了大不列颠王国——菲利普·斯坦诺普治理下的爱尔兰——常备军最终组建完成——危机中的老威廉·皮特和乔治二世——乔治·安森和爱德华·霍克——老威廉·皮特最初的失败——普鲁士和腓特烈二世——老威廉·皮特与不列颠指挥官的关系——"商人的国度"——大英帝国崛起时期签订的条约——国际法——英属美洲殖民地惨遭入侵——1748年后法兰西人继续入侵英属殖民地——法兰西人想控制美洲——新斯科舍——七年战争及其影响——英国殖民地上的英国政府——封闭地中海——英国被法兰西王国和西班牙王国超越本章中，英国外交政策进入了新的发展阶段，被赋予了新的特征。为了更好地理解英国在外交政策上的变化，我们需要对此前的历史稍做总结。我们已经梳理了在外国势力的威胁下，英国实施外交政策的出发点和基本原则。在历史上，英国曾被入侵过四次。在梳理势力均衡外交政策起源和基本原则时，我们提到了这一点。对外敌入侵的恐惧，逐渐成为英国制定外交政策时考虑的重要因素。诺曼王朝时期和金雀花王朝时期的英国外交政策就是很好的例子。在现代历史的开端，欧洲各国的关系发生剧变。在英国和法兰西王国的灵活运用下，都铎王朝时期大放异彩的势力均衡体系得到进一步完善。伊丽莎白一世灵活运用势力均衡的外交原则，拯救了英格兰王国。威廉三世和安妮女王恢复了都铎王朝时期的外交政策，但在战争中又将其搁置一旁，着重保护英格兰王国在地中海的利益。

在大英帝国崛起时期，英国的势力均衡外交政策得到进一步完善。此前，我们介绍了罗伯特·沃波尔采取的绥靖政策。随着西班牙王国和法兰西王国建立联盟，英国的外交政策也发生了改变。主张维持和平的罗伯特·沃波尔曾经是一个英明首相，却在外交方面犯下愚蠢的错误。他的态度助长了西班牙王国和法兰西王国的气焰。西班牙王国对英国持续羞辱和英国遭受的巨大损失，最终让英国人觉醒。英国人在挣扎和绝望中前行，最终在全世界范围内建立起了大英帝国。英国政府的腐败让英国人的生活雪上加霜。这些都是我们在梳理英国外交政策时不应该回避的问题。

经历了一番演变后的英国外交政策,可以用以下深入人心的词语来概括:"军舰、殖民地和贸易。"该外交政策既体现了英国传统,也蕴含着全新的特征。光荣革命后,英国人重获自由,国力持续增强,英国已拥有强大的海军力量、遍布全球的殖民地和欣欣向荣的对外贸易。这些都为"军舰、殖民地和贸易"外交政策的实施打下了新基础。英国虽然没有主动将"军舰、殖民地和贸易"当作发展目标,因为此时英国参加的主要是防御性战争——只是在对外扩张的过程中,却实现了繁荣。在实现国家富强和经济繁荣后,英国外交政策开始朝着新的方向发展。英国人也意识到,欧洲各国正密谋联合起来,企图削弱英国在航海业、殖民地和贸易上取得的显著优势。英国人一直认为自身的优势不会被轻易打破。然而,这些年来,欧洲各国试图削弱英国实力的意图越来越明显。直到1805年英国海军中将霍雷肖·纳尔逊赢得特拉法尔加战役后,欧洲各国才作罢,不再试图削弱英国实力。

1739年,"詹金斯之耳"战争爆发前的一个世纪里,英国的美洲殖民地逐渐发展壮大。1739年英西战争爆发的五十年前,英国和西班牙王国的矛盾越来越尖锐。如今,英属北美殖民地受到法兰西王国与西班牙王国的双重威胁。已经在印度站稳脚跟的东印度公司成了法兰西王国的眼中钉。法兰西王国与西班牙王国暗中密谋,打击英属北美殖民地。但英国人没有及时察觉到法兰西王国和西班牙王国的阴谋。1739年英西战争的实质是欧洲各民族的生存斗争,以及英国出于自身防御考虑,在航海、殖民地和贸易上展开的激烈竞争。此时,英国无法再继续光荣孤立,置身于欧洲事务之外。很多年后,英国人才明白,自己需要做出多大牺牲,才能让英国赢得至高无上的地位。最终,经历了接连失败和失望后,英国迎来了胜利的曙光。与光荣革命时期类似,在确保不列颠群岛、英属北美殖民地和英国贸易的安全时,英国必须将欧洲各国是否会联合起来作为外交政策的关键因素考虑。

查尔斯·韦杰

1739年英西战争爆发时，皇家海军的实力已经逐渐衰退。在皇家海军的衰落过程中，脾气暴躁的皇家海军军官查尔斯·韦杰扮演了关键角色。与过去相比，皇家海军的造船技术没有丝毫起色。当欧洲各国在地中海的竞争日益白热化，人们才发现，皇家海军的军舰水平远远落后于法兰西王国和西班牙王国。皇家海军船员不得不通过卑劣的抄袭手段来提高自身的造船水平。当时，软弱的英国政府忽视了提高海军实力的重要性，任命托马斯·马修斯和理查德·勒斯托克等能力平庸之人担任皇家海军指挥官。英国政府丝毫没有意识到，皇家海军对保卫国家安全起到的关键作用。同时，波旁王朝统治下的法兰西王国却在全面发展，竭尽全力超越英国。

在一批杰出的皇家海军军官的指挥下，英国重新在海战中赢得了优势。他们是乔治·安森、爱德华·霍克、弗雷德里克·沃伦、乔治·波科克、查尔斯·桑德斯和奥古斯塔斯·凯佩尔。在上述杰出指挥官的领导下，皇家海军重振雄风。老威廉·皮特得以在七年战争期间为大英帝国的最终形成打下坚实基础。换句话说，英国能重新登上权力巅峰，与英国外交政策中新旧元素的融合密不可分。英国外交政策中的新元素必须依赖于旧的传统元素，才能确保英国的安全。皇家海军作战效率的提升是英国重回权力巅峰的关键。长期以来，为了免遭外敌入侵，英国必须依靠制海权等传统外交优势；荷兰共和国沿岸地区必须由英国的盟友控制；英国的殖民地必须免于被虎视眈眈的法兰西人和西班牙人侵占；印度必须为英国的贸易和统治提供便利；皇家海军必须不惜一切代价确保英国对地中海的控制权[①]。

随着海外殖民地持续扩张，近百年的战争磨砺英国，也提高了英国的实力和地位。英国成功的外交政策顺理成章地沿袭下来，从未遭到质疑。英国的政治家需要时常评估国际环境，根据其他国家的军备情况，及时调整皇家海军的规模，以此在军事实力上与其他国家保持平衡。尽管在长期和平状态下，上述做法已经几乎被人淡忘，但并非最近才出现。阿尔弗雷德·塞耶·马汉的"海权论"也让人们开始重新关注皇家海军的重要作用。不过，英国一向有重视海军的传统。"海权论"对其他欧洲国家产生了更深远的影响。当欧洲各国熟知内容简练、立意深刻的"海权论"时，英国早已提前采取行动，将理论投入实践。当欧洲各国仍然在努力壮大陆军时，英国已经开始迅速增强海军实力。对英国这样人口密集、极度依赖外国进口食物的国家来说，发展海军力量是必须的。以往的外交政策也体现了这一点。

---

① 通常需要英国驻直布罗陀和梅诺卡岛军事据点的协助。——原注

乔治·安森

乔治·波科克

查尔斯·桑德斯

奥古斯塔斯·凯佩尔

这里我们需要总结一下英国外交政策在1739年战争后的新发展。本章将会详细梳理在老威廉·皮特和许多优秀海军军官的领导下，英国外交政策的演变过程。

也许有些读者已经注意到，我在书中尚未提及英国陆军的发展状况，也很少描述低地国家与英国的外交关系。在约翰·丘吉尔率领英国军队赢得胜利后，长久的和平状态让英国军队松懈了日常训练，尤其是陆军。1739年英西战争爆发后，英国陆军懒散的战斗状态显露无遗。在欧洲大陆作战的斯泰尔伯爵约翰·达尔林普尔和坎伯兰公爵威廉·奥古斯塔斯，以及在美洲作战的爱

斯泰尔伯爵约翰·达尔林普尔

爱德华·博斯科恩

德华·布拉多克等英国陆军将领表现欠佳、战绩寥寥。直到杰弗里·阿默斯特等英勇军官在战争中脱颖而出，英国陆军的实力才有所提升。但如果不是乔治·安森、爱德华·霍克和爱德华·博斯科恩等皇家海军上将，在海上阻隔了法兰西援军，击溃了即将入侵英国的法兰西海军；如果不是弗雷德里克·沃伦在英国西侧海域、乔治·波科克在英国东侧海域英勇抗敌，阻止了法兰西海军入侵英国，杰弗里·阿默斯特等人怎能率领英国陆军奋勇抗敌？

值得注意的是，18世纪早期爆发的多场战争不仅展现出英国陆军上将和海军上将的风采，也揭示了英国最高权力的秘密。我们无法精确比较乔治二世和老威廉·皮特的政治影响力，但十分明显的是，如果没有乔治二世的协助，杰出的老威廉·皮特无法完成丰功伟业。在代廷根,乔治二世证明了自己的英雄气概。他全心全意地支持了老威廉·皮特。乔治二世甚至亲自指挥作战,及时修正了英国军队犯下的错误,让英国军队反败为胜。尽管英国军队中途因军需匮乏而被迫撤退,但这并不是乔治二世的责任。在皇家海军上将托马斯·马修斯指挥的土伦战役中,作为"贝维克"号的舰长,爱德华·霍克崭露头角,后来被提拔为海军上将。

代廷根战场上的乔治二世

土伦战役

乔治·华盛顿

查尔斯·康沃利斯侯爵

在此，我们可以探讨一下英国陆军及其对外交政策产生的影响。七年战争期间，前线涌现出一大批优秀的英国陆军军官。之后，英国陆军再也没有像英国海军一样人才辈出。参与美国独立战争的英国陆军上将指挥能力远远低于乔治·华盛顿。唯一能与乔治·华盛顿媲美的查尔斯·康沃利斯侯爵没能从同伴那里得到全力支持，最终被迫在约克镇投降。这标志着英国在美国独立战争的失败，但并不是查尔斯·康沃利斯侯爵的错。参与七年战争时，英国亟须大量陆军人才对抗法兰西军队。此时，一向明智的乔治二世却犯了糊涂。乔治二世说服了老威廉·皮特，将威廉·奥古斯塔斯任命为英国陆军将领。这一重大失误让乔治二世明白了英国陆军存在着很大的弊端。

英国与低地国家一直保持着良好的联盟关系。其中，英格兰人与荷兰人和佛兰芒人的友好关系持续了几百年之久。在三次英荷战争中，这种联盟关系一度结束。但在威廉三世统治时期，这种联盟关系得到了恢复。《乌得勒支和约》签订后，英国和荷兰共和国的关系变的更密切。在约翰·丘吉尔领导的"大

约克镇的乔治·华盛顿

乔治·华盛顿接受英军的休战旗

同盟"中，荷兰人没有像对待他们从前的军事领袖一样言听计从、战功赫赫。不过，这主要是因为在持续不断的欧洲冲突中，荷兰军队早已元气大伤。在英国海军的努力下，英国实现了荷兰共和国的最初理想——成为海上霸主和殖民世界的统治者。在斯图亚特王朝腐朽的统治时期，荷兰共和国曾经一度夺回领先地位。汉诺威王朝的君主将其对荷兰共和国的巨大影响力带到了英国，并且将自己的外交优势发挥到极致。

尽管历史学家很少提及，但我们仍能感受到汉诺威王朝对英国的影响——汉诺威王朝在英国的统治使英国深陷欧洲大陆纷争。当奥地利帝国动荡不安、杰出的德意志领袖频繁出现时，在约翰·丘吉尔的带领下，英国日益增强实力，巩固了地位。汉诺威王朝更是为老威廉·皮特重塑世界格局提供了坚强后盾。荷兰共和国不再亲近西班牙王国，而是与奥地利帝国发展友好关系。这种转变的重要影响在法国大革命爆发时开始显现。法兰西王国与荷兰共和国的结盟令英国备感威胁。在小威廉·皮特公开表达抗议后，法兰西王国向英国宣战。在接下来的章节中，我们将披露更多相关细节。自《维也纳条约》签订后，荷兰共和国与奥地利帝国的关系进一步得到巩固。在欧洲大陆国家需要时，英国就会发挥作用，确保荷兰共和国和比利时王国的独立。

1739年英西战争爆发时，英国的外交政策可以用历史学家利奥波德·冯·兰克撰写的《英国历史》中著名的一段话来形容："罗伯特·沃波尔的倒台并非只是一个普通首相辞职那么简单，而是意味着建立在汉诺威王朝和法兰西摄政（乔治一世统治时期）第一次结盟基础上的政治体系崩塌了。从此，英国恢复了以往的外交传统，即限制法兰西王国和波旁王朝在欧洲的广泛利益，尤其是当法兰西王国的海军实力和陆军实力都占据上风时。"当时，英国几乎各方面的利益都受到了威胁。英国人很快发现，皇家海军正在逐渐衰落，而法兰西波旁家族正显示出咄咄逼人的姿态。对此，他们十分愤怒。罗伯特·沃波尔倒台后，英国顿时陷入群龙无首的窘境。

通过占领洛林，法兰西王国的东部防线已经得到巩固。地中海沿岸国家察觉到形势危急：它们尽管已经与法兰西王国维持了几百年的友好关系，但如今很有可能会成为法兰西王国领土的一部分。埃德蒙·伯克曾经说过，威廉三世认为英格兰王国应该扮演起欧洲"仲裁人"和人类"守护神"的角色。如今，威廉三世的愿望正在逐渐实现。在英格兰海军颓势尽显的情况下，英格兰王国该如何保护海上贸易？英格兰人陷入了恐惧。惶惶不安的英格兰人重新拾起传统的势力均衡外交政策。

1745年詹姆斯党人叛乱发生时，英国人认为它是一场灾难，没能意识到它带来的积极影响。长期以来，当英国被卷入欧洲大陆冲突时，英格兰、苏格兰和爱尔兰团结一致始终是战争胜利的首要条件和必要条件。安妮女王统治时期，英格兰与苏格兰紧密团结。但直到卡洛登战役结束后，苏格兰高地才被英国收复。如今，法律至上的原则被英国人广泛接受，封建领主的权力被剥夺。英勇、"野蛮"的苏格兰高地人已经被英国政府解除了武装。苏格兰高地人开始大力发展教育，建设文明。在这一点上，苏格兰低地人比苏格兰高地人起步更早。很快，在英国军队中，苏格兰人跻身高位。老皮特·威廉充分利用苏格兰

卡洛登战役

人的尚武精神，将他们编排成一支高地军队，配有专门的军装，由苏格兰高地人军官统一指挥和管理。

在英国历史上，爱尔兰是一大难题。但在切斯特菲尔德伯爵菲利普·斯坦诺普的治理下，爱尔兰开始变得繁荣和安宁。菲利普·斯坦诺普成功移除了阻碍英国发展的一大障碍。1745年詹姆斯党人叛乱爆发时，爱尔兰并未发生动乱。出于防范骚乱的目的，大批英国军队驻扎在爱尔兰。在菲利普·斯坦诺普的治理下，爱尔兰的发展蒸蒸日上，实力得到显著提升。爱尔兰农业贸易的飞速发展令英格兰人分外眼红。几年后，爱尔兰开始经历严峻考验。英国政府决

切斯特菲尔德伯爵菲利普·斯坦诺普

定对爱尔兰人开垦荒地的行为征收罚金。北美殖民地叛乱发生后，爱尔兰的发展长期陷入低迷。

1745年，菲利普·斯坦诺普治理下的爱尔兰之所以如此平静，是因为自威廉三世征服爱尔兰以来，菲利普·斯坦诺普是爱尔兰的第一个治安长官，给爱尔兰带来了经济繁荣和秩序安定，鼓励了爱尔兰科学事业的发展，大公无私地为爱尔兰谋利，让爱尔兰在欧洲陷入动荡时仍然享有一片安宁。菲利普·斯坦诺普非但没有镇压爱尔兰的新教教徒，反倒鼓励他们保卫爱尔兰，防止詹姆斯党人通过登陆爱尔兰入侵英国。菲利普·斯坦诺普这个政治家的毅力与变通造就了爱尔兰的安定和繁荣。

除促成不列颠群岛的统一之外，1745年詹姆斯党人叛乱也让英国人下定决心，着手组建一支正规民兵部队。老威廉·皮特的执政风格与罗伯特·沃波尔及其他英国首相截然不同。对奥利弗·克伦威尔的暴政及詹姆斯二世和威廉三世建立常备军的尝试，英国人民记忆犹新。英国人民无法忍受政府组建任何常备军。

在紧急关头，外国雇佣兵时常进入英国，协助作战。这让英国人极其反感。1745年詹姆斯党人叛乱发生后，英国人开始意识到，自己需要培育一支训练有素、纪律严明的部队。在所谓的"黑色星期五"这天，"王位觊觎者"詹姆斯·弗朗西斯·爱德华·斯图亚特率领一小支军队入侵了英国。但在应战过程中，英国军队暴露出严重的腐败问题。这引发了英国人的恐慌和愤怒。不过，英国人对组建正规民兵的厌恶仍然持续了一段时间。确保自身权力稳固后，老威廉·皮特才寻得办法，让英国下议院最终同意组建一支正规民兵部队。

1756年，反对党声势衰落后，老威廉·皮特开始独揽大权。此时，他无须再为英国的团结和安全担忧，终于能够最大限度地发挥自己的政治才能。

老威廉·皮特抛弃了此前对汉诺威王朝的成见。他意识到，对英国来说，普鲁士国王腓特烈二世向欧洲其他国家宣战是一个绝佳的机会。从此，老威廉·皮特不再为是否要参与欧洲国家的纷争而感到头疼。我们很难评判在应

威尔士亲王弗雷德里克去世

对这场欧洲危机时,无论是作为腓特烈二世的舅舅①领导神圣罗马帝国北部对抗法兰西王国,还是作为英国陆军和海军改革的推动者,尚武、年迈的乔治二世究竟能发挥什么样的具体作用。威尔士亲王弗雷德里克去世后,英国王室矛盾重重的局面被打破,罗伯特·沃波尔及其他党派势力遭到沉重打击。终于,

---

① 乔治二世是普鲁士国王腓特烈二世之母索菲娅·多罗西娅的哥哥。——译者注

乔治二世和老威廉·皮特可以自由实施最符合现实情况的外交政策，也就是我们此前所说的"军舰、殖民地和贸易"。

"军舰、殖民地和贸易"之间的联系密不可分。"军舰"既包括皇家海军的军舰，也包括一些民用商船；"殖民地"与皇家海军军舰及负责装载政府供应和货物的英国商船有着千丝万缕的联系；"贸易"的主要内容则是交换商船上装载的货物。因此，很久以前，英国人就已经意识到，皇家海军必须与时俱进、保持高效。1739年英西战争爆发后的每一年，英国人都更深刻地感受到，维持一支强大的海军的重要性。老威廉·皮特任命乔治·安森担任皇家海军上将，还派遣爱德华·霍克指挥英吉利海峡舰队。从此，皇家海军出现了一个杰出的指挥者和一个能干的强将。

然而，我们不能因此认为老威廉·皮特的海军事务经验十分丰富。老威廉·皮特处置皇家海军上将约翰·宾的方式就曾引发舆论哗然。此外，老威

约翰·宾

廉·皮特还要对1757年英格兰舰队在罗什福尔的失败负主要责任。不过，总体来说，老威廉·皮特很少犯错，他从级别较低的将军中提拔了一些优秀人才，让爱德华·霍克指挥英吉利海峡舰队，让爱德华·博斯科恩指挥地中海舰队，让乔治·波科克指挥印度洋舰队。他还让乔治·豪、乔治·布里奇斯·罗德尼和奥古斯塔斯·凯佩尔负责在法兰西海岸附近巡航的舰队。

英格兰舰队突袭罗什福尔

乔治·豪　　　　　　　　　　　　　　　乔治·布里奇斯·罗德尼

不伦瑞克公爵查尔斯·威廉·斐迪南

同时,老威廉·皮特调派英国军队和汉诺威选帝侯国军队,供普鲁士元帅不伦瑞克公爵查尔斯·威廉·斐迪南使用,有效保护了普鲁士军队的侧翼。在赢得乔治二世和英国人民的坚定支持后,老威廉·皮特信心更盛。英国议会没有对他高昂的军费支出或给查尔斯·威廉·斐迪南的补贴提出任何异议。英国和普鲁士王国开始走上了同命运、共进退的道路。查尔斯·威廉·斐迪南屡次凭借卓越的军事才能化险为夷,让英国人备受鼓舞。毫无疑问,像老威廉·皮特这种魄力十足、考虑周全的政治家也将对他任命的英国将领产生潜移默化的正面影响。

后世普遍误解了老威廉·皮特管理优秀人才的方式。许多历史学家将他描述成"苛刻的监工",将他描述为一个不停挥动着手中的鞭子,让手下人才发挥余热的严厉首相。事实上,老威廉·皮特善于识人,喜欢选拔勇气过人和智慧超群的人,并全力协助他们取得成功。他也擅长抛弃繁文缛节,让才能出众的军事将领深感自己被赏识,尽管这些将领偶尔会做出一些突破常规的举动。例如,爱德华·博斯科恩没能成功将法兰西军舰围困在土伦,也不敢贸然让法兰西人在中立的葡萄牙王国登陆,他深知自己必须不顾一切代价,防止英国被入侵。在作战中,詹姆斯·沃尔夫不需要额外的激励或鞭策,并且能够按

詹姆斯·沃尔夫

约翰·宾被处死

照计划行事。其他由老威廉·皮特任命的军事将领同样优秀。皇家海军上将约翰·宾被判处死刑。这在英国国内引发广泛关注。法兰西思想家伏尔泰曾经用"杀鸡儆猴"来讽刺英国政府对约翰·宾的处置。这种用法一直流传至今。

伏尔泰的评价确实有一定道理。对约翰·宾的残酷处决迫使英国海军提高管理要求,也对英国海军中潜在的"约翰·宾"起到警示作用。然而,出于自身利益任命约翰·宾的人,没能从他的悲剧中吸取教训。在皇家海军的后续历史中，类似事件不断上演。在七年战争中涌现的优秀海军将领称得上是大英帝国无所畏惧的开拓者。他们只希望能最大限度地拥有自主指挥权，希望英国国内能肯定自己赢得的胜利。值得注意的是，老威廉·皮特任命的绝大多数皇家海军将领均来自较高的社会阶层或具有优越的家庭背景。大英帝国建立在贵族政治之上，虽然难免有其缺陷，但总体来说利大于弊。

英国外交史的第一阶段到此结束。皇家海军赢得了海上霸权，成为英国抵御外来入侵的第一道防线。在皇家海军的保护下，英国的商业欣欣向荣。在1739年到1748年爆发的一系列称不上幸运的战争中，英国商人损失巨大。不过，鉴于敌人的损失更严重，英国商人最终反倒有二百万英镑的盈利。1748年到1745年动乱时期，即从奥地利王位继承战争结束到英国贸易开始迅速发展这段时间和七年战争时期，法兰西王国、西班牙王国和荷兰共和国煽动了英国殖民地叛乱。英国人团结一心、奋起反抗。1739年英西战争爆发后，英国开始实施建立在贸易基础上的外交政策。随后，贸易逐渐成为英国外交政策的核心因素。在整个18世纪，通过打通运河、开采煤矿和不断发明新机器，英国逐渐成了"世界工厂"。从此，贸易变得更重要，最终成为英国制定外交政策时的首要考虑因素。英国成了"商人的国度"。

英国在18世纪签订的条约均能体现出贸易的重要性，尤其是1763年七年战争结束后签订的《巴黎条约》。但这些条约没有充分体现出英国的胜利。英国政治家和外交官对条约内容十分满意：通过占领直布罗陀和梅诺卡，确保了英国商船可以安全无虞地前往地中海，与黎凡特开展独立贸易；通过动用武力独占北美殖民地和印度，加强英国在西印度洋的权力[①]，避免了重蹈1739年英西战争的覆辙。对此，英国商人十分满意。商人阶层不断壮大，在英国国内获得了有力的话语权。

在18世纪签订的各种条约背后的一系列战争中，在引人瞩目的党派斗争

[①] 与其他国家共同拥有西印度群岛附近的航行权。——原注

中，我们很容易忽略贸易对英国外交政策的影响。人们时常忽略英国与法兰西王国和西班牙王国进行的军事竞赛。英国始终为保护欧洲新教教徒利益、为弱国摆脱强国压迫（如汉诺威选帝侯国），最重要的是，为防止外来入侵而战斗。英国在国际法上占据着绝对优势，对本国人民和邻近国家担负着相同责任。势力均衡理念不过是英国国际责任的另外一种说法。英国不仅在欧洲大陆和海外殖民地都享有高度权威，还是新教国家的领头羊，坚决反对专制国家的暴政，时刻注意自身安全。

英国虽然在战争中经常获胜，但战争结束后很快就会改变此前"光荣孤立"的外交立场，这表明英国政府和人民颇有远见。英国宪政制度对国家运行机制产生了深远影响。追求独立和自治是英国人的首要目标。刚参加战争时，英国人可能会满怀豪情，但很快就会对战争感到厌烦，尤其是当他们在战争中损失惨重。即使最终赢得战争，英国人对战争的厌倦也不会消退。因此，英国人往往会接受和同意一些与战争获胜地位并不相符的条款。英国政府通常意识不到本国人民的上述情绪变化，但必须遵从民意，及时叫停战争。尽管由此产生的抱怨不绝于耳，但英国政府的做法完全正确。

从本章开始，美洲殖民地事务在英国外交政策中占据了大部分内容。英国殖民者的愤怒是挑起1739年英西战争的导火索。他们和英国商人都下定决心，与美洲的西班牙殖民者继续开展贸易。法兰西王国希望，通过1733年签订的秘密协议，充分利用西班牙在北美的地位，从而支持其进攻英属北美殖民地的宏伟计划。波旁王朝对法兰西王国、西班牙王国和西西里岛的控制，不仅仅是为了炫耀强大权力或控制地中海。拥有远大抱负的法兰西国王路易十六，完美继承了路易十五对美洲和印度的殖民渴望。然而，英国人在美洲和印度的殖民速度要远远快于法兰西人。荷兰人在印度洋疯狂扩张，影响力已经超过英国人和葡萄牙人。法兰西人自然也想加入殖民大潮，从中分一杯羹。法兰西人和英国人在圣劳伦斯有很深的利益纠葛。他们之间的忌妒和竞争引发了彼此的敌意，正如西班牙王国和英国在1739年的关系那样紧张。

无论在1748年签署《亚琛和约》时，英国政府怀抱着怎样不切实际的幻想，法兰西人都从未停止他们的扩张步伐。法兰西人始终追求以下目标：尽快在法兰西王国及法属北美殖民地之间打通一条新的自由通道，避免在海面上与皇家海军相遇。这也是法兰西王国外交政策的重点。

法兰西政府命令约瑟夫·弗朗索瓦·迪普莱在印度紧跟英国人的脚步，扩张法兰西人的势力。简单发布通告后[①]，法兰西王国就宣称自己对西印度群岛

约瑟夫·弗朗索瓦·迪普莱

---

① 有时候是直接占领。——原注

和非洲海岸所有中立领土拥有所有权。法兰西人还加固了布雷顿角岛,尤其是其首都路易斯堡上的防御工事,与居住在英属殖民地附近的印第安部落结盟,给印第安人分发武器,进行军事训练,为接下来即将爆发的冲突做准备。最重要的是,法兰西人建立起一整条防御线,将富饶的加拿大殖民地和密西西比河、路易斯安那连接起来,并且与西班牙军队保持紧密联系。此外,法兰西人一心想要经湖泊和河流等水路前往圣劳伦斯。

法兰西人的上述计划十分明智。顽固的英国殖民者虽然已经被麻烦缠身,但在数量上远超法兰西殖民者和西班牙殖民者。在这种情况下,法兰西人只能封锁英国殖民者后方,在前线部署大量海军舰队和军事基地。只有这样,法兰西人才有希望占领美洲。不久后,由于不少法兰西军事基地都在英国殖民地附近,英国人就占领了法兰西军事基地。被法兰西人收买的印第安人帮不上多少忙,只能围堵一些偶尔掉队的英国殖民者。然而,印第安人的杀人手法极其残忍,引发了英国殖民者的愤怒。一批批训练有素的法兰西士兵暗中前往法兰西王国新建的军事堡垒。英国殖民者组织散漫,形同一盘散沙,无法进行有效抵抗。英国不会为了殖民地偶然发生的冲突,再次贸然发动一场耗费大量财力的战争。

然而,英国政府1749年的举动表明英国已经意识到了北美殖民地的潜在危机。经过一番深思熟虑后,英国政府下令建立哈利法克斯军事殖民地。然而,英国政府的举动让法兰西人更猖狂。尽管《乌得勒支和约》早已承认了英国对新斯科舍的所有权,但法兰西王国的殖民总督并不打算遵循《乌得勒支和约》的要求。在新斯科舍周围无人占领的土地上,法兰西王国的殖民总督扩张势力,还在阿卡迪亚殖民地后方设立军营,切断英国人的皮毛贸易,甚至鼓励法兰西殖民者滋事。此前,法兰西殖民者一直严格遵守《乌得勒支和约》的相关条款,接受英国政府的管理。天主教耶稣会的传教士与法兰西殖民者的骚乱联系极其密切。法兰西殖民者和英国殖民者爆发了小型冲突,后者损失惨重。软弱的英国政府免除了法兰西人的罚金。在法兰西法庭上,阿尔比马尔·伯蒂作为英国代表的发言更是起到了火上浇油的效果，激化了法兰西人和英国人的矛盾。

1750年，海军上将乔治·安森不情愿地让步后，英国海军的军力被大幅削减。老威廉·皮特代表反对党提出强烈抗议，但没有起到任何作用。西班牙人开始采取新的战术，骚扰西印度群岛的英国贸易，虐待西班牙的英国商人。罗伯特·克莱夫在印度取得的胜利改善了英国面临的惨淡前景，让英国人看到了一丝希望。此时，没有人能预测到北美殖民地接下来会朝着何种方向发展。

罗伯特·克莱夫

纽卡斯尔公爵托马斯·佩勒姆-霍利斯

相比首相纽卡斯尔公爵托马斯·佩勒姆-霍利斯，英国人宁可相信糟糕的罗伯特·沃波尔。带着悲痛的情绪，英国人下定决心，开始处理北美殖民地的许多问题。但他们采取的折中办法仍然没有起到任何效果。在这段和平时期，法兰西人始终对英国人遮遮掩掩。一支有二十五艘军舰的法兰西舰队满载着士兵来到北美洲。他们的行动十分隐秘，甚至无法估算具体人数。法兰西人利用土伦的有利地形，派遣海军舰队和陆军部队包围了马翁港。英国政府收到消息为时已晚。约翰·宾被不幸选中，负责指挥前来解围的英国军队。约翰·宾的惨痛失败激发了英国人民的怒火。老威廉·皮特借此机会夺回权力。

法兰西王国和西班牙王国做了新的尝试，通过封锁地中海来阻断英国的海上贸易。但这只是它们入侵英国计划中的一部分。英国始终以维持欧洲国家的势力均衡格局为主要目标。法兰西王国和西班牙王国屡次被卷入欧洲的外交纠纷和战争纠纷。罗伯特·沃波尔和托马斯·佩勒姆-霍利斯领导下的英国政府愚蠢无能，使英国在外交上接连失败。哈布斯堡王朝的查理六世颁布国事诏书，宣布女儿玛丽亚·特雷莎享有王位继承权。对此，英国表示强烈支持，最终保住了自己的地中海霸主地位。

英国、西班牙王国和法兰西王国在美洲殖民地的冲突是七年战争爆发的导火索。至少英国人这样认为。入侵英国不过是法兰西王国和西班牙王国总体战争计划的一部分。此时，英国的外交政策面临着严峻的考验。对欧洲国家来说，七年战争非常关键。对英国来说，更是如此。七年战争爆发后，美洲殖民地对英国生存和安宁的影响更深远。当时，英国人并不想让北美殖民地自主决定命运。对英国人来说，北美殖民地就像自己抚养长大的孩子，是不列颠群岛中不可或缺的一部分。就连北美殖民地的机构设置，也是从英国照搬来的。

英属北美殖民地没有贬低宗主国和追求独立的想法。此时，英属北美殖民地应该与英国王室保持更紧密的联系。北美各殖民地之间也应该形成和保留固定边界。随着北美殖民地社会的发展，英国各北美殖民地没有维持良好的秩序，而是组织散漫、互不来往、相互忌妒、四分五裂。在法兰西人和西班牙人的包围下，北美殖民者开始意识到，英国的保护对自己非常重要。由于没有强大的陆军和海军，彼此间距离又非常遥远，北美殖民者的对抗侵略行动均以失败告终。有的历史学家认为，英国应该对此负责。从一开始，北美殖民地就应该被赋予足够的自主权。这种说法并不符合当时的实际情况。无论是辉格党还是托利党，都不会容忍北美殖民地享有过多的自由。在这一点上，它们立场一致。况且，美国独立战争爆发前，北美殖民者对英国依旧忠心耿耿。

以上描述已经清晰地勾勒出七年战争时期英国的外交政策。皇家海军的霸主地位、法兰西王国和西班牙王国海军的衰落、英国与普鲁士王国和汉诺威

玛丽亚·特雷莎

选帝侯国的联合、英国贸易的繁荣发展、英国地中海领导权的确立及北美殖民地与英国的团结,都奠定了英国外交政策的基础。大英帝国已初具雏形。在接下来的章节中,我会介绍七年战争的更多细节。为了保护北美殖民地免遭西班牙王国和法兰西王国入侵,英国已经耗费了巨大的资源。我们必须从积极的一面来看待美国独立战争,毕竟英属北美殖民地从美国独立战争中获得了广阔的发展空间。

第 7 章

七年战争结束到
法国大革命时期的英国外交政策

（1763 年到 1789 年）

精彩看点

1763年《巴黎和约》签订——英国与北美殖民地关系的改变——英国处理北美殖民地关系时秉持的原则——北美殖民者的欧洲盟友——乔治三世的个人观点——1783年《凡尔赛和约》签订——美国独立战争的影响——美国独立战争对英国的影响——美国独立战争对地中海、加拿大和印度的影响——武装中立——俄罗斯帝国的崛起——叶卡捷琳娜大帝和约瑟夫二世的阴谋——腓特烈大帝介入叶卡捷琳娜大帝和约瑟夫二世的阴谋——小威廉·皮特拯救奥斯曼帝国——小威廉·皮特外交政策总览——法国大革命爆发前英国的立场——法国大革命时英国采取的战时政策——英国恢复在欧洲的传统地位——英国国内对外交政策的批评——1832年《改革法案》

1763年，乔治三世即位后不久，英国、法兰西王国和西班牙王国正式签订了《巴黎和约》。英国外交政策进入了新的发展阶段。七年战争的硝烟渐渐退散。老威廉·皮特正式退休，不再担任英国首相。他的一生交予后人评说。战

1763年《巴黎和约》签订后，巴黎市民在路易十五广场放烟花庆祝

第7章 七年战争结束到法国大革命时期的英国外交政策（1763年到1789年） ● 147

争的阴影逐渐在英国上方消散。然而,英国国内出现了一种目光狭隘的观点。该观点认为,《巴黎和约》的最终达成,主要是因为当时的英国首相比特伯爵约翰·斯图尔特对乔治三世影响深远。此时,乔治三世还很年轻,缺乏政治经验,难免会轻信约翰·斯图尔特的意见。约翰·斯图尔特认为,七年战争灾难性地中断了英国壮大本国实力、勇攀欧洲权力顶峰的尝试。在英国下议院,多数议员都支持签署《巴黎和约》。1765年,当重获权力时,约翰·斯图尔特的身体已经日益衰弱,成了一个有名无实的领袖。当乔治·格伦维尔成为英国首相时,英国与北美殖民地的关系已开始出现裂痕。老威廉·皮特更是加深了这一裂痕。

保护和发展北美殖民地已经成为英国外交政策中的关键因素。乔治三世及其能力欠佳的大臣发现,北美殖民地与英国已经渐行渐远。北美殖民者态度的剧烈转变,一方面是因为他们已经不必再忍受法兰西王国和西班牙王国的入侵威胁,另一方面是因为他们对英国政府的忽视和过失异常愤怒。此外,由

比特伯爵约翰·斯图尔特

乔治·格伦维尔

于辉格党长期以来在英国政府中占据压倒性优势，英国政府的统治水平受到了影响。如果当时英国政府能够注意到上述因素，留意和关照一下北美殖民者的愤怒情绪，美国独立战争的爆发也许就可以避免或至少推迟。然而，英国政府认为，七年战争中英国人已经为北美殖民地做出了巨大牺牲。英国政府并没有注意到北美殖民者的情绪变化。英国人甚至认为，北美殖民者应当为七年战争中英国累积的国家债务偿付利息。

到本书出版时，即20世纪，美国独立战争已经过去了一百多年，所以我们很难清楚地了解到当时的具体情形。英国始终将北美殖民地视为固有领土，并采取相应手段处理北美殖民地问题。连一向煽风点火的"朱尼厄斯"[①]也认为英国政府有权向北美殖民地征税。埃德蒙·伯克也承认这一点。他声称，"在宪法上，英国的地位要高于北美殖民地，追求自由精神的北美殖民者应该接受英国政府的统治"。乔治三世及首相弗雷德里克·诺思勋爵认为，为了帮助东印度公司赚得更多利润，向北美殖民者征收少量茶叶进口税是理所应当的，但英国政府的这种主张引发了轩然大波。随后，北美殖民者开始奋起反抗。英国人和北美殖民者都对彼此的行为怒不可遏。刚刚建立起来的大英帝国迎来严峻考验。法兰西人和西班牙人相信，如今是自己复仇的绝佳机会。地位早已衰落的荷兰共和国也想起英国曾是自己的海上宿敌。三代英国人努力取得的胜利和成就即将被毁于一旦。如果失去了对北美殖民地和西印度群岛的掌控，英国的势力范围将会缩回英吉利海峡和爱尔兰海，甚至失去印度殖民地。

其实，英国政客早已预料到，英国的欧洲敌对国家将会为北美殖民者提供援助，使此前力量衰弱的北美殖民地顿时实力大增。同时，英国政客持续的愤怒反抗导致英国政府几近瘫痪，尽管英国政客并不想利用这场即将到来的危机实现自己的政治目的。然而，英国政客低估了英国人民及其君主坚韧不拔的意志。尤其是君主，他不仅是一国之君，而且是人民的精神领袖和情感寄

---

① 1769年到1772年，在伦敦一家报纸上发表一系列抨击英国内阁的信的不知名作者的笔名。——原注

托。英国人及乔治三世虽然十分厌恶北美殖民者的叛乱行为，但更害怕叛乱波及大英帝国的其他领土，尤其是被欧洲敌对国家侵扰已久的爱尔兰。不久前，在经历了漫长挣扎后，英国刚刚和欧洲国家签署了和平协议。英国人自然不愿意看到自己长久以来花费大量人力、财力建立起来的大英帝国即将像纸牌屋一样轰然倒塌。

北美殖民地发生叛乱后，乔治三世立即感受到身上的沉重责任。许多历史学家认为，乔治三世决定实施残酷镇压，以此平息北美殖民地叛乱。但这种说法是错误的。事实上，乔治三世非常乐意撤销《印花税法案》，而不是像历史学家普遍认为的那样，坚持强制推行《印花税法案》。由于北美殖民地的形势过于严峻，乔治三世认为应该不惜一切代价阻止北美殖民地独立。北美殖民者要求独立的需求，无法得到法律支持，并且有违英国的国内政策。在给弗雷德里克·诺思勋爵的书信中，乔治三世写道："对一个小国来说，殖民地独立并非什么大事。但一个大国绝不会屈尊降贵，放任其殖民地独立，而是要想尽一

乔治三世

弗雷德里克·诺思勋爵

小威廉·皮特

切办法阻止。最终,通过坚持不懈的努力,我们仍然可以获得和平。但一旦中途放弃,我们必将走向自我毁灭。"乔治三世还说道:"在最终失败前,英国必须战斗到最后一刻。"英国人逐渐意识到,战争的爆发已经不可避免。但他们觉察得已经太迟。小威廉·皮特强烈反对北美殖民地独立。他恳求英国人千万不要让步,遂了北美殖民者的心意。其实,最初北美殖民者没有下定决心独立,但后续的冲突和矛盾的激化,让他们忘了初心,被仇恨驱动。

乔治三世强烈的爱国热情驱使他下定决心开战。尽管英国大臣因欧洲敌对国家的联合而突然变得怯懦起来,但乔治三世得到了英国人民的广泛支持。查尔斯·康沃利斯侯爵无须对其投降行为及北美洲海岸战事失败负担起全部责任。乔治三世确信,乔治·华盛顿治理下的美利坚合众国已赢得实际意义上的独立。英国人逐渐接受了北美殖民地独立的事实。他们亟须与北美殖民者签订相关协议。尽管如此，英国的欧洲敌国仍然在想方设法地干涉北美殖民地事务。直到干涉行为受到惩罚后，英国的欧洲敌国才作罢。在寄给弗雷德里克·诺思勋爵的信中，乔治三世写道："无论我们最终会成为欧洲强国，还是堕落为欧洲弱国，最起码我们曾经努力尝试过。所有英国人都应该懂得上述道理。如今，我们需要与北美殖民地签订和平协议。我坚信英国将会主导和平进程。在上帝的眷顾下，我十分有信心，我们最终将会战胜欧洲敌对国家。"

1781年，乔治三世为弗雷德里克·诺思勋爵写下上述激励话语，帮助他早日摆脱沮丧情绪。几个月后，英勇的海军上将乔治·布里奇斯·罗德尼男爵率领英国海军歼灭了法兰西海军主力。西班牙海军舰队撞上了直布罗陀巨岩，从此溃不成军。荷兰人则已经提前尝到了与英国作对的苦果。在乔治·布里奇斯·罗

直布罗陀巨岩

德尼男爵身上，英国海军上将爱德华·霍克和詹姆斯·皮特·沃尔夫的精神得到了传承。在老威廉·皮特担任首相时期，欧洲大陆国家组成的针对英国的反对联盟已经分崩离析，并在小威廉·皮特担任首相时最终瓦解。1783年，英国战胜了欧洲敌对国家。我们不能忘记乔治三世对美国独立战争的评价："我强烈反对北美殖民地的独立，但当美利坚合众国成为一个独立国家时，我也将会是第一个向其表示祝贺的人。"

即使站在一百多年前英国人的立场上，我们也要赞赏那些反叛的北美殖民者，他们完美继承了英国人的精神传统，尤其是对自由权利的追求。他们奋起反抗英国政府的强权统治，从英国军队身上学习战斗技巧，建立起一个三权分立的共和国政体，为世界上的其他国家做出了榜样。北美殖民者实现了自己的政治诉求。美国独立战争结束后，英国人和北美殖民者学会了彼此尊重。没人能预料到，美利坚合众国会发展成一个如此强大的国家，并且将英国的政府治理体系传播到了世界各地。美国独立战争结束后，英国"从战争中成长，变得更强大"。英国与美利坚合众国各州保持了密切的贸易往来。美利坚合众国迟早会独立，所以如果英国拖延太久，可能会失去更多利益。美国独立战争结束后，法兰西王国和西班牙王国很快就宣布投降。此后，英国又迎来了长达十一年的和平。在小威廉·皮特的首相任期内，英国快速恢复了国内经济。法国大革命到来前，英国取得了前所未有的发展。

与历史书中通常呈现出来的不同，美国独立战争的背后还隐藏着一些其他历史事实。大英帝国建立的根本目的是更好地维护英国的安全。经历了美国独立战争的危机后，大英帝国似乎比以往更稳固和安定。大英帝国就像一棵橡树，一旦被砍去枝叶，为了弥补损失，地下的根就会扎得更深。此时，大英帝国仍然处在崛起阶段，拥有足够的实力继续发展新的殖民地，从而填补北美殖民地独立后留下的空缺，并且快速度过危机。

在美国独立战争结束后的一段时间里，英国没有立刻发展新的殖民地。由于英国仍然牢牢掌控着直布罗陀，所以失去梅诺卡岛并没有导致英国贸易严重受损,尽管英国人有这方面的担忧。在1783年签署的《凡尔赛和约》中,除痛失梅诺卡岛之外,英国人对其他条款都很满意。直到《凡尔赛和约》签署二十年后,即1803年,英国才通过彻底占领马耳他进一步加强了在意大利和西西里的影响力,最终称霸地中海。被詹姆斯·皮特·沃尔夫攻陷后,加拿大殖民地建立起自由宪政体制。美国独立战争爆发后,加拿大殖民地不仅更忠于英国,还变成了反对美利坚合众国独立人士的避难所。加拿大殖民地弥补了英国人在北美殖民地遭受的损失,逐渐成为英国人发展自由贸易的重要渠道。《凡尔赛和约》签订后,一向备受重视的印度殖民地取代了北美殖民地,成为英国各派政治力量明争暗斗的角力场。查尔斯·詹姆斯·福克斯提出的《印度法案》没能得到英国下议院的支持。1784年,小威廉·皮特提出的《印度法案》却得到了下议院多数议员的支持,最终得以通过。该《印度法案》倡导的殖民形式和体系一直流传至今。

　　随着英国贸易的全面扩张,英国人逐渐忘怀了失去北美殖民地的痛苦。如今,英国无须再为北美殖民地提供保护,将外交政策的重点转移到东印度、西印度群岛和加拿大。大量资金开始流入上述地方,推动了它们的繁荣发展。

　　在介绍小威廉·皮特的外交政策前,我们必须先将目光再次转移到美国独立战争。此前,我们曾简单提及美洲殖民地和小威廉·皮特的关系。当英国开始卷入北美殖民地事务,与法兰西王国、西班牙王国和荷兰共和国发生冲突时,武装中立开始出现了。俄罗斯帝国的叶卡捷琳娜大帝率先对英国的海上霸权发起挑战,随后普鲁士王国也加入其中。法兰西王国和西班牙王国没有加入俄罗斯帝国和普鲁士王国的联盟,但逐渐接受了该联盟的原则。英国被禁止在海上实施搜查权,英国贸易一度因此受阻。英国的搜查权问题亟待解决。

　　与西班牙王国在西印度群岛滥用的搜查权不同,英国在战争中行使的搜查权逐渐得到了各国法律的认可。英国对每个国家行使搜查权的具体内容并不相同。根据与英国签订的独立协议,每个国家调整了本国的原始法律。为了双方的利益,基于某些特定的条约,有时"来自非敌对国家的商船装载自由贸

《凡尔赛和约》签署后的美国代表画像。由于英国代表拒绝同框,所以右边是空白

查尔斯·詹姆斯·福克斯

叶卡捷琳娜大帝

易货物"是被允许的,但通常伴随着"敌对国家商船能装载本国货物"这一前提。上述两条规则并不总是捆绑在一起,但在具体实践中,第二条规则十分重要,因为它避免了不同国家在海上贸易中相互勾结。如今,根据武装中立原则,"敌对国家商船能装载本国货物"的要求被废除,"自由国家商船装载自由贸易货物"的规定则可以适用于大多数情形。这样一来,英国很难在海上随意行使搜查权。英国不愿意让本国商品流入法兰西王国、西班牙王国,以及其他与自己有冲突的国家。英国没有重视叶卡捷琳娜大帝领导的武装中立同盟。此前,在战争中,皇家海军屡次取得胜利,进一步巩固了英国的海上霸主地位。《凡尔赛和约》签署后,武装中立同盟也随之解散。英国海上霸权遭遇更大的挑战后,武装中立同盟再次出现。叶卡捷琳娜大帝公开挑战英国海上霸权后,英国与波罗的海国家结盟,俄罗斯帝国被迫面对实力强大的波罗的海国家。此时,小威廉·皮特正在忙着处理法兰西王国事务,忽视了俄罗斯帝国的挑衅举动,导致俄罗斯帝国和英国的矛盾进一步激化。1784年,小威廉·皮特成为英国首相。俄罗斯帝国的公然挑衅成为摆在他面前的首要难题。

法兰西王国徽章　　　　　　　　　　　　　俄罗斯帝国徽章

1772年瓜分波兰

18世纪初,精明能干的彼得大帝让俄罗斯帝国成功跻身欧洲大国行列。此后,俄罗斯帝国一直走在崛起的道路上。普鲁士王国与法兰西王国联盟,没能让俄罗斯帝国削弱普鲁士王国的实力。在腓特烈一世的领导下,普鲁士王国逐渐发展为一个独立强国。

1772年,波兰被普鲁士王国、奥地利大公国和俄罗斯帝国瓜分。不久,权力已经稳固的叶卡捷琳娜大帝利用过人的聪明才智和毫无底线的外交手段,入侵了俄罗斯帝国以北的瑞典和以南的土耳其。俄罗斯帝国虽然幅员辽阔、地广人稀,但仍在野心勃勃地向波罗的海和地中海扩张。不幸的是,波罗的海国家和地中海附近的国家都是英国的盟友。出于保护英国盟友、捍卫英国海上贸易的目的，小威廉·皮特决定及时出手，阻止俄罗斯帝国继续扩张。伊丽莎白一世在位时，土耳其人已经成为英格兰人的亲密盟友。如今，英国人控制了通往亚洲的海上交通要道，与亚洲国家建立起紧密的贸易联系。在很长一段时间里，"土耳其商人"是英国贸易的最佳代名词。尽管英国在东印度和西印度群岛的贸易日益繁荣，但英国人与土耳其人依然保持着密切的贸易往来。

其实，土耳其人与法兰西人结盟的历史比与英格兰人结盟的历史更悠久。法兰西人时常与土耳其人结盟，以对付奥地利人。在七年战争中，老威廉·皮特则与俄罗斯帝国联盟，共同对抗法兰西王国。1783年，查尔斯·詹姆斯·福克斯有意忽略了法兰西王国与英国结盟的请求，制止俄罗斯帝国侵略奥斯曼帝国和波兰的提议。最初，英国与奥斯曼帝国的联盟是贸易联盟。随着英国征服印度，两国开始寻求建立更密切的政治联盟。

俄罗斯帝国的侵略扩张，对奥斯曼帝国与英国古老而重要的联盟提出了挑战。《库丘克-开纳吉条约》让鞑靼人获得独立，让俄罗斯帝国获得了黑海附近的领土。俄罗斯帝国开始为波罗的海附近信奉基督教的国家提供保护。奥斯曼帝国海军舰队已经被摧毁。叶卡捷琳娜大帝开始变本加厉，继续扩张俄罗斯帝国的领土。奥斯曼帝国即将分裂，重蹈波兰和芬兰的覆辙。

波罗的海事态越发紧急，英国即将被卷入这场风波。俄罗斯帝国几乎将所有欧洲大陆国家都拉入了武装中立同盟。俄罗斯帝国的大胆挑衅危及了英吉利海峡的安全。在法国大革命打破欧洲格局前，叶卡捷琳娜大帝和神圣罗马帝国皇帝约瑟夫二世已经攻破荷兰边境。这对欧洲来说至关重要。早在1781年，约瑟夫二世就开始实施扩张计划，将奥地利帝国治下的荷兰送给巴伐利亚选帝侯马克西米利安一世·约瑟夫，以此换得巴伐利亚的领土。更过分的是，此前，安妮女王花费巨大人力和财力在奥地利帝国治下的荷兰建造了军事防御小镇，却被约瑟夫二世拆除了。约瑟夫二世的这一举动不仅影响了荷兰共和国，也影响了法兰西王国。此时，伏尔泰和让-雅克·卢梭正在为法国大革命做准备。整个法兰西王国沉浸在一种追求共和的狂热氛围中，并且这种氛围已经

神圣罗马帝国皇帝约瑟夫二世

巴伐利亚选帝侯马克西米利安一世·约瑟夫

伏尔泰

让-雅克·卢梭

传播到了荷兰共和国和丹麦王国。丹麦王国早就出现了反对总督的共和党。如今，在法兰西人的影响下，丹麦共和党的势力变得更强大。英吉利海峡的安全进一步受到威胁。

普鲁士国王腓特烈二世果断制止了约瑟夫二世的疯狂计划。这是腓特烈二世驾崩前采取的最后一项重大政治行动。1786年，腓特烈二世驾崩，欧洲革命的最大障碍从此消失。为了应对即将到来的大革命风暴，小威廉·皮特再次与普鲁士王国、瑞典王国和荷兰共和国结盟，时刻观察法兰西王国的发展动向。当波罗的海和英吉利海峡解除了危险后，革命在法兰西王国迅速爆发。狂

普鲁士国王腓特烈二世

热的共和分子所向披靡。小威廉·皮特的措施之所以能够取得暂时胜利,是因为英国人已做好战斗准备。这种战斗精神确保了外交政策的实施。

迄今为止,小威廉·皮特实施的外交政策仍然十分有效。奥地利大公国和丹麦王国已经脱离了和俄罗斯帝国组建的联盟。它们的离开产生了深远影响。英国人民不愿支持小威廉·皮特和乔治三世为奥斯曼帝国提供保护。如果小威廉·皮特和乔治三世能够继续推行他们的外交政策,那么叶卡捷琳娜大帝将会发现,俄罗斯帝国被英国皇家海军及受英国援助的波兰军队和神圣罗马帝国军队全面包围。最终,英国还是失去了这次机会。几十年后,为了防止俄罗斯帝国入侵地中海东部国家,克里米亚战争爆发了。

不过,英国还是发挥了一些作用。在英国的干涉下,奥斯曼帝国没有继续分裂。直到1856年,俄罗斯帝国对奥斯曼帝国信奉基督教各省的"庇护"[①]终止,奥斯曼帝国的宗主权才得以确立。

最终,欧洲各强国之间的共同安全承诺代替了俄罗斯帝国提供的"庇护"。在所有欧洲强国的同意下,真正的国际法原则得以确立。一种类似近邻同盟的机制开始起到协调欧洲事务的作用,实现了欧洲人几百年以来的设想。参与该机制的每个国家都必须足够强大,可以得到邻国的尊重和认同;每个盟国的外交政策必须紧密相连;每个盟国必须实力足够强大,国内秩序井然,具有独立地位;每个国家必须为其他盟国的繁荣着想。在随后爆发的法国大革命中,上述原则的意义得到进一步凸显。

到这里,我们应该总结一下小威廉·皮特的外交政策。在之前章节中,我曾强调过,小威廉·皮特的外交政策对大英帝国意义重大。他将不列颠群岛的防御安全、全球贸易、古老的国际法和势力均衡理念巧妙地结合在一起,从而达到维持欧洲各国势力均衡的目标。在小威廉·皮特担任首相期间,野心勃勃的三大强国,即法兰西王国、俄罗斯帝国和奥地利大公国都没能挑起战争。此

---

① 名为庇护,实为逐步吞并。——原注

前被当成邻近大国矛盾和冲突"缓冲区"的众多欧洲小国，也得以尽最大可能确保自身的安全，或者至少没有遭受过多损失。在乔治三世统治初期，欧洲大国就能意识到自己在维持欧洲均势中承担的责任。在小威廉·皮特担任英国首相的九年和平时期，英国参与国际事务所秉持的外交原则再次得到确立。

截至目前，我还没有介绍葡萄牙王国的状况。葡萄牙王国属于地中海国家。在制定外交政策时，英国始终非常重视地中海国家，视它们为天然的盟友。一方面，正如荷兰共和国总是看不惯西班牙王国和法兰西王国一样，葡萄牙王国对西班牙王国充满敌意，所以葡萄牙王国在大西洋两岸的利益与英国完全一致；另一方面，葡萄牙王国沿海非常适合开展双边贸易——里斯本是绝佳的贸易港口。上述条件决定了英国和葡萄牙王国成为欧洲最亲密的盟友。从英格兰十字军帮助葡萄牙人驱赶摩尔人开始，这份友谊延续至今。与英国人和荷兰人的盟友关系不同，葡萄牙人与英国人的盟友关系并没有达到肝胆相照、

里斯本

蓬巴尔侯爵塞巴斯蒂昂·若泽·德·卡瓦略·梅洛

并肩作战的地步。但葡萄牙人和英国人的友谊也没有经历过大的波折。英格兰长期议会、奥利弗·克伦威尔和查理二世都曾和葡萄牙王国签订过友好条约。

安妮女王统治时期，葡萄牙王国和英国签订了《梅休因条约》。该条约规定，英国要从葡萄牙王国进口葡萄酒，代替以往从法兰西王国进口的葡萄酒。同时，葡萄牙王国要从英国进口羊毛。当时，公共利益和私人利益往往被混为一谈。对此，亨利·哈勒姆曾做出特别评价，认为多喝一杯葡萄酒并不会影响到《乌得勒支和约》的执行。里斯本大地震爆发时，英国人为葡萄牙人提供了慷慨援助。当西班牙王国频繁入侵更弱小的葡萄牙王国时，英国立刻派出军队，加强葡萄牙王国的防御力量。葡萄牙王国有史以来最杰出的首相蓬巴尔侯爵塞巴斯蒂昂·若泽·德·卡瓦略·梅洛深知葡萄牙王国和英国联盟的好处。他曾在1795年下令驱赶耶稣会教士，使葡萄牙王国成为第一个这样做的欧洲国家。

虽然葡萄牙王国暂时支持了武装中立原则,不再履行《梅休因条约》中的贸易条款①,但英国和葡萄牙王国的盟友关系没有因此动摇。同时,英国与葡萄牙王国之间的深厚友谊即将迎来新的考验。

当法国大革命和拿破仑战争爆发时,英国只能延续小威廉·皮特的外交政策。如今,几乎在所有领域,英国的发展都超越了欧洲邻国,军事实力也大幅提升。在被卷入大范围冲突前,英国会采取明哲保身的态度,除非这场冲突即将威胁到英国的安危,或者将对大英帝国的未来发展造成威胁。

英国的耐心被其他国家误解为怯懦。但冷静的旁观者②也许还记得英国的传统外交立场。除大规模殖民战争之外,英国曾经两次向世界表明,即使导致冲突的事件微不足道,英国也会选择主动出击,而不是一直保持被动姿态。1770年,福克兰群岛事件爆发时,英国军队迅速武装起来。英国政府提出强烈抗议,迫使西班牙王国停止了侵略行为。1790年,努特卡海湾事件发生时,小

西班牙人在努特卡海湾侮辱英国国旗

---

① 为了追求与法国等欧洲国家的贸易平衡,小威廉·皮特非常重视《梅休因条约》。——原注
② 如果在法国大革命初期还存在。——原注

威廉·皮特采取了与福克兰群岛事件类似的措施，再次成功化解危机。在上述两个案例中，西班牙王国自以为试探到了英国的底线，但事实上并没有。如果一个国家总是因鸡毛蒜皮的小事而贸然开战，似乎显得有些荒谬。但英国政府借此展示出了英勇果断的精神。上述两次冲突中，由于英国坚定的外交立场和迅速的战前准备，在法兰西王国被迫保持中立的情况下，西班牙王国受到了应有的惩罚。

接下来，我将介绍法国大革命时期的英国外交政策。由于法国大革命爆发得十分突然，英国人没有做好相关心理准备。1793年到1815年，英国的君主、大臣、议会和人民只有一个共同的目标，那就是遏制雄心勃勃的法兰西王国，包括法兰西王国的革命狂热和军事扩张。为了实现这一目标，英国需要联合其他欧洲国家，组成反法同盟，还要维持反法同盟的内部平衡，防止反法同盟中的某个国家在法国大革命期间崛起。

换句话说，在法国大革命期间，为了重塑欧洲的国际法，英国再次被推到①前线。这并不符合英国的国家利益。一方面，大多数英国人丝毫不欣赏法国大革命的政治原则，对遭受法兰西王国迫害的国家深表同情；另一方面，英国人深信，为这些受法兰西王国迫害的国家战斗也是为自己战斗。这种信仰让英国人奋勇向前。英国人始终牢记被卷入法国大革命浪潮的最初目的。英国人的英勇行为并不是堂吉诃德式的勇武，也不是彻底的自私行为，而是体现了光荣的、崇高的人道主义精神。简单来说，英国人的动机和出发点是复杂的。

很快，英国在法国大革命期间采取的外交政策被证明是不光彩和极具毁灭性的，这是因为小威廉·皮特推行的外交政策过于野心勃勃。无论是国内政治还是外交政策，法兰西王国都十分重视自由精神。作为盲目干涉欧洲事务的惩罚，英国背负了巨额债务。英国的失误在于将党派利益置于国家利益之上，过于坚持"不顾一切确保和平"的外交传统，以及追求一种虚假的自由。

---

① 尽管英国人对此并不情愿。——原注

1832年，《改革法案》颁布后，托利党独占下议院长达半个世纪的局面被打破。历史总是由胜利者书写的。代表中产阶级利益的《爱丁堡评论》开始在英国、美利坚合众国及欧洲大陆迅速流行。英国在外交政策上的失败被英国人归结到愚笨的乔治三世和自负的小威廉·皮特的糟糕合作。尽管查尔斯·詹姆斯·福克斯最后才发现自己惨遭欺骗，但他过去的观点已经在其事业达到顶峰时迅速传播开来。因此，他在英格兰人心中形象不佳。在拿破仑战争时期，老辉格党赶上了自由主义的历史潮流，再次焕发了活力。查尔斯·詹姆斯·福克斯成了一个可怜的殉难者，被无法意识到其英明之处的庸人告发。然而，19世纪出版的许多回忆录都没能体现这一点。

第 8 章

法国大革命时期的英国外交政策

(1793 年到 1800 年)

精彩看点

小威廉·皮特对法国大革命的看法——法兰西人主动挑起战争——小威廉·皮特必须接受现实——战争难以避免的原因——"军舰、殖民地和贸易"传统外交政策再次被恢复——皇家海军突袭法兰西第一共和国——英国的外国盟友——英国的信用体系——反应迅速的皇家海军——沮丧的法兰西海军——武装中立原则再次出现——皇家海军在荷兰遭受失败——法兰西军队迎来辉煌——英国陆军逐渐变强——小威廉·皮特的战争手段被误解——分裂的爱尔兰——1798年爱尔兰叛乱——印度殖民地——老辉格党人的爱国热情——苏格兰与爱尔兰——小威廉·皮特的盟友——欧洲大陆国家的状态——英国的责任——小威廉·皮特为追求和平做的无谓尝试——英国的盟友被逐一击破——皇家海军哗变——坎珀当战役——拿破仑·波拿巴远征埃及的意义——霍雷肖·纳尔逊和悉尼·史密斯——拿破仑·波拿巴遭遇政变——拿破仑·波拿巴突袭奥地利大公国和俄罗斯帝国在正式介绍法国大革命期间英国的外交政策前,我们需要先了解在法国大革命爆发初期,英国首相小威廉·皮特的具体立场。除非是出于无知,或者是受党派立场限制,否则任何人都能注意到,小威廉·皮特始终不愿面对和承认法国大革命即将引发一场战争的事实。他竭尽全力维持欧洲的和平状态。1789年到1793年,小威廉·皮特带领英国抵御了法国大革命的政治狂潮。每当法国大革命形势缓和,小威廉·皮特就会更坚定地强调,英国绝不能出手干预。出于乐观心态,小威廉·皮特没有加入在皮尔尼茨召集的欧洲反法同盟。显然,不到最后危急时刻,小威廉·皮特绝不会主动介入战争。

在世界范围内,主导法国大革命的激进革命思想迅速传播。小威廉·皮特视法兰西第一共和国为制衡俄罗斯帝国的重要力量。此时,俄罗斯帝国正利用整个西欧的混乱,伺机吞并波兰全部领土。小威廉·皮特说服自己,法国大革命只是法兰西第一共和国国内财政和社会问题引发的短暂混乱,法兰西第一共和国很快就会恢复其在欧洲均势格局中的地位。以埃德蒙·伯克为代表的英国人目光更长远。他们认为,法兰西社会会持续失控。法国大革命的氛围已感染周边邻国,尤其是英国。为了维持英国的繁荣发展,小威廉·皮特选择忽视法国大革命的发展趋势。只有研究过小威廉·皮特执政初期历史的人,才能体会到目睹法国大革命即将破坏英国繁荣的小威廉·皮特是多么惊慌失措。

最终，小威廉·皮特还是走到了抉择的重要路口。他已经发现，自己如果继续假装对法国大革命的危害视而不见，就必须抛弃英国外交传统。因此，他不得不谨慎观察法兰西第一共和国采取的每一步行动及行动背后蕴含的真实意图。法兰西人迅速入侵并吞并了荷兰共和国。小威廉·皮特只能被迫宣战，以示抗议。此外，他别无选择。英国始终将低地国家视为英国防御阵线的重要组成部分，因为低地国家的港口都在英吉利海峡附近。我们不仅要从国际法和国家义务的角度，还要从英国外交政策和自我防御需求的角度出发，分析英国的宣战行为。

在俄罗斯帝国步步紧逼的情形下，小威廉·皮特无暇顾及法兰西第一共和国吞并奥地利大公国及荷兰共和国的举动。小威廉·皮特犯下了一个重大失误：他不应该放任法兰西第一共和国占领整个低地国家。这样一来，无论是否出于敌意，法兰西第一共和国都将占领英吉利海峡的南部海岸和东部海岸及比斯开湾和里昂湾。这种做法无异于给英国人套上绳索并由最不乏恶意的人行刑。此时，英国上千年的辉煌备受威胁，英国以上千条人命、上百万英镑和无数债务为代价建立起的地位岌岌可危。可怕的战争即将爆发，但英国毫无备战优势。与继续维持让未来更危险的孤立立场相比，英国宁可抓住时机进入以巨额津贴、国家间联盟为特征的战时状态。

幸运的是，性情温和、爱好和平的小威廉·皮特终于意识到了英国面临的危险，"扣下了开战的扳机"。终于，1793年2月8日，这场由法兰西第一共和国挑起的战争爆发了。保卫英吉利海峡是英国外交政策的重要组成部分。正是因为英国外交上的努力，现代国际秩序才得以建立。拿破仑·波拿巴曾经承认，英国及其海军力量，以及英国给予欧洲国家的经济和军事援助，是自己未能征服欧洲的一大障碍。当危急时刻到来，英国的政治家应该果断开战。

如今，我们也许认为，法兰西人可以自行结束革命，英国无须插手法国大革命。然而，法国大革命时期的英国很难明哲保身，也无法放任其他国家自生自灭。在人道主义面前，种族和历史进程上的差异都该被搁置一旁。法兰西

拿破仑·波拿巴

共和派公开宣扬革命理念,发布了著名的《公开宣言》,试图将其传播到欧洲大陆的每个角落。无论小威廉·皮特如何努力,法国大革命的洪流都仍然势不可当。即使到1792年,小威廉·皮特仍然怀抱着维持"十五年和平时期"的幻想。当狂热的法国大革命支持者不断拥入英国,英国人该如何对抗他们对和平的威胁?凭借自身的政治才能,埃德蒙·伯克竭力维护着英国的稳定。小威廉·皮特也给予了埃德蒙·伯克很多帮助。简单来说,此时,无论是出于社会考虑还是政治考虑,英国已经无法保持中立。英国人已经普遍意识到了这一点。

战争一触即发之际,以"军舰、殖民地和贸易"为主要特征,被英国王室贯彻了上百年的传统外交政策再次恢复。英国人团结一致,努力保护英吉利海峡的安全,维护欧洲势力均衡的外交政策。

英国组建皇家海军的原则是,在任何情况下,都要保持与其他国家的海军势均力敌。此时,皇家海军的主要任务是保护除独立的美利坚合众国之外的其他殖民地,包括印度。皇家海军不仅让英国成为海上霸主,也为繁荣起来的英国贸易提供了坚实保护。在法国大革命初期,尽管英国经常向荷兰共和国发动军事攻击,并且均以失败告终,但这些军事行动确保了英吉利海峡的安全。军事行动的失败让英国人逐渐意识到,让缺乏经验的英国王室成员带兵出征并不是明确的选择。

英国对法兰西第一共和国的突袭行动再次失败,只起到了将法兰西军队围堵在法兰西境内的作用。必须承认,此时,英国军队的战斗力比老威廉·皮特担任首相时还要弱。英国人原本以为,吸纳法兰西流亡者可以提高英国军队的战斗力,但显然这种想法十分不切实际。

随着形势日益紧迫,英国人逐渐意识到,除采取"光荣孤立"的外交政策之外,他们还需要将备受法兰西人威胁的欧洲国家广泛团结起来,共同对抗法兰西人的入侵。刚刚建立起来的法兰西第一共和国野心勃勃,严重打破了欧洲的势力均衡体系。为了捍卫多数欧洲国家的利益,反法同盟必须重新组建起来。反法同盟国需要与法兰西第一共和国多线作战,例如,在法兰西西部海岸、法兰西北部前线、法兰西东部前线及地中海等。拥有强大皇家海军的英国，需要为欧洲国家的反法联军筹集资金。如果英国人暂时无法承受因此产生的债务，子孙后代就要替他们偿还。

幸好，英国拥有全欧洲独一无二的信用基金。目光远大的英国君主意识到，如果危机一旦爆发，英国就需要筹集巨额贷款。成功往往伴随着风险。现实证实了英国君主的长远眼光。国债并非绝对安全，法兰西王国和美利坚合众国就遭遇了债务问题。英国应该从它们的经历中得到教训。为了减轻英国的债务负担，英国人发明了信用体系。出于保护人民安全的目的，英国政府向人民筹集贷款并偿付一定利息。这种信用体系拯救了全欧洲。

上述信用体系是英国的独特产物，源于威廉三世统治时期稳定的财政系统。伴随着贸易、制造业和商业的繁荣，英国海外市场的扩张，以及光荣革命的结束和詹姆斯党人的逐渐衰落，英国的信用体系得到飞速发展。随着英国宪政制度的确立，君主、贵族和平民都被逐渐纳入了该信用体系。君主就是法律的象征，代表了足够的信用。

也许有人会疑惑，为何此时的英国实力如此强大？事实上，1739年后的和平时期过后，皇家海军的实力逐渐开始恢复。随着法国大革命的不断发酵，皇家海军开始涌现出一大批优秀的军官。曾对英国做出巨大贡献的英国海军上将爱德华·霍克的战斗精神在后来英国海军将领乔治·布里奇斯·罗德尼男爵和乔治·豪身上得到了完美体现。乔治·布里奇斯·罗德尼男爵和乔治·豪一致严格遵守着爱德华·霍克的要求。皇家海军永远将爱德华·霍克的精神和治军箴言铭记在心。爱德华·霍克去世时，霍雷肖·纳尔逊还只是一个舰长，却将爱德华·霍克的公共精神和宽宏大量发挥到极致。约翰·杰维斯、亚历山大·胡德、亚当·邓肯、卡斯伯特·科林伍德是该时期皇家海军将领的杰出代表。在历史上，他们的名字将熠熠生辉。

值得注意的是，与以往相比，此时的皇家海军拥有独特的作战优势。18世纪，一向具有贵族气概的法兰西海军令法兰西共和派十分反感，许多优秀的法

霍雷肖·纳尔逊

亚历山大·胡德

亚当·邓肯

卡斯伯特·科林伍德

兰西海军军官纷纷被共和政府撤职。对陆军来说，失去优秀的指挥官并不会造成太大影响，但对海军来说，这是致命的打击。大海是冷酷无情的，指挥海上战斗需要多年的航海经验。如果想组建一支强悍的海军，仅靠简单指导和理论教学远远不够，必须要有一批熟悉海军传统、训练有素的军官才行。毕竟真正的知识来自实践。像罗伯特·布莱克、乔治·蒙克等这样经验丰富的陆军士兵或者英格兰内战时期才能不凡的士兵，或许可以在训练后成为一个优秀的海员。但仅有一腔共和热情、从未受过任何海军训练的法兰西海军军官，必将在海战中遭遇失败。

由于皇家海军装备精良，其他欧洲国家的海军很难望其项背。在所有战役中，皇家海军几乎无往不胜，让英国人有着很强的安全感。在欧洲，武装中立原则再次传播开来，但没有起到什么效果。英国霸占了世界上的主要海域，防止其他国家在海上贸易中获利。在与法兰西第一共和国开展贸易活动时，英国不仅有皇家海军在背后撑腰，还时常通过对其他欧洲国家行使搜查权，阻止它们与法兰西第一共和国开展贸易。这难免引发许多欧洲国家的不满。在法国大革命结束后很长一段时间内，英国仍然不愿放弃海上搜查权，直到后来才有所收敛。

由于皇家海军牢牢掌握了制海权，加上英国国内的财政收入稳定，皇家海军在荷兰的失败没有影响到英国的信用体系。尽管英国人因为战败一度沮丧，但后世普遍认为，这次战败意义深远。众所周知，当时，英国的陆军实力略逊于欧洲其他国家，但在战争中，英国陆军积累了很多十分宝贵的经验。然而，法国大革命爆发后，法兰西第一共和国立刻全民皆兵，法兰西陆军中迅速涌现出非常多的精兵强将。法兰西士兵深知，此时是利用勇气和战绩加官晋爵的好机会。

尽管在战争初期，法兰西军队表现不佳，但全线抗敌的局面让法兰西军队得到充分锻炼，战斗力持续提升。法兰西第一共和国也因此跻身世界一流军事强国。其他欧洲国家很快意识到法兰西军队实力正在大幅提升，难免感到震惊和惶恐。英国人没有像其他欧洲人一样惊慌失措，因为英国还有一支实力强悍的皇家海军可以依靠。

英国开始着手组建一支全新的陆军。这支英国陆军需要在每一场战役中慢慢积累作战经验。在发展过程中，英国陆军遇到了不少传统障碍和繁文缛节。按照当时的风气，英国陆军需要吸纳一部分英格兰王室成员。为了保证更好地履行职责，这些王室成员已经接受了大量军事训练，军事技能十分娴熟。

多亏拉尔夫·阿伯克龙比、约翰·摩尔爵士和威灵顿公爵阿瑟·韦尔斯利兢兢业业、恪守职责，英国皇家骑兵卫队的战斗力才得到显著提升，其工作也

威灵顿公爵阿瑟·韦尔斯利

第 8 章 法国大革命时期的英国外交政策（1793 年到 1800 年）　177

约克公爵兼奥尔巴尼公爵弗雷德里克

得到约克公爵兼奥尔巴尼公爵弗雷德里克的大力支持。终于，在经历了连续几年的战败后，英国陆军培养了一批足以媲美皇家海军军官，并且绝不比法兰西陆军军官逊色的陆军军官。英国陆军逐渐成长为一支所向披靡的军队。随后，英国出现了可以和拿破仑·波拿巴比肩的优秀将领。

我花费笔墨阐述以上事实是为了更好地说明，为何会有人批评小威廉·皮特，指责他没能充分发挥英国陆军的力量。法国大革命战争爆发时，小威廉·皮特已经尽了最大努力。因此,盲目指责小威廉·皮特没有及时派遣英国陆军,或者否认小威廉·皮特最大限度发挥了皇家海军作用的观点,都是极其不公平和荒谬的。与拿破仑战争爆发时的情形不同,法国大革命时期英国陆军的装备远不如同时期的法兰西陆军。因此,二者不能相提并论。真正应该被拿来做比较的,应该是法兰西陆军和英国皇家海军。在拿破仑战争中,皇家海军不费吹灰之力就将法兰西海军击败,英国陆军的战斗力也大幅提升。法兰西陆军士气开始低落,英国军队逐渐占据上风。小威廉·皮特去世后,他的继任者威廉·温德姆·格伦维尔软弱无能。但这丝毫没有影响英国军队高涨的士气。

威廉·温德姆·格伦维尔

在此，我不再赘述关于小威廉·皮特为保护英国、英吉利海峡及英吉利海峡的周边国家采取的措施。与父亲老威廉·皮特不同的是，小威廉·皮特在担任首相时，爱尔兰总是陷入叛乱。老威廉·皮特时期的爱尔兰发展状况良好，经济逐渐繁荣，极少出现动荡不安的局面。小威廉·皮特上台后不久，共和精神开始从美洲传来，在法兰西第一共和国和爱尔兰开花结果，因为法兰西第一共和国和爱尔兰本身就有适合共和精神传播的环境。

为了对付好斗、危险的詹姆斯党人，英格兰政府颁布了《惩罚法案》。在实践过程中，《惩罚法案》的具体实施方式越来越温和。尽管如此，它仍然有继续存在的必要。美国独立战争爆发后，不满情绪迅速在新教教徒主导的英国议会中扩散开来。当法兰西第一共和国、西班牙王国和荷兰共和国向北美殖民者伸出援手，企图弥补此前自己在殖民战争中的损失时，英国政府迫于爱尔兰人的压力，放弃对爱尔兰的管制。当时，英国已经到了最紧要的关头。在爱尔兰人的胁迫下，英国议会通过了两个重要法案。对英国政府来说，这两个法案极具毁灭性。但在当时紧迫的情况下，英国政府别无他法，只能顺从爱尔兰人的意愿。

小威廉·皮特认为，要想实现英格兰和爱尔兰的再次联合，就需要静待时机，密切关注爱尔兰人是否有希望实现独立的意愿。英格兰和爱尔兰以一种出乎意料的方式联合了起来。显然，小威廉·皮特的一系列改革惹恼了爱尔兰人。随着时间的流逝，英格兰与爱尔兰的联合趋势越来越明显。法国大革命的爆发，让爱尔兰的实际分裂开始朝着叛乱方向发展。革命的热情如草原上的野火一般，在爱尔兰迅速蔓延开来。尽管真正的暴乱1798年才爆发，但1795年，爱尔兰的革命组织就已经建立起来。爱尔兰的新教教徒组成了奥兰治同盟。起初，他们并没有轻举妄动。但法兰西人直接介入了爱尔兰事务，爱尔兰叛军也公开宣布投靠法兰西人。终于，这引爆了叛乱的导火索。目前，爱尔兰是否会被法兰西人占领成了摆在英格兰政府面前的棘手难题。都柏林和贝尔法斯特的雅各宾俱乐部组建了一支国民警卫队。国民警卫队人员身着法兰西军队制服，使用法语作为暗语。英国与法兰西第一共和国的战火从欧洲大陆和海上蔓延到了距离英格兰海岸仅几英里的爱尔兰。

千钧一发之际，英国政府得到了及时的消息，抓捕了叛军首领爱德华·菲茨杰拉德勋爵，轻松剿灭了在韦克斯福德集结的叛军。此前，曾参加过美国独立战争的查尔斯·康沃利斯侯爵在印度居住了九年，为小威廉·皮特颁布《印度法案》打下基础。如今，查尔斯·康沃利斯侯爵又被召回国，着手处理爱尔兰的棘手事务，为爱尔兰和英格兰的联合做准备。自此，英格兰与爱尔兰真正地联合起来了。终于，多次影响英国外交政策的国内分裂结束了。"大不列颠及爱尔兰联合王国"的建立，确保了英国的安定。英国军队进入爱尔兰时不再充满警惕、战战兢兢。勇敢的爱尔兰人也为英国军队在海外取得的成功做出了很大贡献。

严格意义上来说，小威廉·皮特的外交政策对英属印度殖民地的建立没有起到直接影响。但小威廉·皮特上台后立刻颁布的《印度法案》的确对印度殖民地的建设起到了积极的推动作用。在印度，查尔斯·康沃利斯侯爵兢兢业业地落实着《印度法案》。法兰西人却利用英国政府陷入混乱的时期，企图实施在乔治二世统治时期一度失败的煽动计划。充满敌意的攻击行为从印度殖民地迅速蔓延到英国的其他殖民地。那些对英国最忠诚的殖民地也遭受了极其严重的冲击。当时"帝国邦联"还没有出现，英国对殖民地的统治主要依靠向殖民地派遣官员并为官员发放一定数额的津贴。这种管理方式极不保险。

我们有必要回顾一下小威廉·皮特扳倒政敌查尔斯·詹姆斯·福克斯的过程，以及小威廉·皮特与"老辉格党"人结盟的过程。在此期间，小威廉·皮特得到了埃德蒙·伯克和波特兰伯爵威廉·本廷克的悉心指导与大力协助。小威廉·皮特十分重视在光荣革命中大放异彩的辉格党，时常就国家大事咨询辉格党人的意见。法国大革命时期的辉煌表现过后，辉格党逐渐陷入党派纷争，最终走向分裂。小威廉·皮特上台后，辉格党人纷纷复职。在国家面临生死存亡威胁的紧要关头，在小威廉·皮特的影响和埃德蒙·伯克的教导下，辉格党人果断与查尔斯·詹姆斯·福克斯决裂。爱国主义情怀战胜了党派纷争，但在议会和英国国内，辉格党人的影响力已经大不如前。

长期以来，苏格兰保持着稳定状态，爱尔兰也得到了片刻安宁。议会的团结一致、乔治三世的大力支持、英国上议院和下议院的安定，保障了小威廉·皮特至高无上的权力，让小威廉·皮特得以带领英国人民再创辉煌。

我们有必要在此回顾一下，小威廉·皮特是如何利用战争、部分统一的国家基础及国家债务等手段的。他的战争计划可以简单地概括为：英国一方面与法兰西第一共和国开战，另一方面与法兰西第一共和国的所有敌对国家结盟。欧洲国家要求武装中立的呼声曾经一度中断小威廉·皮特的计划。1793年，由于法兰西第一共和国入侵了荷兰共和国，小威廉·皮特已经别无选择。法兰西第一共和国向英国公开宣战，推动了反法同盟的建成。俄罗斯帝国、撒丁王国、西班牙王国、那不勒斯王国、普鲁士王国、奥地利大公国、葡萄牙王国、托斯卡纳大公国，以及部分神圣罗马帝国的诸侯国都加入了反法同盟。由于当时欧洲各国普遍陷入财政困难，英国提供的资金援助可以说是雪中送炭。英国主动向反法同盟国家筹集战争经费的行为可以说举世罕见。在七年战争期间，英国也曾经为其他盟国提供部分资金支持，尽管现代历史学家都认为，英国的贡献是理所当然的。

英国为反法同盟国家提供资金支持的举动引发了一场热烈的讨论。显然，我们很难评估一个国家面临的危机是否严重到需要倾全国之力参战。英国为反法同盟国家提供战争经费也极易导致反法同盟内部的财政腐败，因为个体生活的准则往往也适用于国际社会，人们往往在花其他人提供的钱时尤其大手大脚。参战的反法同盟国家即使没有被英国资助，甚至在战争初期就纷纷被法兰西第一共和国吞并，也依旧会在爱国主义的旗帜下团结起来，共同阻止1813年的"民族大会战"。

现代历史学家经常以当下的思维和观点去分析很久以前发生的历史事件。法国大革命已经过去了一百多年，对欧洲格局造成了深远影响。我们需要时刻提醒自己,当法国大革命发生时,欧洲国家仍然处在封建集权的状态。从美洲和法兰西第一共和国萌发的新思潮,如同洪水一般涌入了欧洲各国。欧洲人民猝不及防,谁也无法预测法国大革命会造成何种后果。理论很难帮助我们解释过去发生的事件,但回顾历史事实可以让我们学到教训。法国大革命爆发时,欧洲国家无力抵挡法兰西革命军的狂热情绪,也无法为了尚未爆发的战争肆意增加国内税收。欧洲国家没有表现出足够的信心和牺牲精神,反倒因为过往恩怨和忌妒心理变成一盘散沙。每个国家都害怕其他国家接受法兰西人的贿赂,甚至背叛盟友。缺乏牢固组织基础的欧洲均势很难实现。英国对反法同盟的财政支持,让拿破仑·波拿巴最终败给了英国的纳税人。

德意志邦联议会已经成了摆设。1833年,哥廷根大学历史学教授黑伦曾评价道:"德意志邦联议会根本无法体现出真实的民主意志,但实施宪政并非只是理论上的空想。宪政已经在英国实现。宪政理想没有远离政治实践。在接

黑伦

下来的一段时间内，宪政将成为所有陷入政治纷乱国家的启明星。"即使是英国历史学家，也不会对英国宪政给出如此高的评价，但黑伦教授的点评并不夸张。如今，经历了专制统治和共和制的欧洲大陆国家对英国宪政赞赏有加。但目前，它们无法效仿英国实施宪政。法国大革命即将让欧洲各国得到可怕的教训。对此，英国也无能为力。欧洲各国强大的封建势力即将联合起来，抵御从法兰西第一共和国涌入的革命思潮。在经历多次犹豫后，反法同盟国家也将坚定不移地为维护本国独立和欧洲均势而并肩战斗。如今，它们面临的最大问题就是缺乏资金。

财政问题成为摆在反法同盟面前的一大难题。和欧洲大陆国家一样，英国也面临着来自法兰西人的巨大威胁，但英国财政稳定，物资充足。此时，为了防止法兰西人再次称霸欧洲，英国人必须伸出援手，果断干涉。

然而，英国人是否愿意帮助欧洲大陆国家呢？显然，英国主动出击符合其一贯的外交政策，也符合维持欧洲势力均衡的外交理念。稳定的欧洲均势系统尚未建成。英国的国际责任与其维护自身安全和贸易繁荣的外交政策并不冲突。一个成功吞并周边邻国、实力大增的法兰西第一共和国，要比一个被接受英国资助的反法同盟国家包围的法兰西第一共和国危险十倍。路易十四统治下的法兰西第一共和国从来都找不到合适时机压迫英国。在参加半岛战争时，威灵顿公爵阿瑟·韦尔斯利曾写信给英国政府官员："你也许会抱怨战争费用如此高昂，但如果你拒绝支付这笔战争费用，侵略者就会在英国登陆。"这种说法非常正确，从1066年起便是如此。迄今为止，诺曼人是最后一批入侵英国的侵略者。只有确保英国海岸不被侵略，英国的贸易繁荣才能得到真正保障。

小威廉·皮特已经下定决心，让英国人的子孙后代来偿付法国大革命战争的巨额花费。此时，小威廉·皮特已经获得了极高的权力，成为乔治三世、英国议会和整个国家的唯一代表。小威廉·皮特的战争政策也得到了英国人民的全力支持。

小威廉·皮特的做法也招致了许多争议。尽管被迫应战，但小威廉·皮特从未放弃过求和的尝试。我们无法得知，小威廉·皮特的求和提议是否以伤害英国人民的自尊为代价。第一次求和尝试发生在1795年，也就是法国大革命战争爆发后不久。事实证明，小威廉·皮特的第一次求和毫无意义，因为此时法兰西人正在为胜利而狂喜，拒绝了任何求和的提议。1796年，当小威廉·皮特第二次求和，法兰西人似乎开始考虑和平的可能性，但仍然不愿放弃从此前战争中获得的好处，如对荷兰共和国的占领。小威廉·皮特深知，对英国来说，一个安全的发展环境才最符合国家利益。从此，小威廉·皮特搁置了延续几个世纪之久的传统外交政策。

第二次求和时，小威廉·皮特也没能如愿让英国人民接受法兰西人的条件。埃德蒙·伯克在其作品《论弑君的和平》中警告了英国人。埃德蒙·伯克的观点得到了英国人的广泛认可。在《论弑君的和平》一书中，埃德蒙·伯克揭示了法国大革命的侵略本性，甚至引用了法国大革命期间发生的事件来证明，法国大革命中涌现出了前所未有的好战精神和社会原则。埃德蒙·伯克指出，这些社会原则将会颠覆任何政府、宗教和社会；任何一个国家都无法与法兰西第一共和国这样危险的邻国和平共处；利用一种全新的、令人厌恶的传教手段，法兰西人将革命信条传播到了全世界；如果向法兰西第一共和国求和，英国要遭遇的损失将远远大于参加一场伤亡惨重的战争。跟与荷兰共和国相关的政治考虑相比，上述感情充沛的观点更能说服谨慎的英国人民。英国政府仍然将确保英吉利海峡和英国海岸的安全放在首要位置，其次才会考虑英国人的情感因素。然而，当人民的情绪积压到一定程度，任何政府都无法承担忽视这种情绪产生的严重后果。

到1797年，拿破仑·波拿巴已经在法兰西第一共和国名声大噪。威廉·威尔伯福斯是一位仁慈的政治家，同时是小威廉·皮特的好友。在他的影响下，小威廉·皮特打算与法兰西人议和。普鲁士军队的战败让小威廉·皮特大惊失色。普鲁士王国一直是英国的亲密盟友，如今在软弱政府的统治下日益衰落，被法兰西第一共和国步步紧逼。1796年，普鲁士王国与法兰西第一共和国签订秘密协议,被迫放弃了莱茵河左岸的领土;对英国意义重大的低地国家岌岌可危;在法兰西第一共和国的压迫下,奥地利大公国已经放弃抵抗;饱受法兰西人野心之苦的西班牙王国,虽然军事实力比较薄弱,但拥有法兰西海军急需的军舰和海员,很快就向持续扩张的法兰西第一共和国投降。

最糟糕的是,1797年,英国最强大的皇家海军突发一场哗变,甚至瘫痪了几个月。最乐观的英国人也开始感到恐惧,害怕灾难将会在这关键历史时刻降临。发生在斯皮特黑德海峡和诺尔岛的皇家海军哗变确实让英国历史迎来几百年以来最危急的时刻。据说,在这段危机频发的可怕时期,小威廉·皮特曾

斯皮特黑德海峡的皇家海军哗变,"皇家乔治"号上的水手扯下旗帜

因过度忧虑而彻夜难眠。包含欧洲大部分国家的反法同盟成立不到四年，却已经有一半国家接近崩溃，西班牙海军和荷兰海军均已落入法兰西第一共和国之手。

英国的政治家如果能够更冷静地看待1797年发生的皇家海军哗变，就会表现得更坚毅。皇家海军参与哗变的舰队展现出了极大的勇气和敏捷的反应。这场哗变是精心谋划的结果。长期以来，皇家海军的水手时常被强征入伍，忍受恶劣伙食和拖欠军饷等痛苦，即使是最有爱国热情的人也无法忍受。

愤怒的皇家海军将士对停泊在坎珀当的荷兰海军舰队发动攻击，成功击败了已经加入法兰西海军的荷兰海军舰队。1797年2月，圣文森特角战役让法兰西海军、西班牙海军和荷兰海军联合袭击英国的计划落空，从而为正在前线战斗、即将成为海军历史上最杰出的英雄的霍雷肖·纳尔逊减轻了压力。1797年的皇家海军哗变掩盖了圣文森特角战役的胜利光辉。拿破仑·波拿巴已经占领了半个世界。为此，英国政府已经付出了上百万英镑的代价。英国政府

圣文森特角战役胜利后，霍雷肖·纳尔逊接受敌方投降

第 8 章 法国大革命时期的英国外交政策（1793 年到 1800 年） 187

开始慢慢淡出国际事务,不愿再被卷入欧洲纷争,即使要放弃此前占领的所有殖民地。英国为什么要放弃贸易追求,做出无谓的牺牲呢?

今天再去假设1797年达成和约可能造成的后果已经毫无意义。法兰西人如果能够记住那句古老谚语——"适可而止好过贪得无厌",就一定会放缓扩张的脚步。然而,在奥地利大公国、普鲁士王国、西班牙王国、意大利王国和低地国家集体受辱的情况下,任何合约都难逃被撕毁的命运。英国从未放弃过地中海,而拿破仑·波拿巴只有在攻下地中海后才能确保安全,毕竟地中海是通往埃及和印度的要道。此时,法兰西人已经被胜利冲昏了头脑。坎珀当战役体现出参与皇家海军哗变的官兵对叛乱行为的悔恨,也让法兰西人放弃了利用荷兰海军击垮英国的计划。

坎珀当战役失败后,拿破仑·波拿巴开始打起英国的主意。目前,英国是拿破仑·波拿巴唯一惧怕的国家。拿破仑·波拿巴希望通过占领埃及和土耳其,封锁英国前往印度的水路,在君士坦丁堡建立一个更宏伟的法兰西第一帝

坎珀当战役胜利后亚当·邓肯接受荷兰德温特上将投降

国，通过马拉塔帝国皇室的协助，逐渐占领印度。显然，上述作战计划让拿破仑·波拿巴和法兰西政府丧失了理智。即将赢得胜利的喜悦让拿破仑·波拿巴丢掉了所有战略考虑。只有拿破仑·波拿巴才有能力建立起强大的法兰西第一帝国——法兰西第一共和国政府根本无力阻止他。从埃及回国后，拿破仑·波拿巴十分轻松地就说服了法兰西第一共和国政府。

拿破仑·波拿巴的新动向引发了全世界的关注。对英国来说，与以往直接侵略不列颠群岛的做法相比，法兰西人的全新入侵计划威胁性更小，因为法兰西人的海军力量有限，何况英格兰海军中将霍雷肖·纳尔逊正在埃及严阵以待。英国对守住印度充满信心，因为查尔斯·康沃利斯侯爵已经在印度建立起良好的统治基础，削弱了蒂普苏丹①的势力；威灵顿公爵阿瑟·韦尔斯利则准备好随时处理拿破仑·波拿巴和蒂普苏丹的联盟可能带来的麻烦。

对英国来说，真正的威胁来自拿破仑·波拿巴是否能在君士坦丁堡取得成功。拿破仑·波拿巴如果不能迅速占领君士坦丁堡，就很难实现他的野心。值得庆幸的是，两个身兼重任的英国海军军官都顺利完成了使命，推动了法兰西第一帝国的衰亡。在阿布基尔，霍雷肖·纳尔逊摧毁了整个法兰西舰队。悉尼·史密斯也守住了阿科，沉重打击了拿破仑·波拿巴的远征雄心。真理再次得到印证：英国这类岛屿国家只有掌握海上霸权，才能真正确保自身安全。企图通过摧毁英国在土耳其、埃及和印度的势力来摧毁英国的尝试失败后，拿破仑·波拿巴恢复了过去实际、直接的入侵战略。

拿破仑·波拿巴必须确保自己大权在握，才能实现直接入侵英国的计划。事实上，此时的法兰西第一共和国比奥斯曼帝国更容易发生政变。法兰西人对政权更迭已司空见惯，也原谅了拿破仑·波拿巴在埃及的失败，尽管他们对外宣称拿破仑·波拿巴在埃及取得了史无前例的胜利。法兰西人十分清楚，拿破仑·波拿巴是法兰西几百年来最杰出的领袖。他们打算为拿破仑·波拿巴的军

---

① 蒂普苏丹（1750—1799），印度南部邦国迈索尔的军事首领，在印度历史上被视为反抗英国殖民侵略的民族英雄。——译者注

事计划贡献一切。毕竟，拿破仑·波拿巴让经历了大革命的法兰西第一共和国恢复了国内秩序，并且整顿了军队。拿破仑·波拿巴野心勃勃，开始准备入侵英国。他恢复了法兰西第一共和国的社会秩序，认为自己很快就可以通过贿赂和威胁欧洲各国的方式，联合欧洲各国的力量击溃英国。

在入侵英国前，拿破仑·波拿巴要先打击那些趁自己在东方作战就有所行动的欧洲国家，其中最主要的就是奥地利大公国和俄罗斯帝国。在意大利和瑞士境内，奥地利人和俄罗斯人公然与法兰西人做对。他们甚至在法兰西人势力庞大但自认为安全的巴伐利亚趁机作乱。1799年10月9日，从埃及返回法兰西后，拿破仑·波拿巴以迅雷不及掩耳之势夺取了议会大权。1799年12月15日，在法兰西，拿破仑·波拿巴成立法兰西执政府。1799年12月25日，法兰西执政府提出与英国达成和平协议的请求。显然，这是拿破仑·波拿巴企图拖延时间的阴谋诡计。随后，拿破仑·波拿巴也承认了这一点。

在重新获得足以撬动世界的巨大权力后，拿破仑·波拿巴打算将入侵英国的计划再推迟一两年。然而，英国政府拒绝了拿破仑·波拿巴的和平提议。如果英国大臣能够预见拿破仑·波拿巴在马伦戈取得的胜利，也许就不会如此鲁莽地拒绝法兰西人的和平提议。此时，拿破仑·波拿巴尚未让法兰西第一共和国恢复社会秩序、摆脱混乱。神圣罗马帝国的诸侯国仍在奋力抵抗。俄罗斯帝国则突然转变立场。此外，尼罗河战役后，英国重新占领了地中海，皇家海军舰队也即将攻下马耳他。英国政府怎么可能在此时接受法兰西人求和呢？

也许，英国人的直觉是准确的。当时，法兰西执政府和英国确实无法达成和平。裁军和减税措施往往会催生和平条约，但如果欧洲各国无法从英国得到资金援助，拿破仑·波拿巴一定会将绝望无助的欧洲各国轻易击溃。这样一来，英国一定会重蹈覆辙，再次经历《亚眠和约》被撕毁后的悲惨结局。届时，英国无法再像1803年那样轻易击败入侵者。在英国与爱尔兰完全统一前，英国不能彻底清除对本国安全造成威胁的隐患，尽管在法国大革命期间，小威廉·皮特运用自己的外交手腕和资源成功保证了英国的安全。

马伦戈战役

尼罗河战役

随着拿破仑·波拿巴一步步攀上权力顶峰，再加上英国拒绝了法兰西第一共和国虚有其表的求和提议，我们即将为18世纪的英国外交史画上句号。值得注意的是，随着拿破仑·波拿巴获得至高无上的权力，在拿破仑·波拿巴对英国前所未有的猛烈攻击中，一个在很大程度上由拿破仑·波拿巴主宰的新时代也拉开了序幕。在这个全新的时代，我们看到了英国外交政策的传统和基本原则的回归，即奋力争夺海上霸权和严守英吉利海峡。《亚眠和约》签订后不久，在战争一触即发的巨大压力下，英国人一度忽视了严守英吉利海峡的重要性。短暂休战无法带来长久和平。这段休战期只持续了十四个月。最终，战争还是爆发了。英国重新恢复了传统的外交政策。当反法同盟国开始拟定《维也纳条约》时，低地国家再次成为英国的重要防线。

第 9 章

拿破仑战争时期的英国外交政策

(1798 年到 1807 年)

精彩看点

拿破仑·波拿巴的改革——拿破仑·波拿巴的胜利——哥本哈根战役——武装中立原则——1802年《亚眠和约》签订——拿破仑·波拿巴在和平时期的举动——拿破仑·波拿巴计划入侵英国——欧洲需要吸取教训——英国人顽强抵抗——英国皇家海军的有效防御——小威廉·皮特重担大任——拿破仑·波拿巴的入侵战略——英国的应对措施——拿破仑·波拿巴的初始计划——霍雷肖·纳尔逊离开土伦——霍雷肖·纳尔逊的封锁政策失败——拿破仑·波拿巴的第二个计划——拿破仑·波拿巴的第三个计划——拿破仑·波拿巴的最后一个计划——法兰西人与英格兰人的策略对比——霍雷肖·纳尔逊开始追捕皮埃尔-夏尔·维尔纳夫——霍雷肖·纳尔逊的远见——罗伯特·考尔德的行动——皮埃尔-夏尔·维尔纳夫错失良机——霍雷肖·纳尔逊的策略——特拉法尔加战役——拿破仑·波拿巴的动机——奥斯特利茨战役——英国的海上贸易——阿尔弗雷德·塞耶·马汉对英国贸易问题的看法——中立国家的命运——储藏英国货物的欧洲仓库——英国资源的增长——英国人决心作战到底

在前面的章节中，我们已经对19世纪前的英国外交政策做了梳理。虽然英国一直在改朝换代，但欧洲大陆不断有新兴国家崛起，政治思想史也得到了持续发展。英国外交政策体现出很强的延续性，19世纪英国的外交政策也是如此。在接下来的几章中，我们将会探寻，在局势紧张的拿破仑战争时期，英国的外交政策是如何演变的。通过比较《亚眠和约》和《维也纳条约》及寻找其中的相似之处，我们可以观察19世纪英国各部门大臣的忠诚度。

此时，拿破仑·波拿巴刚刚开启他作为法兰西军队总司令的辉煌生涯。我们会了解他是如何利用权势迅速消除远征埃及的失败带来的负面影响的。此前，欧洲历史上从未出现过拿破仑·波拿巴这样的军事天才，欧洲各国早就应该对他有所警惕。在拿破仑·波拿巴的领导下，法兰西第一共和国比法国大革命爆发初期时更强大。由于法兰西国内政局动荡、政权更迭频繁，法兰西人认为，共和思想能够在君主制阴影下保留和发展；某个政府如果可以让法兰西第一共和国成为欧洲实力最强大的国家，就一定能够确保法兰西国内秩序的良好运转。当拿破仑·波拿巴的帝国梦想逐渐显现，法国大革命步入了腥风血雨的阶段，上述观念在法兰西人中仍然很普遍。

拿破仑·波拿巴施行的法律和实施的社会改革非常值得我们深入探讨。拿破仑·波拿巴的相关改革措施影响深远，展示出了他超乎常人的魄力和智慧。拿破仑·波拿巴对法兰西教会的改革，更是进一步巩固了他的权力。通过打压教皇、主教和神父的势力，拿破仑·波拿巴摧毁了法兰西天主教教会，并以帝国教会取代。其改革力度之强，举世罕见。作为一个自然神论者，拿破仑·波拿巴决心要加强对教会的控制，并且在这方面取得了成功。欧洲各国慢慢发现，法兰西第一共和国已经成为前所未有的强国。欧洲各国强烈地感受到了即将到来的危险。

从1799年法兰西执政府成立到1802年《亚眠和约》签订，拿破仑·波拿巴逐渐登上权力巅峰，开始实施社会改革。在此期间，拿破仑·波拿巴从奥地利大公国和俄罗斯帝国手中夺回的领土比他远征埃及前占领的还要多。马伦戈战役结束后，法兰西军队接连取得了洛迪战役和阿尔科莱战役的胜利。让·维

洛迪战役

霍恩林登战场上的让·维克托·马里·莫罗

签署《吕内维尔条约》

克托·马里·莫罗率领法军赢得霍恩林登战役后,奥地利大公国与法兰西第一共和国签署了《吕内维尔条约》。于是,法兰西人的势力再次延伸到莱茵河东岸,并且恢复了对意大利境内"奇萨尔皮尼共和国"的控制。此时,英国也采取了传统的势力均衡外交政策,派出英国皇家海军前往地中海和波罗的海巡航,以此保护本国利益、平衡欧洲的势力格局。1801年，在亚历山大港，拉尔夫·阿伯克龙率军打败驻守在埃及的法兰西军队。从此，法兰西人在东方建立帝国的梦想终结了。英国皇家海军也随之占领了马耳他。1796年，俄罗斯帝国皇帝保罗一世即位。此时，俄罗斯军队已经被法兰西军队打败，但保罗一世被拿破

英军在亚历山大港击败法军

拉尔夫·阿伯克龙

保罗一世

哥本哈根战役

仑·波拿巴诱骗。保罗一世开始重新强调武装中立原则。其他波罗的海国家，如丹麦王国、瑞典王国、普鲁士王国等也与俄罗斯帝国站在了一起。

很快，在哥本哈根，英国海军中将霍雷肖·纳尔逊有力地回击了拿破仑·波拿巴试图削弱英国实力的行为。此时，虽然霍雷肖·纳尔逊的声望已经达到顶峰，但名义上，他仍然受海德·帕克领导。海德·帕克是一个生性谨慎、作战风格十分传统的英国海军上将。哥本哈根战役是霍雷肖·纳尔逊获得的最优秀的战绩之一，因为与之作战的丹麦人不但擅长海上作战，其海军舰队实力也非同一般。霍雷肖·纳尔逊及其手下的实力显然更胜一筹。勇敢的丹麦人输得心服口服，甘愿接受战败条款，允许英国海军舰队驶入波罗的海。很快，疯癫的保罗一世被谋杀，其子亚历山大一世与英国重新结盟。值得一提的是，两首最著名的英语战歌均产生于该时期，一首描述了法兰西军队在霍恩林登的胜利，一首描述了皇家海军在哥本哈根的胜利。

第9章 拿破仑战争时期的英国外交政策（1798年到1807年） ● 199

亚历山大一世

保罗一世被谋杀

武装中立同盟再次成立，最终为英国及欧洲带来了好处。如今，英国人明白了，即使自己发动战争的借口十分正当，也难以避免出现寡不敌众的情况。任何国家想要封锁其他国家的港口，必须要有足够军舰做保障，这已经成了国际法中的重要原则。第二次武装中立同盟的组建没有给英国造成实质性损失。当拿破仑·波拿巴宣布封锁港口，背后却没有得到任何海军力量的支持时，他的举动不过是徒劳的，并且遭到了所有欧洲国家的嘲笑。

英国人取得的数次大捷平衡了法国人此前持续胜利的局面。英国和法兰西第一共和国都厌倦了战争，《亚眠和约》签订的时机已经成熟。尽管《亚眠和约》只要求双方停战，但停战总好过继续开战。《亚眠和约》签订后，真正的和平似乎即将出现。《亚眠和约》确实带来了长达十四个月的和平。英国需要将此前通过派出皇家海军占领的殖民地归还给法兰西第一共和国及其盟国，但锡兰并不包含在内，因为锡兰对印度的统治者来说很重要。西印度群岛的特立尼达也有着重要的战略意义，因为特立尼达保护着英国人前往殖民地及与南

签订《亚眠和约》

美开展贸易的南部通道。位于地中海关键位置的马耳他也被归还给了圣约翰骑士团，条件是必须有第三方国家保护马耳他的独立和中立。法兰西军队则从罗马和那不勒斯等地撤离。小威廉·皮特坚持对法兰西第一共和国继续强硬下去，但他本人已经因为宗教纷争被迫辞去了首相一职。

与法兰西第一共和国的停战让英国人欢欣鼓舞。英国上层阶级陶醉在能够出国旅行的喜悦中——几百年来，出国旅行一直是贵族生活必不可少的一部分，忽视了潜在的风险。这并不是因为他们害怕如果战争再次爆发，拿破仑·波拿巴会禁止英国人前往其他国家，尽管随着拿破仑·波拿巴的不断对外扩张，他很有可能会这样做。英国人试图对拿破仑·波拿巴的挑衅行为视而不见。但很快，英国人就发现，拿破仑·波拿巴的举动已经威胁和破坏了英国的传统外交政策。法兰西人的野心和敌意昭然若揭。法兰西人已经违反了《亚眠和约》中的相关条款，却反过来指责英国人拒绝从马耳他撤退的行为是赤裸裸的挑衅，缺乏契约精神。拿破仑·波拿巴效仿了路易十四签署完《奈梅亨条约》后抢占领土的做法。他占领了瑞士、厄尔巴等地，强迫西班牙王国将路易斯安那和佛罗里达让给法兰西第一共和国，远征西印度群岛，还出版了法国外交使节奥拉斯·弗朗索瓦·巴斯蒂安·塞巴斯蒂亚尼·德·拉·波尔塔就土耳其和黎凡特问题撰写的报告，这意味着法兰西第一共和国正在考虑占领埃及和伊奥尼亚群岛。

英国正在面临着被拿破仑·波拿巴率军入侵的威胁。大量军备武器囤积在法兰西和荷兰的港口等待运输，大批法兰西特使源源不断地涌入爱尔兰。最终，罗伯特·埃米特领导的1803年爱尔兰叛乱爆发了。英国驻法兰西第一共和国大使查尔斯·惠特沃思伯爵曾屡次遭到公开羞辱，英国人已经无法抑制胸中的怒火。连查尔斯·詹姆斯·福克斯的坚定支持者托马斯·巴宾顿·麦考利也承认，拿破仑·波拿巴的"野心和傲慢"已经到了"令人无法忍受"的地步，英国人必须为了"尊严、独立、保卫国家而战"。事到如今，英国不得不再次做战前准备。当然，现在来看，英国人无须因被迫开战而绝望，因为问题很快就会得到解决。煤矿的发现、制造业的巨大需求推动了英国商业贸易的日益繁荣，极大地提高了国家的财政收入。当时，英国的财政收入比其他欧洲国家的总和还要多。

英国迟迟不愿再次卷入战争，与小威廉·皮特不再担任首相有关。英国人普遍认为，现任首相亨利·阿丁顿无法鼓舞和领导人民。小威廉·皮特也发现自己无法与亨利·阿丁顿友好合作，不愿意接受亨利·阿丁顿的领导。英国人便将希望寄托到乔治·坎宁身上。乔治·坎宁是埃蒙德·伯克和小威廉·皮特精

亨利·阿丁顿

乔治·坎宁

神的完美继承人。但此时，他仍然很年轻，政治资历尚浅。约有一万个英国公民利用休战的短暂和平时期，前往法兰西第一共和国，但遭到了拿破仑·波拿巴的扣押。拿破仑·波拿巴坚决拒绝释放英国公民回国。他的这一行为进一步激化了矛盾，坚定了英国人开战的决心。拿破仑·波拿巴的上述举动前所未有，其扣押英国公民的借口更是滑稽可笑。最终，在英国政府的干涉下，被扣押的英国公民得以回国。显然，身为法兰西人的统治者，拿破仑·波拿巴犯了大错。英国人民迅速武装起来，发誓要不惜一切代价，战斗到最后一刻。一旦被抢走幼崽，再温和的母熊也会变得极具攻击性。当一个国家的人民满怀愤怒，后果将会非常严重。拿破仑·波拿巴成功激发了英国人民的爱国情感和牺牲精神。

当整个欧洲已经匍匐在拿破仑·波拿巴的铁骑下，英国人仍然在孤军奋战。即使充满绝望，英国人也绝不屈服。

包括英国在内的欧洲各国终于认清拿破仑·波拿巴的真实意图。此前，它们忽视了拿破仑·波拿巴为达目的肆意摧毁公平正义的潜在危害。可以说，拿破仑·波拿巴是造成欧洲动荡不安的根源。他在欧洲的所作所为恰如缺乏现代文明熏陶的野蛮的匈奴人摧毁腐败不堪的罗马社会。正在转型中的世界，需要接受自由思想的洗礼，尽管这种自由思想被披上了拿破仑主义的外衣。在欧洲人民遭遇了惨痛经历、做出巨大牺牲后，宪政主义的理念逐渐深入人心。拿破仑战争中纷飞的战火和随之产生的苦难点燃了欧洲人民心中的爱国热情。

战争自然可怕。最终，英国避免了被拿破仑·波拿巴入侵，但遭遇了许多困难，承担了难以估量的损失。在拿破仑战争期间，英国人展现出了无与伦比的英勇气概。小威廉·皮特去世时，英国人真正感受到了拿破仑·波拿巴即将带来的威胁。但在这关键时刻，英国人展现出了十足的勇气和爱国热情，将一切危险置之度外。年迈的乔治三世成了英国人民心中的灯塔，小威廉·皮特在沃尔默训练的五港同盟志愿海军也发挥了重要作用。英国举国上下都在为备战做准备，任何政治分歧和种族差异都无法削弱英国人的凝聚力。英国人在封建时代展现的战斗协作精神再次被激发：君主、封建领主和普通人民齐心协力地战斗，英国各郡的猎人组成了一支骑兵队伍，乡绅担任了当地民兵和志愿者的首领。这支气势汹汹的"英国陆军"似乎能在战争中独当一面。

当然，仅靠英国人民组成的"英国陆军"是无法取得胜利的。尽管经费有限，皇家海军仍然驻守在英吉利海峡，由霍雷肖·纳尔逊担任指挥官。无论是守卫英吉利海峡，还是在土伦与法兰西海军对峙，霍雷肖·纳尔逊总是能够吸引所有人的目光，因为他完美地诠释了皇家海军顽强战斗的精神。几百年以来，英国的外交政策始终建立在海上主权的基础上。为此，英国付出了巨大的人力和财力，但这些付出是值得的。每当英国被其他国家入侵，皇家海军总是能够迎难而上、化解危机。

拿破仑·波拿巴加冕称帝

讽刺漫画：小威廉·皮特在沃尔默城堡指挥对抗法军的行动

即将来临的风暴，让小威廉·皮特再次回到前线。巧合的是，小威廉·皮特重新担任首相的日子，即1804年5月18日，也是拿破仑·波拿巴正式称帝的那一天。不在位的这段时间，小威廉·皮特并非只扮演了旁观者的角色。《亚眠和约》签订前，小威廉·皮特住在沃尔默城堡，经常和正在唐斯指挥皇家海军的霍雷肖·纳尔逊会谈，商讨如何应对拿破仑·波拿巴的入侵。如今，大家仍然可以前去参观小威廉·皮特和霍雷肖·纳尔逊当时会谈的房间。在深入沟通后，他们的思想和深刻见解迸发出许多合作灵感，最终成就了霍雷肖·纳尔逊的胜利绝响。无论如何，1803年《亚眠和约》破裂后，小威廉·皮特和霍雷肖·纳尔逊的联合抚慰了英国人惶恐不安的心情。特拉法尔加战役的胜利像一阵旋风，吹散了英国人对战败的恐惧。

拿破仑·波拿巴的作战计划，延续了法兰西人几百年来的传统，即通过袭击英国其他地方故意吸引皇家海军的注意力，从而趁机派遣法兰西陆军入侵不列颠群岛。由于法兰西军队缺乏指挥才能高超的军事将领，上述战略很难取得成功。即使偶尔能够成功，也是在利用风力航行的木船时代。到了以蒸汽为主要动力、鱼雷为主要武器、钢铁为造船主要材料的航海时代，法兰西军队的战略就很难奏效了。

特拉法尔加战役

进入19世纪后,特拉法尔加战役爆发前几个月发生的事情引起了历史学家的强烈兴趣。阿尔弗雷德·塞耶·马汉的最新作品对特拉法尔加战役做出了清晰描述。通过分析特拉法尔加战役爆发前法兰西第一共和国和英国的官方文件,阿尔弗雷德·塞耶·马汉向我们展示了拿破仑·波拿巴入侵英国计划制定的全过程,尤其是根据突发事件做出的有关调整。这些事件值得我们关注,因为它们能够清晰地展示该时期的英国外交政策。

《亚眠和约》破裂后,英国对法兰西的港口实施了严格封锁,还派遣皇家海军舰队在欧洲海域、英国殖民地附近巡航,以保护英国的海上贸易。拿破仑·波拿巴没有料到,英国如此迅速地恢复了以往的外交政策,并且准确预料到了自己的下一步行动。亨利·阿丁顿担任首相期间,英国皇家海军的兵力被大幅削减。幸好,在造成严重后果前,皇家海军的损失得到了弥补。不过,霍雷肖·纳尔逊的能力抵得上一支舰队。法兰西海军尚未形成气候,只能通过增加小型军舰和平底船的数量来扩充实力,为发动进攻做准备。拿破仑·波拿巴只能借用其他国家的海军增强法兰西海军的整体实力。

拿破仑·波拿巴的初始计划是通过占领汉诺威,摧毁英国在欧洲北部、汉萨同盟各城,尤其是汉堡等地的贸易;通过占领奥特朗托半岛阻碍英国与地中海和印度等地的往来,从而更好地控制摩里亚、伊奥尼亚群岛和埃及。拿破仑·波拿巴的举动引起了霍雷肖·纳尔逊的警惕。拿破仑·波拿巴对那不勒斯王国的兴趣让霍雷肖·纳尔逊意识到,为黎凡特提供保护十分重要。准备入侵英国时,拿破仑·波拿巴希望先引开英国皇家海军的注意力,正如法兰西统治者一直以来做的那样。然而,拿破仑·波拿巴初始计划的实施面临着很大的风险,可行性极低。许多历史学家都猜测,拿破仑·波拿巴并没有真正打算入侵英国,但阿尔弗雷德·塞耶·马汉不这么认为。

尽管英国皇家海军舰队并没有将所有兵力集中在英吉利海峡,但多数英国护卫舰都在密切关注着停泊在法兰西和荷兰的港口的船。1801年,霍雷肖·纳尔逊和悉尼·史密斯率领英国皇家海军小分队,挫败了试图入侵英国的

威廉·康沃利斯

法兰西海军。英国皇家海军官兵拥有谨慎的性格、高超的军事能力，在英国海岸线的掩护下，能够挡住最英勇的敌人。不过，这只是英国防御计划的一部分。在布雷斯特，由英国海军上将威廉·康沃利斯率领的大型海军舰队抱着必胜的决心成功包围了法兰西舰队，阻止了法兰西人继续入侵。几艘英国皇家海军军舰在斯皮特黑德和唐斯停泊，另外几艘在北海巡航，将威廉·康沃利斯率领的皇家海军舰队保护起来，以此保证突发事件发生时，英国全体军舰能够迅速集结，防止法兰西海军舰队趁机逃跑。

霍雷肖·纳尔逊始终关注着土伦的法兰西海军舰队的一举一动。由于地中海海面广阔，皇家海军舰队和土伦的法兰西海军舰队很难正面相遇。霍雷肖·纳尔逊似乎在利用土伦的法兰西海军舰队控制局势，但没人能猜透他的心思。在拿破仑·波拿巴1798年拟定的初步计划里，攻占埃及和印度是他企图引诱英国皇家海军驶离地中海的主要意图。尽管拿破仑·波拿巴后来更改了作战计划，但霍雷肖·纳尔逊仍然将保卫埃及和印度视为首要职责。霍雷肖·纳尔逊相信，接下来，土伦的法兰西海军舰队将会前往埃及，其他法兰西海军舰队则趁机驶入英吉利海峡，为拿破仑·波拿巴入侵英格兰或爱尔兰提供支援。然而，这一切能够成立的前提是，拿破仑·波拿巴手下有一个值得信赖、能力一流的法兰西海军上将。

阿尔弗雷德·塞耶·马汉认为，霍雷肖·纳尔逊之所以命令皇家海军舰队停泊在撒丁岛北部的马达莱纳岛，以及在土伦监视法兰西舰队时驾驶护卫舰前往西班牙和意大利的中间地带，是因为时任英国海军上将的约翰·杰维斯勋爵此时已经不在自己的军舰上。霍雷肖·纳尔逊的缺位似乎也证实了阿尔弗雷德·塞耶·马汉的观点。另外，霍雷肖·纳尔逊时常责怪自己，没能成功封锁住

约翰·杰维斯勋爵

法兰西海军，让他们趁机溜走了。霍雷肖·纳尔逊之所以会拥有上述复杂的心理，也许是因为他发现，以自己的舰队实力很难彻底封锁土伦的法兰西海军舰队。因此，他命令皇家海军舰队继续停泊在土伦，同时派出数艘护卫舰外出巡逻。我们可以推定，霍雷肖·纳尔逊当时的选择完全是出于个人意志，而非受他人胁迫。

历史已经证明，在土伦，霍雷肖·纳尔逊对法兰西海军舰队的封锁是完全失败的。1804年，皮埃尔-夏尔·维尔纳夫接替了路易-勒内·勒瓦索尔·德·拉图什·特雷耶。1805年，皮埃尔-夏尔·维尔纳夫毫不费力地从霍雷肖·纳尔逊的封锁中逃走，随后又返回土伦修缮在风暴中受损的法兰西军舰，没有引起皇家海军的任何注意，为拿破仑·波拿巴实施下一步计划创造了条件，尽管该计划最终未能成功。在当时的条件下，霍雷肖·纳尔逊只剩下一种方法可以反败为胜，那就是近距离同时封锁布雷斯特和土伦的法兰西海军舰队，即使偶尔在航行中落后，也要立刻跟上它们。在以蒸汽为主要动力的战争中，装甲舰必须能够在各种天气下出航，否则英国必将面临被入侵的危险。此外，为了最大

皮埃尔-夏尔·维尔纳夫

路易-勒内·勒瓦索尔·德·拉图什·特雷耶

程度地争取优势,在被封锁的港口附近,英国必须有另外一支实力相当的备用海军舰队。这些都是从拿破仑战争中得到的宝贵经验,对未来的海战具有极强的借鉴意义。

1805年,似乎因为对皮埃尔-夏尔·维尔纳夫不够信任,所以拿破仑·波拿巴拟定了一个新计划。尽管皮埃尔-夏尔·维尔纳夫是拿破仑·波拿巴手下最优秀的海军上将,但拿破仑·波拿巴对他在关键时刻的失败十分不满意。难道此时拿破仑·波拿巴手下就没有其他优秀海军军官了吗?拿破仑·波拿巴决心削弱入侵英国计划中土伦的法兰西海军舰队起到的重要作用,不再命令这支舰队开往英吉利海峡和掩护法兰西军队登陆。同时,布雷斯特的法兰西海军舰队指挥官奥诺雷·约瑟夫·安托万·冈托姆将会率领法兰西海军舰队,在风暴中伺机逃脱威廉·康沃利斯的封锁,前往英吉利海峡为法兰西军队入侵英国提供掩护。土伦和罗什福尔的法兰西海军舰队前往西印度群岛,引诱在西印度群岛守卫殖民地的三十艘英国军舰。同时,拿破仑·波拿巴也在实施入侵英国的计划。这样一来,在英吉利海峡集结的法兰西海军舰队实力最终会超过威廉·康沃利斯率领的皇家海军舰队。

拿破仑·波拿巴接受了部下提出的建议,吸纳西班牙海军舰队以增强法兰西海军舰队的实力。西班牙海军舰队无法拒绝,只能加入法兰西海军舰队。拿破仑·波拿巴的举动触怒了英国人。加入法兰西海军舰队有悖于西班牙人自古以来的信条——"就算与全世界为敌,也要与英国人和平相处"。在历史上,该信条的正确性多次得到验证,在伊丽莎白一世女王统治时期已经被西班牙人铭记在心。没有了西班牙人的阻碍,英国的海上霸权才得以建立。其实,对英国来说,即使西班牙海军舰队加入法兰西海军舰队,也并不会造成太大影响。英国人深知,一支强大的海军舰队不仅需要数量上占据优势的大型军舰,也需要作战效率高超的武器装备、海军官兵和水手。由于缺乏海上作战经验,拿破仑·波拿巴错误地套用了在陆地上作战的策略,尽管他和手下都知道,两艘西班牙军舰的战斗力才勉强抵得上一艘法兰西军舰,并且吸收西班牙军舰作战存在很大的风险。拿破仑·波拿巴希望荷兰海军舰队也能加入自己的作战队伍，但特拉法尔加战役的惨败让他暂时搁置了这个想法。土伦舰队尽管仍受皮埃尔-夏尔·维尔纳夫指挥，但现在奉拿破仑·波拿巴之命从速返回。不料，在没有正式宣战的情况下，英国人截获了运往法国的西班牙珍宝船队。英国人的做法被法兰西人指责为海盗行为，但西班牙历史学家普遍认为英国人的举动并无不妥。1807年，英国人截获过一艘丹麦珍宝船，船上装载的也是法兰西人的财产。

1805年3月2日，由于再次遭遇海上风暴，逃脱霍雷肖·纳尔逊追捕的皮埃尔-夏尔·维尔纳夫率领手下的法兰西海军舰队再次返回土伦。此时，特拉法尔加战役已经爆发。皮埃尔-夏尔·维尔纳夫和奥诺雷·约瑟夫·安托万·冈托

奥诺雷·约瑟夫·安托万·冈托姆

姆收到了拿破仑·波拿巴的命令。最终，拿破仑·波拿巴的全盘计划为世人所知。皮埃尔-夏尔·维尔纳夫被要求率领舰队前往加的斯，与停泊在加的斯的法兰西军舰会合，随后一起前往马提尼克，等待奥诺雷·约瑟夫·安托万·冈托姆的舰队，如果超过四十天依旧没有等到，就将会合地点变更为加那利群岛。会合后的皮埃尔-夏尔·维尔纳夫将会率领共计四十艘军舰，协助法兰西陆军入侵英国。然而，奥诺雷·约瑟夫·安托万·冈托姆始终无法找到合适的机会突破英国皇家海军舰队的封锁。他曾请求拿破仑·波拿巴让自己与英国皇家海军舰队正面开战，因为此时皇家海军封锁舰队的军舰已经从二十一艘减到十四艘。拿破仑·波拿巴拒绝了奥诺雷·约瑟夫·安托万·冈托姆的请求，使法兰西海军舰队失去了一次关键机会。拿破仑·波拿巴认为，在占据力量优势的情况下，奥诺雷·约瑟夫·安托万·冈托姆也有可能会失败。也许，这种推测是对的。拿破仑·波拿巴的目的是在法兰西海军舰队抵达英吉利海峡前，尽量避免与英国皇家海军爆发直接冲突。拿破仑·波拿巴尽管后来斥责奥诺雷·约瑟夫·安托万·冈托姆胆小怕事、不愿冒险，但应该对自己拒绝奥诺雷·约瑟夫·安托万·冈托姆直接开战的请求负主要责任，尤其是在当时法兰西海军力量更胜一筹的情况下。

一旦时机出现，就要果断地摧毁敌人。这是各国海军迅速赢得海战的唯一捷径。英国皇家海军总是采取上述策略，但法兰西人很少能做到这一点。因此，即使最优秀的法兰西军官也无法在海战中表现出参与陆战时那种勇往直前的精神。这与法兰西人的性格有关。法兰西人总是被要求防守，而不是进攻；总是在追求遥远的目标，而不是应对眼前的敌人。因此，他们无法把握住机会，更无法实现宏伟目标。在陆战中，上述失败的情形会极大地削弱军队士气，在海战中更是致命性打击。

最终，1805年3月31日，皮埃尔-夏尔·维尔纳夫率领法兰西海军舰队逃走，霍雷肖·纳尔逊拼尽全力展开追捕，直到他持之以恒的付出获得胜利。但霍雷肖·纳尔逊辉煌的一生也在胜利中画上了句号。最终，英国人与法兰西人的海上战争落下帷幕。我们必须简要总结这段惊心动魄的历史。霍雷肖·纳尔逊一路航行到亚历山大港。他坚信皮埃尔-夏尔·维尔纳夫一定会朝埃及方向航行。霍雷肖·纳尔逊仍然没能发觉,拿破仑·波拿巴打算让土伦的法兰西海军舰队成为入侵英国的主力。霍雷肖·纳尔逊的疏忽也许是因为拿破仑·波拿巴的著名论断,即东方①是大英帝国军事实力最薄弱的地区。拿破仑·波拿巴狡猾地让盟友和敌人相信,夺取埃及仍然是自己的主要目标。霍雷肖·纳尔逊过去的经历更是加深了他对拿破仑·波拿巴意图的错误判断。

1805年3月31日第二次逃跑后,皮埃尔-夏尔·维尔纳夫发现霍雷肖·纳尔逊对法兰西海军舰队的逃跑路线毫无头绪。1805年4月16日,霍雷肖·纳尔逊率领皇家海军穿越了直布罗陀海峡。1805年5月13日,皮埃尔-夏尔·维尔纳夫率领着手下的十八艘法兰西军舰抵达马提尼克。但霍雷肖·纳尔逊被狂风困在了地中海,直到1805年5月11日才得以离开直布罗陀海峡。此时,皮埃尔-夏尔·维尔纳夫已经与霍雷肖·纳尔逊拉开了一个大西洋的距离。

从直布罗陀离开后,霍雷肖·纳尔逊没有再次失误。英国护卫舰传来情报,皮埃尔-夏尔·维尔纳夫开始向西印度群岛出发。霍雷肖·纳尔逊命令皇家海军舰队以最快的速度追捕法兰西海军舰队。霍雷肖·纳尔逊竭力试图接近法兰西海军舰队,或者打乱法兰西海军舰队的计划,阻止法兰西海军舰队入侵西印度群岛的英国殖民地。霍雷肖·纳尔逊希望,皇家海军能在两支法兰西海军舰队会合前追上皮埃尔-夏尔·维尔纳夫。拿破仑·波拿巴再次失误,过于贪婪让他最终一无所获。在拿破仑·波拿巴看来,与入侵英国的计划相比,攻占西印度群岛显得有些微不足道。只有法兰西海军舰队在西印度群岛附近停留,成功吸引英国皇家海军的注意力,拿破仑·波拿巴打乱英国皇家海军作战计划的目标才能实现。然而,法兰西海军在西印度群岛停留的时间越久,拿破仑·波拿巴入侵英国的计划就越晚实现。拿破仑·波拿巴只能把握住最后的机

---

① 东方,这里指西方史学界认为的地中海东部地区。——译者注

会，命令所有法兰西海军军舰在布雷斯特集合，确保法兰西海军舰队的整体实力超过威廉·康沃利斯率领的皇家海军，并且在前往保卫西印度群岛的皇家海军赶回前，协助法兰西陆军入侵英国。当皮埃尔-夏尔·维尔纳夫收到霍雷肖·纳尔逊率领的皇家海军即将接近的消息，霍雷肖·纳尔逊距离他已经只有一百多英里。如果霍雷肖·纳尔逊没有收到关于法兰西海军舰队即将前往特立尼达的错误消息，皮埃尔-夏尔·维尔纳夫就无法趁机率领法兰西海军舰队逃走，并且根据拿破仑·波拿巴的最新指令向欧洲行进。

霍雷肖·纳尔逊的远见对皇家海军的胜利起到了关键作用。他派出几艘护卫舰向北航行，打探皮埃尔-夏尔·维尔纳夫的下落。霍雷肖·纳尔逊猜测皮埃尔-夏尔·维尔纳夫应该是在向费罗尔行进，因为一支由西班牙军舰和法兰西军舰组成的混合舰队已经被一支皇家海军分队封锁在费罗尔。霍雷肖·纳尔逊选择向直布罗陀航行，也就是他此前出发的地方。霍雷肖·纳尔逊这样做的目的有两个：一是防止皮埃尔-夏尔·维尔纳夫占领直布罗陀，二是继续等待新的指令。法兰西海军舰队的航行速度很慢。刚刚摸清法兰西海军舰队行踪的英国护卫舰立刻赶往英格兰传递情报。此时，小威廉·皮特刚刚任命查尔斯·米德尔顿担任海军部大臣。查尔斯·米德尔顿是一个八十多岁、作战经验丰富的军人，有着极高的军事才能。小威廉·皮特即将开始发挥重要作用。小威廉·皮特迅速派遣几艘护卫舰给威廉·康沃利斯传达指令，要求威廉·康沃利斯前去支援驻守费罗尔的英国海军上将罗伯特·考尔德。为了成功拦截皮埃尔-夏尔·维尔纳夫率领的法兰西海军舰队，罗伯特·考尔德从费罗尔向西航行了一百多英里。威廉·康沃利斯被要求对法兰西海军舰队实施快速封锁。霍雷肖·纳尔逊和正在封锁加的斯的英国海军中将卡斯伯特·科林伍德则开始向南航行。

上述安排都非常成功，但罗伯特·考尔德率领的十五艘军舰不足以与皮埃尔-夏尔·维尔纳夫率领的二十艘军舰抗衡。至少罗伯特·考尔德是这么认为的。得到威廉·康沃利斯的支援后，罗伯特·考尔德实力大增。但罗伯特·考尔德仍然没有主动开战。特拉法尔加战役结束后，由于未能英勇应战，罗伯特·考尔德接受了军事法庭的审判。罗伯特·考尔德恐怕是历史上唯一一个因赢得战役而被审判的军官。无论如何，罗伯特·考尔德都成功削弱了法兰西海军舰队的实力。趁罗伯特·考尔德暂时离开费罗尔，法兰西军舰偷偷驶入费罗尔，将在此停泊的法兰西军舰数量增加到二十九艘。得到消息的罗伯特·考尔德立刻放弃封锁，与威廉·康沃利斯率领的皇家海军舰队会合。虽然罗伯特·考尔德的犹豫不决与霍雷肖·纳尔逊和卡斯伯特·科林伍德取得的辉煌胜利形成了鲜明对比，但威廉·康沃利斯同样犯了错误。威廉·康沃利斯误判了形势，分散了手下的皇家海军舰队力量，只派了十八艘英国军舰前往费罗尔。威廉·康沃利斯和罗伯特·考尔德的失误让法兰西海军舰队占据上风。现在，

罗伯特·考尔德

皮埃尔-夏尔·维尔纳夫拥有二十九艘军舰，几乎是罗伯特·考尔德或威廉·康沃利斯手下军舰数量的两倍。即使是一个指挥才能平庸的法兰西海军将领，也会抓住机遇，利用罗伯特·考尔德的劣势，对罗伯特·考尔德或威廉·康沃利斯手下的英国皇家海军舰队发动攻击。如果当时法兰西海军舰队能够成功扭转局势，并且天气条件也允许，那么拿破仑·波拿巴入侵英国的计划兴许真的能够成功。

然而，皮埃尔-夏尔·维尔纳夫的行为让拿破仑·波拿巴入侵英国的计划最终落空。皮埃尔-夏尔·维尔纳夫虽然幸运地躲过了霍雷肖·纳尔逊的追捕，但已经耗尽了实力。皮埃尔-夏尔·维尔纳夫并不知道，霍雷肖·纳尔逊离开英国时身体虚弱、疲惫不堪，作战状态不佳，但幸运女神只眷顾勇敢的人。皮埃尔-夏尔·维尔纳夫有勇无谋，最终选择了向南撤退，而不是继续向北前进。1805年10月21日，在试图率领法兰西海军舰队离开加的斯时，皮埃尔-夏尔·维尔纳夫被皇家海军舰队拦截。得到援助的卡斯伯特·科林伍德成功封锁了法兰西海军舰队。皮埃尔-夏尔·维尔纳夫已经无法逃脱，尽管他刚刚收到拿破仑·波拿巴的命令，被要求赶往地中海为发生在意大利的战役提供支援。同时，霍雷肖·纳尔逊从英国赶来，接手了卡斯伯特·科林伍德率领的皇家海军舰队。皮埃尔-夏尔·维尔纳夫发现自己已经失去了拿破仑·波拿巴的信任，自身职位即将不保，更失去了继续作战的信心。皮埃尔-夏尔·维尔纳夫的懦夫行为是可耻的，因为他更重视荣誉，而不是职责。在下达指令时，拿破仑·波拿巴不知道卡斯伯特·科林伍德已经得到了援军支持。法兰西海军舰队失败的责任，主要归咎于皮埃尔-夏尔·维尔纳夫。在十分偶然的情况下，法兰西海军舰队排出了新月队形。这是应对敌人纵阵进攻的最佳防御队形。但皮埃尔-夏尔·维尔纳夫仍然要求手下舰队恢复纵列队形。当时，法兰西海军舰队的数量优势并不明显，皮埃尔-夏尔·维尔纳夫却要求费德里科·格拉维纳单独率领十二艘法兰西军舰形成一支独立的后备军。这是一个致命的错误。当法兰西海军舰队匆忙逃往加的斯，英国皇家海军舰队正位于法兰西海军舰队的左侧时，费德里科·格拉维纳率领的法兰西海军舰队却掉队了，被卡斯伯特·科林伍德率领的皇家海军逐个俘虏。

霍雷肖·纳尔逊凭直觉判定，拿破仑·波拿巴的核心策略是夺取地中海。他没有预料到，拿破仑·波拿巴的首要目标其实是入侵英国。然而，霍雷肖·纳尔逊的推测仍然发挥了重要作用。此前，我们提到，从西印度群岛回到英国的霍雷肖·纳尔逊迅速前往直布罗陀海峡。当霍雷肖·纳尔逊加入卡斯伯特·科林伍德率领的皇家海军舰队时，他的首要目标依然是阻止法兰西海军舰队从加的斯逃往地中海。于是，霍雷肖·纳尔逊下定决心拦截法兰西海军舰队。他也沿用了引诱法兰西海军舰队并趁机将其歼灭的原始计划。霍雷肖·纳尔逊命令皇家海军舰队驶离西班牙海岸，只留下几艘英国护卫舰传递情报。然而，海上近距离作战和在撒丁岛北部海岸停泊是两种完全不同的战术。皮埃尔-夏尔·维尔纳夫已经驶出直布罗陀海峡，无法撤退到加的斯。除与英国皇家海军开战外，他已经别无选择。感到失败即将来临的皮埃尔-夏尔·维尔纳夫，很明智选择了坚守加的斯。事实上，在正式开战前，拥有三十三艘军舰的西班牙人和法兰西人就已经输给了仅有二十七艘军舰的英国人。我们只能钦佩法兰西人在身处绝境时表现出的勇气。

关于特拉法尔加战役的相关记述非常精确。任何关于特拉法尔加战役的全新观点一旦出现，很快就会被历史学家判定真伪。特拉法尔加战役正式爆发前，胜负已成定局。在歌颂胜利者的同时，我们不禁同情起注定战败的法兰西海军舰队和西班牙海军舰队。无论如何，霍雷肖·纳尔逊都会是英国海军史上最杰出的英雄。他临终前留下的遗言、与战友的最后一次拥抱、最后一次履行职责等举动，都让这段历史染上了一丝浪漫色彩。霍雷肖·纳尔逊的战斗史诗，可以与希腊神话和罗马史诗媲美，并且内容完全真实。虽然霍雷肖·纳尔逊的人生传奇比诗歌更荡气回肠、扣人心弦，但遗憾的是，他的故事从未被人写入诗歌，只在散文和歌谣中出现过。

在战争史上，与《亚眠和约》的签订和被撕毁相比，特拉法尔加战役的影响更深远。《亚眠和约》只是一个停战协议，撕毁《亚眠和约》也是战争的一种延续，并且战争的指导原则和战争中使用的武器都没有任何改变。欧洲反法同盟再次建立起来，并得到英国的资金援助。英国皇家海军实力持续增长，捍卫着英吉利海峡和地中海的安全，为封锁法兰西港口做准备。皇家海军分队保护着英国在全球的贸易活动。成百上千个志愿者的加入壮大了英国陆军的实力。英国陆军从未面临战争的真正考验，因为特拉法尔加战役的胜利，阻止了法兰西海军舰队和法兰西陆军的任何挑衅和侵略。

　　特拉法尔加战役的爆发意味着战争史步入了新的发展阶段。拿破仑·波拿巴是第一个察觉到上述变化的人。皮埃尔-夏尔·维尔纳夫撤退到加的斯后，拿破仑·波拿巴没有坐以待毙。他不会让皮埃尔-夏尔·维尔纳夫破坏自己的宏伟计划和远大理想。特拉法尔加战役爆发的几天前，已经预料到战败结果的拿破仑·波拿巴解散了驻扎在布洛涅的军队，开始准备入侵奥地利帝国。拿破仑·波拿巴认为，幸存下来的法兰西海军舰队已经丧失了作战能力，甚至很快会被彻底摧毁。接下来，他能做的就是通过赢得决定性的陆地战争，而非海上战争的方式，打败英国的盟友。拿破仑·波拿巴相信，取得对英国盟友陆地战争的胜利，能够帮助自己实现此前1798年远征埃及和入侵英国均未能达到的目标。每到关键时刻，英国人总是能够打败法国人。英国的制造业和全球贸易，为战争提供了无穷无尽的资金来源。拿破仑·波拿巴认为，只要阻止英国人前往他们的贸易市场，就可以截断他们的资金来源。如果整个欧洲海岸港口都对英国施行封闭政策，英国人很快就会尝到苦果。拿破仑·波拿巴如果成功入侵邻国，与欧洲其他国家缔结条约，就能在海上封锁英国的贸易；但如果失败了，就只能通过征服全欧洲的方式来实现自己的宏伟目标。

　　进入19世纪后，关于拿破仑·波拿巴的上述观点又流行起来。阿尔弗雷德·塞耶·马汉十分赞同这种观点。对此，英国人也不陌生。但我们不能因此推测，在放弃布洛涅，任凭法兰西皇家海军被彻底摧毁后，拿破仑·波拿巴还能坚持在接下来八年里实施这个宏大而复杂的计划。拿破仑·波拿巴始终坚持

奥斯特利茨战役前拿破仑·波拿巴和他的军队

从各种事件中总结经验，也意识到了瓦解小威廉·皮特正在努力构建的反法同盟①非常必要。如果除建立法兰西第一帝国外，拿破仑·波拿巴还有其他统治目标，那么这个目标必然就是他采取行动的动机。沉浸在征服欧洲政策中的拿破仑·波拿巴知道，自己的政策与欧洲已经持续数百年的纷争密切相关。但他并没有料到，自己的最终失败将会改变欧洲各国相互敌对的局面，并且法兰西人会再次与英国人结为盟友。

特拉法尔加战役结束后迅速爆发的奥斯特利茨战役，显露出新型战争的特征，标志着英国人已经忘却了免于被拿破仑·波拿巴入侵的喜悦，再次陷入了对战争爆发的恐惧。拿破仑·波拿巴的千军万马似乎打算征服欧洲大陆上的所有国家，还要摧毁英国为限制法兰西第一帝国扩张而缔造的反法同盟。欧洲大陆已经不可能再出现一个海上帝国，因为欧洲大陆其他国家没有英国那样强大的财政实力。惨淡的前景给了筋疲力尽的小威廉·皮特最后一击，他的父

---

① 由奥地利帝国、普鲁士王国、俄罗斯帝国和英国组成。——原注

亲老威廉·皮特也曾遭遇过类似困境。英国有史以来最杰出和最成功的两位首相——老威廉·皮特和小威廉·皮特,并没有在爱德华·霍克和霍雷肖·纳尔逊令他们名声大噪时去世,而是分别在美国独立战争和拿破仑战争时期去世。小威廉·皮特这个带领英国走出风暴的领航员,霍雷肖·纳尔逊这个像海神一样主导皇家海军的杰出领袖,都为英国人未来的命运呕心沥血。

即使在境况最艰难时,老威廉·皮特和小威廉·皮特也没有向压力屈服,英国商人更是如此。那些因法兰西海军舰队被摧毁而失去工作的法兰西水手,纷纷成了法兰西海盗,试图在海上掠夺英国商船。然而,皇家海军舰队派出了大批护卫舰,负责护送海上的英国商船,让法兰西海盗无计可施。诗人乔治·戈登·拜伦曾用不朽的诗篇,记录下当时护卫舰护送英国商船的常见景象。然而,我们如果想深入研究战争时期和和平时期的英国皇家海军,需要读一读《梅特涅传》。1793年夏,年轻的奥地利外交大臣克莱门斯·温策尔·冯·梅特涅曾经来到怀特岛的一座山丘。他看到在斯皮特黑德,乔治·豪率领的大型舰队正分成三支舰队停泊,左右两侧都有大型护卫舰队保护。随着乔

乔治·戈登·拜伦

克莱门斯·温策尔·冯·梅特涅

治·豪一声令下，三支舰队同时开始行进，有如军事演习。在护卫舰的守护下，成群结队的英国商船驶向远方。一部分英国商船穿过英吉利海峡前往北海，另一部分英国商船穿过英吉利海峡前往地中海、印度、非洲、西印度群岛和北美洲海岸。克莱门斯·温策尔·冯·梅特涅怀着无比敬佩的情感，用文字记录下了以上壮观的场景。

与冰冷的数据相比，克莱门斯·温策尔·冯·梅特涅描绘的生动历史画面更能加深普通读者的印象。阿尔弗雷德·塞耶·马汉为我们更详细、形象地展示了拿破仑·波拿巴采取军事手段打压英国贸易的情形。与其他历史学家相比，阿尔弗雷德·塞耶·马汉的优势在于，他能够采取中立态度看待问题。为了表述自己对英国贸易问题的看法，克莱门斯·温策尔·冯·梅特涅采用了编年史的叙述方式。首先，他描述了法国大革命到1806年的历史。在法兰西政权频繁更迭后，拿破仑·波拿巴决定孤立英国，颁布了《柏林法令》。其次，克莱门斯·温策尔·冯·梅特涅描述了从《柏林法令》实施到《米兰法令》实施期间的历史，分析了《柏林法令》和《米兰法令》失败的原因，以及1812年战争期间英国对中立国家的态度。

法国大革命爆发后，英国花了六年时间，最终成为欧洲海军实力最强大的国家，法兰西海军却从此一蹶不振。起初，中立国家的海上贸易数额逐年增长。英国海外贸易的增长速度已经无法跟上英国的商品生产速度，甚至需要借用美利坚合众国的商船进行运输。不久后，英国政府开始打击借用美利坚合众国商船运输英国商品的行为。法兰西人一直相信，可以通过摧毁英国贸易打败英国。因此，法兰西人将任何运输英国商品的中立国家视为敌人。美利坚合众国及其他中立国家因此遭受了双重打击。它们的抗议没有任何效果。英国逐渐树立起新的发展原则，即英国应该成为世界贸易的中心。对此，阿尔弗雷德·塞耶·马汉非常赞赏，将英国的新发展原则称为"大构想"。

英国坚持认为，任何向法兰西第一帝国运输货物的中立国家都犯了"走私罪"。通过这种方式，英国成功地孤立了法兰西第一帝国，强迫法兰西人转而依靠国内资源。从英国及其殖民地生产的糖、咖啡、布料、日常用品等商品，只能通过走私和官员的腐败行为运到法兰西第一帝国。法兰西国内的商品价格因此大幅上涨，供应商也获得了极高利润。英国选择在欧洲的中立国家储存上述货物，起初是在荷兰共和国。当荷兰共和国被法兰西人攻破后，英国人将货物转移到了位于易北河河口和威悉河河口的城镇，尤其是汉堡。特拉法尔加战役和奥斯特利茨战役结束后，法国人试图通过在欧洲大陆排挤英国贸易来摧毁英国的计划全部落空，并且起到了相反效果。

英国取得的飞速发展反映了小威廉·皮特坚持和平的重要性。小威廉·皮特一直担心英国所处的和平发展环境会被战争终结。当举国上下强烈要求开战时，小威廉·皮特始终希望能够维持和平。拿破仑·波拿巴企图限制英国贸易发展的一系列措施没有达到预期效果。英国的制造业水平领先世界，工人从周边国家不断涌入英国工厂。英国的乡村迅速发展为城镇，城镇又升级为大城市。煤矿的发现和运河系统的完善，让英国得以继续开疆拓土。英国的港口挤满了来往于世界各地的商船。英国商船的航线覆盖了世界上的每一片海域。英国的社会结构持续完善，国家税收逐年增加。英国经济繁荣，不仅极大地提高了英国人的民族自信心，还激发了他们希望尽早结束战争的愿望。英国人希望，在停止缴纳战争税的前提下，更好地享受物质财富，实施有利于中下层人民的改革措施。因此，得知《亚眠和约》签订的消息时，英国人民喜出望外，伦敦人民更是高度赞扬了正式签署《亚眠和约》的约瑟夫·波拿巴，尽管霍雷肖·纳尔逊在听到停战消息时怒不可遏。

拿破仑·波拿巴的挑衅行为让英国人最终明白，要想继续过富足的生活，就必须与法兰西第一帝国决一死战。当最终《亚眠和约》被撕毁，英国的盟友接连投降，小威廉·皮特去世，拿破仑·波拿巴宣称不仅要将英国商品，还要将每个英国人赶出欧洲时，英国人只能抱着视死如归的信念。英国人在历史上取得的辉煌成就、其与生俱来并在过去几百年中持续增强的民族自豪感，以及一往无前的冒险精神，都决定了他们绝不会轻易向拿破仑·波拿巴屈服。

1798年到1807年，英国外交政策可以用一句话概括：与拿破仑·波拿巴而不是法兰西人民决战到底，与世界其他愿意合作对抗拿破仑·波拿巴的国家结为盟友。在拿破仑战争中，英国无论采取何种措施，都绝不会轻易放弃自古以来赢得的海上特权。这种精神也导致英国在1812年与美利坚合众国开战。拿破仑·波拿巴即将统治全世界，他所谓的"大陆封锁"理念也传遍了被他征服的国家。拿破仑·波拿巴开始逐渐暴露出"人类公敌"的真实面目。

第 10 章

拿破仑战争时期的英国外交政策

(1807 年到 1808 年)

精彩看点

战事补贴系统的瓦解——查尔斯·詹姆斯·福克斯的失败——废除奴隶贸易——英国人对奴隶制的责任——英国新内阁——乔治·坎宁的优点——拿破仑·波拿巴与西班牙王国——"西班牙溃疡"——乔治·坎宁对西班牙王国的外交政策——乔治·坎宁捍卫英国的传统外交政策——波罗的海的状况——拿破仑·波拿巴的欧洲大陆封锁政策——法国人占领葡萄牙王国——专注贸易的英国人——法兰西第一帝国对欧洲政策的影响——乔治·坎宁接受挑战——乔治·坎宁外交政策的起因——乔治·坎宁权力的秘密

虽然英国在贸易上领先世界只是时间问题，但英国政府和英国人民并不会只满足于贸易上的成功。这个曾沉重打击过西班牙国王腓力二世和法兰西国王路易十四的国家，坚信自己将协助欧洲国家对抗企图称霸世界的拿破仑·波拿巴。此时，英国面临的最大难题，就是如何找到撬动拿破仑·波拿巴势力的支点。1806年，历史悠久的欧洲国家纷纷匍匐在拿破仑·波拿巴这个"现代查理曼大帝"的铁骑之下。奥地利帝国和普鲁士王国接连被法兰西军队打败。在奥斯特利，当两国军队会合时，普鲁士军队遭到了法兰西军队的突袭。在艾劳和弗里德兰，法兰西军队打败了俄罗斯军队，让亚历山大一世颜面尽失。"莱茵邦联"进一步扩大了法兰西第一帝国在欧洲的势力范围。英国无法再向被法兰西军队占领的国家提供资金支持。在拿破仑·波拿巴所向披靡的铁骑下，欧洲的独立国家已经所剩无几。英国皇家海军无处施展才华，英国在印度的殖民地也不再面临随时被入侵的危险。

在理查德·韦尔斯利和弟弟威灵顿公爵阿瑟·韦尔斯利的管理下，英国的管理制度已经在印度建立起来。

然而，英国应该如何对付欧洲征服者拿破仑·波拿巴呢？小威廉·皮特去世后，掌握大权但实力虚弱的查尔斯·詹姆斯·福克斯和威廉·格伦维尔正面临着上述难题。传统的英国外交政策需要重新调整，但合适的时机尚未到来。

艾劳战役

艾劳战场上的拿破仑·波拿巴

弗里德兰战场上的拿破仑·波拿巴

法国骑兵在弗里德兰战场上发起冲锋

查尔斯·詹姆斯·福克斯企图彻底改革英国外交政策。此前，人们一直关注着查尔斯·詹姆斯·福克斯能否争取到和平。这是查尔斯·詹姆斯·福克斯对小威廉·皮特批评最激烈的一点。如今，查尔斯·詹姆斯·福克斯终于获得了与拿破仑·波拿巴正面交锋的机会。查尔斯·詹姆斯·福克斯很快发现，自己此前的观点是错误的。此时，拿破仑·波拿巴势头正盛，绝不可能心甘情愿地与英国展开谈判。查尔斯·詹姆斯·福克斯在改革英国外交政策方面做的努力只是让自己的职业生涯上又多了一个污点。

威廉·格伦维尔领导的所谓"人才济济的内阁"，根本无法应对拿破仑·波拿巴频繁甩出的难题。对南美、埃及、土耳其的拙劣构想和管理不善的数次远征，彻底暴露出该届英国政府的无能。此时，英国静悄悄地侵占了原本属于荷兰共和国殖民地的好望角。不料，这一举动引发了严重的后果。表面上看，英国侵占好望角是为了打通前往印度的捷径，但事实是侵占好望角可以扩大英国在非洲大陆的影响力。

英国下议院最终通过了《1807年奴隶贸易法》。为此，托马斯·克拉克森、威廉·威尔伯福斯等人付出大量心血。他们与英国社会中被广泛接受的普遍观点、激烈偏见和无知愚昧进行了艰苦卓绝的斗争。随着英国开始在非洲大陆西海岸开拓殖民地，来自非洲的黑人逐渐获得了宝贵的自由。《1807年奴隶贸易法》在英国下议院的最终通过与查尔斯·詹姆斯·福克斯和威廉·格伦维尔紧密相关。

此时，我们应该详细回顾一下英国历史中时常被忽略的一个问题。当时的英国政治家很少考虑到推翻奴隶制，但我们不能用现在的道德标准去评判他们。即使是英国政治家中的佼佼者，也没有意识到奴隶制的落后本质。19世纪，美利坚合众国人民对黑人态度的转变，同样经历了漫长、痛苦的过程。贩卖非洲黑奴最初是为了拯救墨西哥和西印度群岛濒临消亡的原住民。因此，在很长的一段时间内，欧洲各国对黑人奴隶制的延续没有提出任何异议。为了补偿英国在维护和平方面做出的牺牲，《乌得勒支和约》给予了英国将非洲黑奴贩卖到西班牙殖民地的特权。当时,没有人质疑过黑人奴隶制的残酷和邪恶,人们只将其看作是某一特定公司的贸易行为。克里斯托弗·科德林顿曾出于传教的目的,将他在西印度群岛的一处地产及其黑人奴隶赠给了新英格兰福音传播协会。但历史记录显示,新英格兰福音传播协会中的主教和其他高级神职人员从未想过解放这些黑人奴隶,尽管他们一向标榜自己的首要目标是教育和救赎。

黑人奴隶是最好的奴隶。这种观点已经成了共识。在西印度群岛服役的英国皇家海军军官逐渐接受了当地种植园主关于黑人奴隶的普遍观念,甚至开始四处宣传这种观念。中间航程①开启初期,曾发生过黑人奴隶在运奴船上

贩奴船上的奴隶

---

① 指一段从非洲西海岸到加勒比海的穿过太平洋的航程。——译者注

大量死亡的悲剧事件。但这并没有引起英国人的重视。运奴船上的恶劣生存条件更加剧了黑人奴隶遭受的痛苦。英国人应该牢记,英国是率先叫停贩卖黑奴活动,同时向其他国家持续施压,逐渐推动整个西方文明世界废除黑奴隶贸易的国家。英国这种强大的影响力源自英国的外交政策。英国外交政策的制定受贸易驱动,以维持海上霸主地位为目标。此外,世界上没有任何一个国家有实力效仿英国,为其种植园主提供两千万英镑,以补偿他们为解放黑人奴隶而承担的损失。

1807年,查尔斯·詹姆斯·福克斯去世。由于他主导的内阁软弱无能,小威廉·皮特一派的余党和辉格党成员开始进入内阁。但他们无法做到像小威廉·皮特在位时那样激励人心。在新内阁中,波特兰公爵亨利·本廷克是名义上的领袖,乔治·坎宁和威灵顿公爵阿瑟·韦尔斯利分别担任外交大臣和爱尔兰事务大臣。我们要额外注意乔治·坎宁及其政治生涯,因为他主导了英国的未来。

多年后,终于成为英国首相的乔治·坎宁重新恢复了小威廉·皮特时期的英国外交政策。作为小威廉·皮特的学生和朋友,乔治·坎宁时常在演讲、诗歌和散文中热情洋溢地赞颂小威廉·皮特。在某种程度上,乔治·坎宁"反雅各宾派"的主张已经取代了埃德蒙·伯克的观点,对英国人产生了深远影响。乔治·坎宁的优点在于,他懂得如何通过激发英国人的同情心,来实现自己或西班牙人的目的。这种优点让乔治·坎宁走到了与拿破仑·波拿巴对抗的最前线。通过让拿破仑·波拿巴派遣法兰西军队前往西班牙,乔治·坎宁推动了拿破仑·波拿巴的最终倒台。我们必须详细解读这段时期英国外交政策的转变,以及与之相关的英国政治家。

征服了欧洲几个最古老的国家后,所向披靡的拿破仑·波拿巴认为自己可以轻易效仿查理曼大帝在西班牙半岛的所作所为。然而,查理曼大帝并不是一个好榜样,因为拿破仑·波拿巴无法通过撒拉逊人的帮助,一路北上到埃布罗河。拿破仑·波拿巴即将实现路易十四"踏平比利牛斯山脉"的梦想。只需下达

约瑟夫·波拿巴

一个指令，拿破仑·波拿巴就可以命令强大的法兰西陆军征服不敢抵抗的西班牙人，并且让哥哥约瑟夫·波拿巴当上西班牙国王。不幸的是，拿破仑·波拿巴需要先与乔治·坎宁切磋。

就在人生即将到达巅峰时，拿破仑·波拿巴第一次感受到了命运的力量。欧洲各国君主、军队和反法同盟纷纷被自己摧毁。拿破仑·波拿巴开始着手实施一项全新的政策。他认为，他目前唯一忧虑的对手英国最终必定会被自己打败。所有欧洲国家都将领略到，被一个仁慈的君主领导将会是何种下场。冲突不断的欧洲国家将会携起手来，成为最和谐的合作者。然而，拿破仑·波拿巴的上述幻想即将被打破。他将会领略到，在军事上软弱、分裂、无能，并且国内治理混乱的欧洲国家，表面上看起来似乎不堪一击，但当它们的人民爱国情绪激昂，并且能从军事实力强大的盟友手中得到援助时，这些欧洲国家人民将会迸发出多么强大的力量！后来，拿破仑·波拿巴将上述经历称作"西班牙溃疡"。也就是说，拿破仑·波拿巴试图入侵西班牙王国的举动最终侵蚀了他此前的胜利成果，让他走上了失败的道路。

在很多方面，乔治·坎宁都是延续小威廉·皮特外交政策的最佳人选。他们的政治立场完全一致。与小威廉·皮特和埃德蒙·伯克一样，乔治·坎宁比"传统托利党"更强烈地反对"福克斯派"的主张。值得注意的是，小威廉·皮特、埃德蒙·伯克与乔治·坎宁已经超越了党派之争。他们的目标是带领英国人走出苦难。这是英国人在所有紧急情况下表现爱国主义的一个典型。在这种爱国主义情绪的感染下，人们会忘记各自的立场，摒弃党派之争。

毫不夸张地说，乔治·坎宁对西班牙王国的外交政策胜过历届英国外交大臣。小威廉·皮特去世后，从奥斯特利茨战役开始的、向欧洲反法同盟提供资金支持的相关外交政策就中止了。乔治·坎宁认为，有必要改革小威廉·皮特的外交政策：一方面，加强管理英国在战争时期向其他国家提供贷款的相关体系；另一方面，英国的黄金和部队应该被用来支持军事实力薄弱的欧洲国家。低地国家的实力已经得到大幅提升。伊比利亚半岛可能会是乔治·坎宁实施全新外交政策的最佳选择，尽管这样做的难度很大，因为没有人知道西班牙王国的真实状况。最明智的政治家会公开表达自己的疑虑。大部分托利党人不信任频繁发生暴乱的西班牙王国，有理由表示犹豫。此外，尽管乔治·坎宁在英国下议院中支持率很高，让他能够克服所有障碍，但大部分辉格党人反对与处在权力巅峰时期的拿破仑·波拿巴继续对抗，其中一些人还是乔治·坎宁的坚定支持者。

后续历史发展证明，乔治·坎宁在西班牙王国的实验危机重重。尽管如此，政治前途一片光明的乔治·坎宁仍然怀着一腔热血，对西班牙人民伸出了援手。此时的英国人已经别无选择。乔治·坎宁的一腔热血源自他对西班牙人民的同情。尽管过程几经波折，但乔治·坎宁帮助西班牙人民的信心被证实是有根据的。回顾乔治·坎宁的一生，我们会发现，除对政治煽动手段的不屑、对法国大革命及其英国支持者的恐惧之外，他始终坚信只要加以引导，英国人民一定会站在自己这边。乔治·坎宁并不像当时的大多数贵族一样，对英国人民始终摆出高高在上的姿态。相反，乔治·坎宁愿意为人民发声，推动保护人民利益的相关立法，激起人民心中的爱国热情。英国人民的态度让乔治·坎宁对西班牙人民和葡萄牙人民充满信心。

　　在对西班牙王国施展外交才能前，乔治·坎宁还曾主导制定了英国有史以来最大胆的战争政策。亚历山大一世被拿破仑·波拿巴在欧洲的成功震撼。出于对英国也极度不满，亚历山大一世希望能够和拿破仑·波拿巴达成协议。拿破仑·波拿巴非常懂得抓住时机的重要性。他对亚历山大一世说："让我们一起瓜分世界。英国很快就会对我们不再构成威胁。你可以占领土耳其、巴尔干半岛和芬兰，我们还可以瓜分波兰。""西方皇帝"拿破仑·波拿巴承诺，自己将会公平对待"东方皇帝"亚历山大一世。1807年7月7日，在尼曼河的一只竹筏上，拿破仑·波拿巴与亚历山大一世签订了《蒂尔西特和约》，还签订了其他秘密条款。这些都瞒不过消息灵通的乔治·坎宁。其中一个秘密条款规定，法兰西第一帝国可以调用丹麦海军舰队对抗英国。得到消息后，乔治·坎宁以迅雷不及掩耳之势，命令英国皇家海军在哥本哈根截住丹麦海军舰队。乔治·坎宁的命令非常及时。拿破仑·波拿巴与亚历山大一世原本打算几天后就利用丹麦海军舰队对付英国皇家海军舰队。然而，在他们相互吹捧时，乔治·坎宁迅速解除了危机。詹姆斯·甘比尔男爵和威廉·肖·卡思卡特伯爵率领着一支坚不可摧的皇家海军舰队，将丹麦海军舰队押解到英国。由于丹麦海军拒绝投降，直到后来英国人、丹麦人就和平达成一致时，这些被俘的丹麦海军才被释放。

拿破仑·波拿巴与亚历山大一世在尼曼河中央的竹筏上会面

拿破仑·波拿巴与亚历山大一世在蒂尔西特讨论结盟条约

《蒂尔西特和约》签订后,拿破仑·波拿巴与亚历山大一世分别

詹姆斯·甘比尔男爵

威廉·肖·卡思卡特伯爵

马姆斯伯里伯爵詹姆斯·哈里斯

乔治·坎宁的举动得到了英国人的普遍赞赏。马姆斯伯里伯爵詹姆斯·哈里斯曾评论道:"这是有史以来策划最缜密、实施最有效的一次远征,乔治·坎宁对时机的把握非常准确。"

然而,其他国家认为,乔治·坎宁的行为是一次厚颜无耻的抢劫。毕竟,英国总是宣称自己是充满善意的国家。努力协调了二十多年后,威廉·威尔伯福斯才使英国议会通过了《1807年奴隶贸易法》,让英国占尽道德优势。英国人总是乐于谴责敌对国家的犯罪行为,这次却像法兰西人一样,公然蔑视和破坏国际法。欧洲大陆的盟友和敌人纷纷谴责了英国的做法。许多国家对英国发动了猛烈的舆论攻击。即使在一百多年后,对拿破仑战争时期英法关系十分熟悉的哥廷根大学历史学教授黑伦，仍认为英国截获丹麦海军舰队的行为"一方面让英国获得了安全，另一方面毁坏了英国的名誉"。

然而，与乔治·坎宁同时期的历史学家都非常支持他的做法。连以慈善行为著称的政治家威廉·威尔伯福斯都声称："外交政策是难以预测的，但安全防御是实施外交政策的首要目标……经过一番反思后，我坚信在任何情况下，截获丹麦海军舰队的行为都具有正当性。"事实上，当时许多国家对英国的满满恶意使乔治·坎宁的举动被复杂化和曲解了。这些国家认为英国打破了丹麦王国的独立，因为当时丹麦王国尚未被卷入战争。但正如荷兰共和国一样，丹麦王国所谓的"独立性"必须在欧洲国家的全体努力下才能得到保障。当所有欧洲国家都被迫要求在法兰西第一帝国和俄罗斯帝国之间选边站队时，丹麦

法兰西第一帝国徽章

海军舰队就成了法兰西第一帝国和俄罗斯帝国的附庸。虽然丹麦王国进退两难的立场值得同情,但在当时欧洲激烈的冲突背景下,没有一个国家能够独善其身。丹麦王国非但没有接受英国政府提出的条件,反倒向法兰西第一帝国伸出了援手。与其他战争行为相比,截获丹麦海军舰队不算是十分恶劣的举措。

值得注意的是,与瑞典王国和挪威王国相比,丹麦王国有着独特的外交政策。瑞典王国已经成为英国在北欧的"重要盟友"。瑞典国王古斯塔夫四世·阿道夫行事疯癫、反复无常。乔治·坎宁曾派约翰·摩尔率领一支规模小但战斗力强的部队前去支援古斯塔夫四世·阿道夫。不料,约翰·摩尔很快就

瑞典国王古斯塔夫四世·阿道夫

克里斯蒂安七世

被古斯塔夫四世·阿道夫要求返回英国,因为古斯塔夫四世·阿道夫拒绝合作。从此,英国更关注波罗的海的形势。丹麦王国和瑞典王国的外交政策截然不同,彼此都视对方为仇敌。在这种情况下,丹麦人及其君主克里斯蒂安七世绝不会支持英国对抗法兰西第一帝国。因此,英国截获丹麦海军舰队实属无奈之举。

英国虽然对丹麦海军舰队采取的手段十分强硬,但确实通过采取这种手段解除了一大威胁。英国绝不会第二次面临被入侵的风险,也不允许动乱破坏英国制造业和商贸的稳定发展。1806年11月21日的《柏林敕令》和1807年11月17日的《米兰敕令》颁布后,刚上任的英国外交大臣乔治·坎宁面临的形势极其严峻。法国大革命后,拿破仑·波拿巴壮大了法兰西第一帝国的实力,与北欧国家展开合作，扩大了传统"武装中立同盟"的范围，对英国构成致命威胁。在埃及、叙利亚、布洛涅接连遭遇失败后，法兰西海军被彻底摧毁。拿破仑·波拿巴决心要对英国实施报复。

通过颁布《柏林敕令》和《米兰敕令》，拿破仑·波拿巴认为自己已经成功封锁了英国在所有欧洲海岸的贸易活动，接下来只需要将英国赶出葡萄牙海岸，因为葡萄牙王国是唯一允许英国在其海岸开展贸易的欧洲国家。1807年8月，葡萄牙王国也被迫对英国宣战。按照拿破仑·波拿巴的计划，法兰西陆军将会在塔古斯拦截葡萄牙海军舰队。随后，英国就会因海上贸易遭遇全面封锁而崩溃。但英国让拿破仑·波拿巴的计划全盘落空了。首先，一支英国海军舰队已经在塔古斯戒备等候；其次，拿破仑·波拿巴纸上谈兵的宏伟计划实施起来本来就很有难度。成功拿下丹麦海军舰队后，乔治·坎宁绝不会允许法兰西陆军拦截葡萄牙海军舰队。他鼓励葡萄牙王室暂时不要投降，而是前往巴西寻求庇护。乔治·坎宁派出一支英国海军舰队护送葡萄牙王室前往巴西。当让-安

葡萄牙王室登船前往巴西寻求庇护

让-安多什·朱诺

多什·朱诺率领法兰西军队抵达塔古斯河时,正好看到最后一艘葡萄牙军舰驶出塔古斯河。

拿破仑·波拿巴的最后目标是通过所谓的"大陆封锁政策"摧毁英国的商业贸易。然而,在实施该目标的过程中,拿破仑·波拿巴受到了两大阻力:一是英国政府采取的坚决措施,二是供求关系的自发作用。上述阻力都超出了拿破仑·波拿巴的控制范围。毕竟,世界上最明智的政治家也无法预测到这两大阻力的出现。根据"大陆封锁政策",欧洲各国必须封锁英国,每个踏上欧洲大陆的英国公民都将被视为战犯。"大陆封锁政策"还禁止英国及其殖民地的贸易活动——任何从英国或其殖民地的港口驶出的船都不得靠近欧洲大陆海岸。为了对抗包含许多法令的"大陆封锁政策",英国政府颁布了著名的《枢密令》,通过封锁易北河和威悉河,禁止任何中立国家驶入法兰西第一帝国控制下的港口,并且对拒绝英国船停泊的所有欧洲港口实施封锁,甚至追捕和惩罚那些从其他国家出发前往任何一个封锁英国贸易港口的船。

从此,英国人开始将发展世界贸易的控制权牢牢掌握在自己手中。只要是来自中立国家的船,必须先在英国海岸停泊并缴纳关税。英国没有阻止它们装载英国产品前往欧洲大陆的其他港口。英国政府这样做是为了最大限度的积累财富,从而最大可能地在战争冲突中自给自足。时机成熟时,英国再大力协助欧洲国家摆脱法兰西第一帝国的控制。

在分析历史事件时,我们要格外注意,应该站在当时的人的立场上看待问题。通过观察,我们可以发现,拿破仑·波拿巴非常固执己见,很难直面现实。事实上,拿破仑·波拿巴所谓的"大陆封锁政策"让他最终走上了自我毁灭的道路。在自认为孤立英国的同时,拿破仑·波拿巴也将欧洲大陆变成了一个大监狱。他将自己当成欧洲大陆的救世主,但绝望的欧洲人民迟早会奋起反抗。受压迫的欧洲人民只能密谋反叛,等待时机推翻拿破仑·波拿巴的统治。随着波罗的海、地中海、大西洋沿岸运输和储存英国货物的港口纷纷倒闭,私人企业开始秘密发展壮大,正如18世纪时,英国人排除万难,将货物运往西班牙美洲殖民地一样。

走私货物的行为越来越猖狂。1810年,拿破仑·波拿巴不得不颁发许可令,将走私行为合法化。所谓的"大陆封锁政策"一方面损害了拿破仑·波拿巴的自身利益,另一方面让他的敌人从中大捞一笔。自称是欧洲解放者的拿破仑·波拿巴原形毕露。欧洲人民逐渐发现他不但是一个残酷的侵略者,还是一个倒行逆施的暴君。拿破仑·波拿巴违背了普遍的文明法则——让商品在不同国家间自由流动,给欧洲国家、家庭和个人造成了灾难。此外,拿破仑·波拿巴的举动让英国成了欧洲大陆的真正解放者和全人类的恩人。出于对拿破仑·波拿巴禁止自由贸易、相关许可证价格极高的愤怒,欧洲各国已经逐渐忘却了对

大陆封锁政策实施期间的走私活动

英国皇家海军战无不胜和英国繁荣贸易的忌妒之情及对英国人一向的傲慢与自私的厌恶之情，以及对英国扣押丹麦海军舰队的愤慨之情。

在上述情况下，英国占领了靠近德意志海岸的赫尔果兰岛，将其作为英国商人走私货物的基地。意大利海岸附近的马耳他也是如此。中立国家的商人发现自己可以在英国政府的许可下，自由出入俄罗斯帝国和波罗的海的港口，前提是他们在英国预先支付关税。拿破仑·波拿巴被欧洲国家成功逃避其贸易

法国士兵在莱比锡查验走私物品

管制的行为激怒，下令烧毁所有在其控制国家和区域内发现的英国商品。拿破仑·波拿巴的举动被全世界视为"疯狂之举"。

此前对拿破仑·波拿巴既恨又怕的欧洲国家开始感到绝望，并且密谋将其推翻。俄罗斯帝国正处在开战的边缘。其他国家则在寻找时机，摆脱拿破仑对自己的控制。1807年，在法兰西第一帝国的巅峰时期，拿破仑·波拿巴却走上了自我毁灭的道路。此时，拿破仑·波拿巴已经让俄罗斯帝国控制了东欧，自己也成功统治了西欧。他决心要不顾一切吞并伊比利亚半岛。这样一来，欧洲南部也被纳入了"大陆封锁政策"的影响范围。

我们无须过多关注半岛战争爆发时的细节。拿破仑·波拿巴扣押西班牙王室的行为，毫无疑问地引发了西班牙人民的熊熊怒火。一方面，在萨拉戈萨，法兰西军队大获全胜，皮埃尔·杜邦·德·莱唐率领法兰西陆军频频告捷；另一方面，西班牙军队节节败退，西班牙王国内部人士叛节。两国形成了鲜明对比。由此可见，当时，作为英国外交大臣的乔治·坎宁需要面对极大的挑战。

萨拉戈萨向法军投降

乔治·坎宁在半岛战争中的功绩，往往被缺乏经验的西班牙人犯下的错误掩盖，尤其是非常理想主义却不切实际的巴塞洛缪·弗里尔犯下的错误。当英国向西班牙王国提供的战争经费被西班牙人贪污，当西班牙中上层阶级腐败无能及西班牙人做的一系列有损英国利益的事情陆续被揭露出来，英国人感到万分震惊和苦涩。曾经一度辉煌的西班牙王国，如今却遭到法兰西第一帝国的打压，只能求助缺乏信任、出于自身利益考虑而伸出援助之手的英国。不过，西班牙王国会出现上述现象也不足为奇。人们很容易因此嘲笑西班牙人空洞的借口和虚荣心，毕竟西班牙人在几百年里一直处于劣势。如果不是威廉·弗朗西斯·帕特里克·内皮尔所著的不朽之作《半岛战争》记录了上述历史，也许我们早就忘却了这方面的事实。作为一个辉格党人，威廉·弗朗西斯·帕特里克·内皮尔对拿破仑·波拿巴赞赏有加，将他描述成一个英勇能干、口才极佳的人。

对英国外交史概况有一定了解的读者，能够理解乔治·坎宁实施的外交政策。从军事角度来看，与参与法国大革命战争相比，英国参与半岛战争具有独特优势。伊比利亚半岛同时毗邻大西洋和地中海，与英国的距离不是特别远，可以随时掐断法兰西人的资源供给，还可以为英国海军舰队提供条件优越的港口。英国参与半岛战争的道德优势也非常明显，因为这代表着英国对受压迫人民的支持，代表着英国人团结一致抗击法兰西第一帝国，彰显出英格兰民族性格中慷慨和高贵的特性。

上述特性导致的半岛战争与安妮女王在位时期发动的西班牙王位继承战争有着本质上的差异。虽然参战各方的军事实力悬殊，尤其是在半岛战争中，但在西班牙王位继承战争中，西班牙人民不曾如此强烈地希望摆脱法兰西人的控制，也不认为英国人和德意志人是追求自身利益、贪婪的外国人。卡斯蒂尔人和阿拉贡人的恩怨，以及神圣罗马帝国和英格兰王国的利益纠葛，是西班牙王位继承战争的显著特征。与西班牙王位继承战争相比，英国在半岛战争中的胜算更大。一贯骄傲和勇敢的西班牙人虽然仍然缺乏组织性，但更深刻地体会到了拿破仑·波拿巴毫不掩饰的暴政。在伊比利亚半岛上，法兰西陆军失败的可能性很大。半岛战争也会为惨遭拿破仑·波拿巴践踏的欧洲各国提供一剂强心针。况且，发动半岛战争有利于拯救英国的传统盟友葡萄牙王国。

乔治·坎宁和朋友充分考虑了上述因素。在后续历史发展中，他们的判断也得到了印证。如今，我们需要从更高的层面来分析伊比利亚半岛上各个国家的行为。在拿破仑·波拿巴的控制下，西班牙王国和葡萄牙王国受尽苦难。这让它们果断挺身而出，与英国一同解放世界。

最后，回顾乔治·坎宁的外交政策时，我们不仅要牢记他率领英国参与半岛战争的英勇事迹，也要记住他在1808年的爱尔福特大会上对拿破仑·波拿巴暴政的反抗。秉持着公平正义的精神，乔治·坎宁拒绝参加爱尔福特大会，除非惨遭法兰西陆军侵略的伊比利亚半岛国家被允许加入讨论。乔治·坎宁完美继承了小威廉·皮特从不屈服、善于管理、感染力强、道德高尚的优良品质。

爱尔福特大会

乔治·坎宁身上的优良品质经得住时间的考验。我们不应忘记他为争取西班牙王国独立而付出的努力。可惜的是，还没来得及弥补自己此前犯下的失误，乔治·坎宁就被迫辞职了。稍后，我们还会谈到乔治·坎宁对英国外交政策的重要影响，也将会更深入地理解他在从政第一阶段辞职的原因。乔治·坎宁在半岛战争中的表现，足以让他被纳入英国一流政治家的行列。

第 11 章

拿破仑战争时期的英国外交政策

（1808 年到 1814 年）

精彩看点

阿瑟·韦尔斯利成为新的民族英雄——英国人的谣言——拿破仑·波拿巴的入侵战略——法兰西人的暗淡前景——俄罗斯帝国反抗的原因——在"大陆封锁政策"中遭遇损失的俄罗斯帝国——奥地利帝国和普鲁士王国的立场——拿破仑·波拿巴入侵俄罗斯帝国——阿瑟·韦尔斯利的行军路线——俄罗斯帝国的策略——欧洲各国的反抗——拿破仑·波拿巴的动机——法兰西第一帝国的致命休战——西德意志人叛乱——英国外交困难——阿瑟·韦尔斯利的胜利与反法联军——法兰西南部的战役——反法联军跨过莱茵河

除了乔治·坎宁，英国外交史上还有一位功勋卓著的人。这个人就是后来成为威灵顿公爵的阿瑟·韦尔斯利。阿瑟·韦尔斯利之所以了不起，是因为他对印度殖民地做出的巨大贡献。阿瑟·韦尔斯利毕业于英国一流的军校，从约克公爵兼奥尔巴尼公爵弗雷德里克对低地国家发动的糟糕战争中吸取了许多宝贵的作战教训。在建功立业的重要年龄，阿瑟·韦尔斯利被派往印度。他善于与杰出人才深入交流，如他的哥哥理查德·韦尔斯利，以及英国内阁的主要成员①。

从阿瑟·韦尔斯利的人生经历中，我们可以了解到，他出类拔萃，拥有崇高的道德水准，懂得如何取长补短。这种人一定大有可为。

英国人尽管十分肯定乔治·坎宁的外交能力，但清楚地意识到，英国需要一个杰出的军事将领。英国皇家海军中不乏像霍雷肖·纳尔逊这种优秀人才，但他们对英国的未来发展影响有限。此时，英国人还没有意识到，阿瑟·韦尔斯利即将名声大噪。

1809年，在与罗伯特·斯图尔特的政治斗争中，乔治·坎宁不幸落败，随后宣布辞职。阿瑟·韦尔斯利接替乔治·坎宁成为英国外交大臣。这引发了英国人民的疑虑。毕竟在半岛战争期间，阿瑟·韦尔斯利没有给英国人留下深刻

---

① 阿瑟·韦尔斯利担任爱尔兰事务大臣时。——原注

斯潘塞·珀西瓦尔遇刺

斯潘塞·珀西瓦尔

利物浦伯爵罗伯特·班克斯·詹金森

印象。斯潘塞·珀西瓦尔遇刺后,利物浦伯爵罗伯特·班克斯·詹金森成了英国新任首相,负责发动半岛战争。当时,乔治·坎宁还在担任英国外交大臣。然而,半岛战争爆发后,弗雷德里克·奥古斯塔斯成了实际掌权者。当时,英国政府中多是平庸之辈,很少有优秀人才供他差遣。

公众激情是一种十分强大的力量,但只有在政治领导人用胜利消息持续煽动的情况下，才能延续下去，否则这股激情之火很快就会熄灭。半岛战争爆发后，查尔斯·摩尔和阿瑟·韦尔斯利初战告捷。这场胜利尽管在当时看来没有产生立竿见影的效果，但对当时惨遭法兰西第一帝国压迫的欧洲各国人民来说，已经是极大的精神鼓舞。西班牙军队取得首次胜利后，拿破仑·波拿巴命令大批法兰西军队前往伊比利亚半岛，导致法兰西军队在规模上碾压英国军队。1809年，英国军队远征瓦尔赫伦岛。远征期间，英国军队耗费了大量军事资源，最终还是以失败告终，实力严重受损。尽管塔拉韦拉战役向全世界展

英国军队远征瓦尔赫伦岛

塔拉韦拉战役

示了在英勇无畏的军事将领的指挥下,英国人可以克服不愿合作的西班牙人设置的种种障碍,但英国人依然对西班牙人的态度心怀不满。

半岛战争爆发后,一度危急的局势让充满激情的英国人逐渐冷静下来。他们开始讨论英国在战争中的财产损失和人员伤亡。英国人态度的变化,自然对当时权力虚弱的英国内阁大臣产生了影响。此时,乔治·坎宁已经不再担任英国外交大臣。英国政府制订了有史以来最短视的外交政策。英国内阁大臣不敢中途叫停半岛战争,希望战争继续拖延下去。杰出将领阿瑟·韦尔斯利决心要与法兰西第一帝国对抗到底。然而,英国国内尖锐的党派纷争决定了他无法得到英国政府的全力支持。驻扎在西班牙的英国军队无法得到足够的军需品,作战计划经常被打乱。这样一来,阿瑟·韦尔斯利被迫承受起前线作战的所有压力。在半岛战争中,多亏了阿瑟·韦尔斯利无与伦比的勇气、耐心、睿智、远见,英国才能在艰苦的条件和重重压力下,最终取得胜利。发生在托里什韦德拉什防线的历史事件能够充分展示阿瑟·韦尔斯利身上的宝贵品质。亲身经历过半岛战争的英国人都熟知在托里什韦德拉什防线发生的故事。不过,生活在20世纪的人很有可能因后续发生的著名战役而逐渐忘却了历史上的这次重大事件。

读者需要注意的是,英国陆军准确预测到了在损失三万法兰西士兵后,法兰西陆军元帅安德烈·马塞纳的撤退行动。此时,英国陆军已经休整完毕,全军斗志昂扬地投入战斗。英国帮助葡萄牙王国摆脱了拿破仑·波拿巴的控制,重新获得自由。在葡萄牙王国遭遇失败的拿破仑·波拿巴转而开始进攻西班牙王国。拿破仑·波拿巴的举动造成了深远影响:一方面,英国国内反对半岛战争的呼声逐渐减弱;另一方面,欧洲大陆饱受摧残的各国人民重新振作起来。1811年,反法同盟再次成立。正如往常一样,此时仍然是独立国家的英国,将会不遗余力地支援欧洲各国。英国人再次阻挡了拿破仑·波拿巴的称霸之路。此时,拿破仑·波拿巴最明智的做法应该是控制住手下的西班牙军队,果断与阿瑟·韦尔斯利决战到底。然而,拿破仑·波拿巴顾虑重重,担心如果自

安德烈·马塞纳

己将全部兵力投入西班牙战场，那么受尽奴役之苦的欧洲各国人民将会奋起反抗，造成更大的风险。至于半岛战争是否能在短时期内结束，拿破仑·波拿巴毫无把握。因此，他决定先对付俄罗斯帝国，再回来打击英国。事实证明，从此，拿破仑·波拿巴走上了自我毁灭的道路。

拿破仑·波拿巴给欧洲带来的灾难已经到达了顶峰。因为人力和财力的持续消耗，法兰西第一帝国国内资源几近枯竭，何况拿破仑·波拿巴无法利用贸易或商业弥补战争损失。英国虽然同样不好过，但英国政府最起码可以在贸易中赢得优势。英国政府颁布的《枢密令》十分及时，将所有中立国家的贸易汇集到英国港口。相比之下，拿破仑·波拿巴只能用武力管理打败的欧洲国家，要求它们给法兰西第一帝国输送兵力——通常是年幼的男孩。这让欧洲各国苦不堪言。拿破仑·波拿巴逐渐发现，法兰西军队变得极其不受欢迎，征兵工作的开展也困难重重。尽管如此，拿破仑·波拿巴依然在持续发动战争，从被侵略的国家那里搜刮财产，弥补战争给法兰西第一帝国带来的损失。在西班牙王国，拿破仑·波拿巴的掠夺行为引发了西班牙人民的怒火。西班牙人发明的灵活游击战，迫使法兰西军队抽出大批部队护送军需物资，削弱了法兰西军队的战斗力。令法兰西军队雪上加霜的是，亚历山大一世的敌意越来越明显。1811年，法兰西第一帝国和俄罗斯帝国之间的战争一触即发，拿破仑战争即将进入最后阶段。

俄罗斯帝国之所以会反抗，归根结底还是因为拿破仑·波拿巴对俄罗斯帝国及其盟友采取了打压措施。对父亲保罗一世的遭遇铭记在心的亚历山大一世，下定决心改变自己在签署《蒂尔西特和约》时的错误态度，不再与拿破仑·波拿巴共同统治欧洲。俄罗斯人十分反感拿破仑·波拿巴强制施行的"大陆封锁政策"。拿破仑·波拿巴仍然坚持通过阻碍英国贸易发展来打击英国，遭到了奥地利帝国和北欧国家的消极抵抗。这使拿破仑·波拿巴更坚定了不顾一切的决心。拿破仑·波拿巴还与荷兰共和国合作，占领了德意志海岸与丹麦海岸。为了打击走私行为，拿破仑·波拿巴采取了各种措施，获得了一定成效。

然而，拿破仑·波拿巴的举动已经伤害了俄罗斯帝国的自尊，威胁到了它的独立地位。

组建武装中立同盟的亚历山大一世对中立国家的态度逐渐缓和，尽管武装中立同盟国家仍然一直在进口英国的货物。这些英国货物经由俄罗斯帝国，被转运到莱比锡的集市。亚历山大一世拒绝收回自己此前颁布的不符合"大陆封锁政策"的贸易许可法令。拿破仑·波拿巴不仅态度挑衅，还占领了与亚历山大一世密切相关的奥尔登堡。法兰西第一帝国和俄罗斯帝国都在积极备战，战争一触即发。亚历山大一世拒绝了拿破仑·波拿巴对抗英国的提议。但此时，俄罗斯帝国还没有与英国正式联手，尽管它们很快就会共同对抗法兰西第一帝国。

俄罗斯帝国决定发动战争还有一个原因，即大批法兰西军队正被困在西班牙。俄罗斯帝国的战略考虑是，这样一来，法兰西陆军只有一部分能够登陆俄罗斯作战，必将会被迫展开双线作战。起初，法兰西军队双线作战的弊端并不明显，因为拿破仑·波拿巴有效利用了被占领国家的本土军队来增强法兰西军队的实力。但亚历山大一世明智的顾问预见了法兰西军队双线作战的后果。事实证明，法兰西人东拼西凑的盟军并不可靠。同时，英国在西班牙王国刻意煽起一波反法浪潮。在接下来法兰西第一帝国与俄罗斯帝国的战争中，俄罗斯人将会向全世界展示自己甘愿为胜利付出一切的牺牲精神，哪怕是最珍贵的国家宝藏。为了获得国家的自由和独立，俄罗斯人甚至可以忍受"神圣的莫斯科"被法兰西军队摧毁。

与半岛战争的壮观景象相比，奥地利帝国和普鲁士王国受拿破仑·波拿巴所谓"大陆封锁政策"的影响更深。接连遭遇战败极大地摧毁了它们的实力。奥地利帝国同意了拿破仑·波拿巴的要求，在与拿破仑·波拿巴前妻约瑟芬皇后居住过的房间里，让奥地利公主玛丽亚·路易斯与拿破仑·波拿巴结婚。此外，奥地利帝国还要为法兰西第一帝国提供三万名士兵。后来，这三万名士兵成了拿破仑·波拿巴入侵俄罗斯帝国的右翼主力军。普鲁士王国则被要求提

拿破仑·波拿巴与约瑟芬皇后离婚

拿破仑·波拿巴与奥地利公主玛丽亚·路易斯的婚礼

供两万名士兵。后来，这两万名士兵成了拿破仑·波拿巴入侵俄罗斯帝国的左翼主力军，并且为法兰西军队提供了大量军需。对骄傲的普鲁士人来说，他们无法忍受被迫向拿破仑·波拿巴摆出顺从的姿态。普鲁士王国内部开始进行大刀阔斧的改革，取得了良好成效。最终，实力大增的普鲁士王国得以复仇，甚至发展成了帝国。这些与政治自由和军事教育相关的改革措施可以被简要地总结为以下几点：废除传统的土地封建制度和农奴制度，解放全部农奴；农民可以自由租赁土地；授予城镇居民选举权；施行义务兵役制。很快，普鲁士王国的综合国力迅速提升。1812年，普鲁士王国还没有做好独立应对拿破仑·波拿巴入侵的准备。事实上，拿破仑·波拿巴占领了普鲁士王国周边的德意志各国、波兰和西加利西亚。他似乎很快就要实现自己的目标了。

参与拿破仑·波拿巴入侵俄罗斯帝国行动的主要军队包括法兰西军队、意大利军队、波兰军队、瑞士军队、奥地利军队、伊利里亚军队等。约有来自二十个国家的近五十万士兵追随着拿破仑·波拿巴的脚步向俄罗斯帝国行进。当发现自己陷入了战争的痛苦泥潭，这些士兵就失去了战斗的动力，无论任何奖励或惩罚都不起作用。

随着拿破仑·波拿巴的军队向俄罗斯帝国行进，阿瑟·韦尔斯利也率领英国陆军向西班牙王国出发了。很快，英国陆军就占领了罗德里戈城和巴达霍斯。在包围西班牙的过程中，阿瑟·韦尔斯利尽管没有使用火力十分猛烈的武器，但凭借高超的作战策略，给驻守在西班牙的法兰西军队造成了重大人员伤亡，尤其是在巴达霍斯。可以说，1812年年初，阿瑟·韦尔斯利称得上是所向披靡。阿瑟·韦尔斯利率领英国军队攻城略地的行为，让人不禁想起中世纪血腥粗暴的战争。但半岛战争对英国确实意义重大。战争进行得异常激烈，双方士兵的尸体堆积如山。半岛战争被英国官兵视为一场赌博。他们决心拼死一战，抓住此次战争的机会加官晋爵。

法兰西军队开始从葡萄牙北部边境线入手，侵略西班牙王国。1812年7月12日，拿破仑·波拿巴正在朝着俄罗斯帝国行进，英国军队打败了法兰西元帅奥古斯特·德·马尔蒙率领的法兰西军队，赢得了萨拉曼卡战役的胜利。准备好迎战的俄罗斯人，展示出了顽强的作战决心。斯摩棱斯克攻防战结束后，俄罗斯军队持续撤退。在博罗季诺战役中，法兰西军队和俄罗斯军队各自遭受了四万人左右的伤亡。法兰西军队开始向莫斯科行军。在短暂的休整后，疲惫的

斯摩棱斯克攻防战结束，拿破仑·波拿巴看着起火的斯摩棱斯克

博罗季诺战役

法兰西士兵恢复了元气。拿破仑·波拿巴在克里姆林宫寄宿,不料很快遭到了俄罗斯军队的炮轰。法兰西士兵惊慌失措,发现自己无法抵抗俄罗斯军队的进攻,期待已久的物资供应几乎全部被毁,法兰西营地被一片火光笼罩。法兰西士兵意识到,此时只有一个选择——沿着来时的路线原路返回。但此时,俄罗斯帝国漫长的冬天已经来临,法兰西军队被严寒天气彻底摧垮,陷入了混乱。

拿破仑·波拿巴在克里姆林宫看着起火的莫斯科

拿破仑·波拿巴撤退

撤退途中法军的宿营地

从此,法兰西军队人心涣散,欧洲各国人民的愤怒之火却越烧越旺。拿破仑·波拿巴与亚历山大一世发生争执的根本原因是,拿破仑·波拿巴强烈要求欧洲国家一致打压英国贸易。拿破仑·波拿巴打压英国贸易的政策无所不包,他不允许任何国家违背自己的意志。如果哪个欧洲国家的统治者表露出不情愿配合、纵容英国贸易的态度,甚至公然反对拿破仑·波拿巴的政策,那么这个国家就会受到拿破仑·波拿巴的制裁。最终，欧洲各国人民忍无可忍，对拿破仑·波拿巴的愤恨之情一发不可收拾。法兰西军队被迫撤退后，欧洲国家纷纷鼓起勇气，向法兰西第一帝国宣战。帝国主义思想遭到了欧洲人民的排斥。欧洲各国不愿意为了拿破仑·波拿巴的帝国梦想，任由法兰西第一帝国压迫自己。历史上类似的事情时有发生，但拿破仑·波拿巴没有从中吸取足够教训。

拿破仑·波拿巴的暴政，让法兰西人民受尽苦难，也让世界其他国家备受蹂躏。他的统治即将结束，最后的对决就要来临。凭借着高超的军事技能和勇气，拿破仑·波拿巴再次集结手下的千军万马，对抗前来复仇的反法同盟国家。1813年年初，俄罗斯军队率先出战。普鲁士人也热情高涨。此时，普鲁士王国已经成了自由人民和士兵的国家，与英国和其他反法同盟国家结成了同盟。法兰西元帅让-巴蒂斯特·贝纳多特说服瑞典人成为法兰西人的盟友。当然，萨克森人、意大利人和丹麦人仍然是拿破仑·波拿巴的盟友。莱茵河附近的国家也在继续为拿破仑·波拿巴提供军队。此时，在拿破仑战争中损失最严重的奥地利人陷入迷茫，不确定是否应该继续支持拿破仑·波拿巴。易北河成了法兰西第一帝国盟友和反法同盟国家的分界线。

第六次反法同盟战争打响的实际时间是1813年3月27日。之前，有些国家尚未决定是否要加入俄罗斯帝国和普鲁士王国组建的反法同盟，但不久就被反法同盟国家的热情感染。拿破仑·波拿巴没有给犹豫不决的欧洲国家过多的考虑时间。事实上，拿破仑·波拿巴如果能够快速征集一支训练有素的军队，或许还能扭转局势。然而，刚刚赢得吕岑战役和包岑战役的拿破仑·波拿巴，并没有足够重视反法同盟迅速集结起来的军队，希望为期两个月的休战能够帮助他恢复实力。

"战争艺术家"拿破仑·波拿巴再次犯错，也许是因为他对自己的决策能力过度自信。本来，他有能力预测到即将来临的危险。在两个月的休战期，犹豫不决的国家认为反法同盟的实力更胜一筹，纷纷倒向了反法同盟。同时，拿破仑·波拿巴对臣服于自己的欧洲国家持续施压。长期摇摆不定的奥地利帝国

吕岑战役

包岑战场上的拿破仑·波拿巴

坚决地加入了普鲁士王国和俄罗斯帝国组建的反法同盟，从此一心一意地努力推翻拿破仑·波拿巴的暴力统治。

在德累斯顿，在施瓦岑贝格亲王卡尔·菲利普、格布哈特·莱贝雷希特·冯·布吕歇尔和让-巴蒂斯特·贝纳多特的指挥下，三支实力强悍的反法联军会合。德累斯顿是拿破仑·波拿巴的指挥部。反法联军士气高昂，奥地利军队被选为领头部队。卡尔·菲利普、格布哈特·莱贝雷希特·冯·布吕歇尔和让-巴蒂斯特·贝纳多特都随各自的军队出征，从而更好地在作战中相互协助。欧洲已经很久没有出现这种景象了。自阿提拉入侵以来，欧洲也很久没有遭遇

施瓦岑贝格亲王卡尔·菲利普

让·维克多·马里·莫罗意外中枪

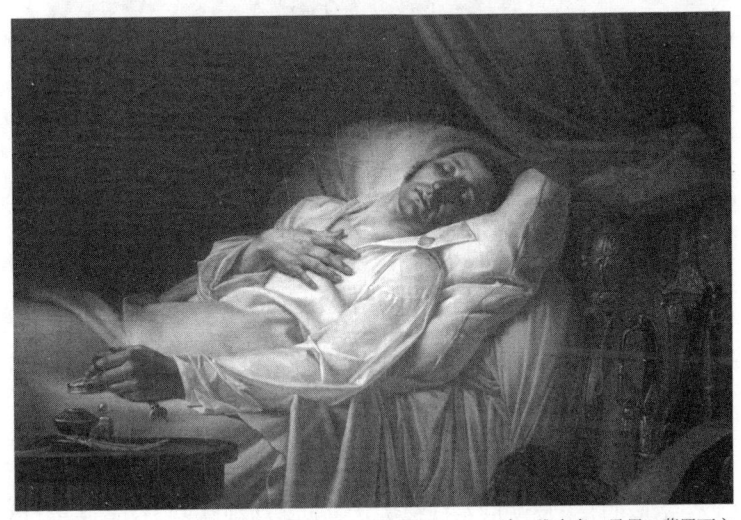

让·维克多·马里·莫罗死亡

像拿破仑·波拿巴这样强大的敌人了。但此次出战的反法联军缺乏一个能力超群的军事将领,加上来自不同国家的军队指挥起来有很大难度,所以最终,反法联军在德累斯顿战役中失败。在德累斯顿战役中,曾率领法兰西军队打赢霍恩林登战役的让·维克多·马里·莫罗尽忠职守,意外中枪阵亡。

格布哈特·莱贝雷希特·冯·布吕歇尔

　　幸运的是，反法联军规模宏大，战斗精神高昂。这意味着拿破仑·波拿巴必将失败。何况，反法联军中还有普鲁士骑兵部队将领格布哈特·莱贝雷希特·冯·布吕歇尔。他被士兵亲切地称呼为"前进元帅"。格布哈特·莱贝雷希特·冯·布吕歇尔尽管没有顶尖的军事指挥才能，但充分体现了反法联军的战斗热情和爱国热情。拿破仑·波拿巴本来打算在德累斯顿战役后乘胜追击，但提前离开了雅克·麦克唐纳率领的法兰西军队。在卡茨巴赫，格布哈特·莱贝雷希特·冯·布吕歇尔成功摧毁了雅克·麦克唐纳率领的法兰西军队。在大贝伦，让-巴蒂斯特·贝纳多特打败了尼古拉·乌迪诺；弗里德里希·威廉·冯·比洛手下的反法联军打败了米歇尔·奈伊。拿破仑·波拿巴意识到，法兰西军队已经无法守住德累斯顿。于是，他将手下的军队调往莱比锡。在莱比锡，法兰西军队和反法联军激战了整整三天。该战役又被称作"诸国之战"，双方共超过五十万士兵参战。这场战役为拿破仑·波拿巴的失败埋下伏笔。由于反法联军在数量上更占优势，拿破仑·波拿巴不得不在1813年10月18日撤退。

1813年9月9日《托普利茨条约》签订后，反法联军变得更加团结。在《托普利茨条约》中，奥地利外交家克莱门斯·冯·梅特涅成功保住了莱茵同盟中各国君主的执政权力，让他们免于被罢黜，尤其是在拿破仑·波拿巴即将失败的情况下。克莱门斯·冯·梅特涅的这个要求极其明智，既拯救了欧洲的君主制，又让各国的君主制政府得以在接下来的时间内做出改革，提高执政水平，扩大公民自由。在拿破仑战争中，英国已经展示出卓越的政府执政能力和极高的公民自由度。这也是普鲁士王国在改革中十分重视的。在对抗拿破仑·波拿巴暴政的过程中，如果任由普鲁士王国和俄罗斯帝国发泄愤怒情绪，那么它们必将让上百万德意志人陷入对抗和分裂，甚至在不久后引发激烈内战。

在莱比锡时，尽管卡尔·菲利普负责指挥反法联军，但在战斗中发挥了决定性作用的是格布哈特·莱贝雷希特·冯·布吕歇尔。他们没有给战败的法兰西军队任何喘息的机会，一直将法兰西军队追击到莱茵河，极大地削弱了法兰西军队的实力。西德意志人开始为自由呐喊。此前，他们被迫归属于多个小诸侯国，被迫追随拿破仑·波拿巴。如今，连西德意志的妇女也纷纷加入军队，成为勇敢的战斗者。西德意志人要求拿破仑·波拿巴归还莱茵河东岸的领土。16世纪，这些领土因宗教纷争而被法兰西人占领。此时，在莱茵河东岸，法兰西军队只剩下几个大城市的驻军。这些驻军很快也都撤退了。荷兰军队加入了反法联军。在让-巴蒂斯特·贝纳多特的协调下，此前被丹麦人占据的波美拉尼亚被划分给了挪威人。在拿破仑战争中，丹麦王国始终追随法兰西第一帝国。

卡茨巴赫战役

大贝伦战役

让-巴蒂斯特·贝纳多特

米歇尔·奈伊

莱比锡战役

当拿破仑·波拿巴不再占据上风时，丹麦人损失惨重。欧仁·德·博阿尔内和若阿基姆·缪拉守卫了意大利和伊利里亚一段时间。随后，在强大的反法联军前，欧仁·德·博阿尔内退缩了。若阿基姆·缪拉一直在玩弄反法联军，最终被以叛国罪的罪名枪毙。

我们可以通过对经典战役的解读来诠释拿破仑战争，但很难精准追踪反法联军变化莫测的战术，尤其是反法联军开始以莱茵河为分界线与拿破仑·波拿巴对峙后。反法联军在法兰克福集结。拿破仑·波拿巴在欧洲的声望依然很高。这让反法同盟十分头疼。有些人认为，拿破仑·波拿巴可能会在漫长的战争中得到教训，停止侵略其他欧洲国家，将自己的势力范围控制在以莱茵河为边界的法兰西境内。然而，拿破仑·波拿巴拒绝接受上述观点。对整个世界来说，这未必不是一件坏事。拿破仑·波拿巴的固执让阿瑟·韦尔斯利更加警

若阿基姆·缪拉

欧仁·德·博阿尔内

惕。随后，在西班牙，阿瑟·韦尔斯利取得大捷，反法联军的斗志更昂扬。拿破仑·波拿巴的所有作战计划都被打乱，反法联军没有给他任何休整的机会。

读者也许已经注意到了，1813年是个多事之年。这一年，英国军队开始朝西班牙进军。萨拉曼卡战役结束后，阿瑟·韦尔斯利率领英国军队前往西班牙，拿破仑·波拿巴则率领法兰西军队朝俄罗斯帝国全速行进。1812年8月12日，阿瑟·韦尔斯利将法兰西军队赶出马德里。法兰西军队被迫撤退，因为它们的军事实力处于劣势。这也是法兰西军队最后一次离开西班牙。拿破仑·波拿巴火速进攻俄罗斯帝国的失败决策进一步恶化了自己的处境，增强了西班牙境内英国军队的实力。如今，阿瑟·韦尔斯利麾下的英国军队已经完全有能力切断拿破仑·波拿巴和法兰西第一帝国之间的通信联系。在维多利亚，通过一系列高明手段，阿瑟·韦尔斯利截住了从马德里匆匆撤退的法兰西军队。1813年6月21日的战役意义深远，标志着法兰西军队结束了对西班牙的占领。如果阿瑟·韦尔斯利能够完全按照自己的安排行事，那么法兰西军队会遭遇更大的损失。无论如何，英国军队沉重打击了法兰西军队，成功俘虏了两千多个法兰西士兵、整个法兰西炮兵部队，并且截获了法兰西军队的军备物资，还将法兰西人在半岛战争中积攒起来的财富，连同拿破仑·波拿巴和哥哥约瑟夫·波拿巴的通信文件收入囊中。法兰西军队的后续抵抗被英国军队轻易瓦解。西班牙城市潘普洛纳迅速向英国军队投降。法兰西军队镇守了三个多月的圣塞巴斯蒂安也被英国军队火速攻下。法兰西元帅尼古拉·让·德·迪厄·苏厄特一直坚守前线。最终，在比利牛斯山脉附近的三场激战中，他被英国军队打败。1813年10月7日，阿瑟·韦尔斯利率领英国军队成功穿越了分隔法兰西与西班牙的比达索阿河。

如今，英国军队与法兰西军队的较量转移到了对法兰西南部的争夺。驻扎在法兰西南部的法兰西军队对英国军队的进攻严阵以待。英国军队入侵法兰西南部的军事行动与莱比锡战役几乎同时进行。法兰西军队奋力抵抗，战争的炮声响彻了整个西欧。反法联军原定向法兰西北部行进，配合英国军队向法

尼夫河战役

尼韦勒战役

国南部进军的计划受到影响。暴雨天气让阿瑟·韦尔斯利得以成功渡过从比利牛斯山到加斯科涅的数条河流。反法联军捷报频传、士气大振，先后取得了尼夫河战役、尼韦勒战役、奥尔泰兹战役、巴约讷战役和波尔多战役的胜利。拿破仑·波拿巴即将被迫退位时，反法联军赢了图卢兹战役这场决定性的战

路易·加布里埃尔·叙歇

役,成功阻止了仍未放弃战斗的法兰西元帅尼古拉·让·德·迪厄·苏厄特与法兰西元帅路易·加布里埃尔·叙歇会合。此前,路易·加布里埃尔·叙歇负责率领加泰罗尼亚的军队。如今,他被紧急召回守卫法兰西第一帝国。

可悲的是,在激烈的图卢兹战役爆发时,拿破仑·波拿巴退位的消息还没有传到作战双方的耳朵里。尽管此时法兰西军队仍然占领着法兰西南部,但反法联军已经宣布了恢复和平的条件。因为当代法国和德国历史学家似乎总是有意或无意地忽略上述事实,所以我在此做了特别说明。

我们已经提前透露了拿破仑·波拿巴即将退位的事实。直到1814年冬,反法联军才得以分成三支队伍渡过莱茵河。在卡尔·菲利普的率领下,奥地利军队组成的第一支队伍横渡了莱茵河上游,穿越了瑞士;在格布哈特·莱贝雷希特·冯·布吕歇尔的率领下,普鲁士军队组成的第二支队伍横渡了莱茵河中游;在弗里德里希·威廉·冯·比洛的率领下,主要由荷兰军队组成的第三支队伍

奥尔泰兹战役

巴约讷战役

图卢兹战役

法兰西元帅尼古拉·让·德·迪厄·苏厄特

弗里德里希·威廉·冯·比洛

则横渡了莱茵河下游。反法联军的分散行动,让拿破仑·波拿巴抓住了机会。尽管在数量上,法兰西军队处于劣势,但拿破仑·波拿巴命令法兰西军队聚集起来,由自己亲自指挥,以取得最好的作战效果。另外,反法联军小心翼翼、生怕犯下任何错误,一刻不停地向前行进。1814年2月3日到1814年3月15日,在查狄伦会议中,反法同盟的各国大臣得以碰面。1814年3月1日,欧洲四个大国,即英国、俄罗斯帝国、奥地利帝国和普鲁士王国签订了《肖蒙条约》,第四次成立反法同盟。第四次成立的反法同盟持续了二十多年。

第四次反法同盟的组建具有重大意义,对欧洲历史也产生了深远影响。1815年,第四次反法同盟促成了《维也纳条约》的签订。终于,法兰西人摆脱了拿破仑·波拿巴的统治,恢复了欧洲大国的地位。从此,欧洲各国开始协调处理国际问题,而不是借助某些大国武装干涉的形式。拿破仑战争的风暴对欧洲人的生活产生了巨大影响。到19世纪末,欧洲协调的原则延续了下来,在某些情况下仍然发挥着重要作用,成了另一种形式的势力均衡机制。虽然有时,这种机制会被某些欧洲君主滥用,如在查理五世、腓力二世、路易十四、拿破仑·波拿巴在位时期。受压迫的欧洲国家通常会团结起来。一旦全欧洲共同的敌人被打败,欧洲各国会更加警惕,防止类似危险再次发生。

第 12 章

1814 年到 1827 年的英国外交政策

精彩看点

拿破仑·波拿巴仍在抵抗——拿破仑·波拿巴退位——波旁家族——法兰西王国的新宪章——英国和奥地利帝国防止法兰西王国被分裂——拿破仑·波拿巴逃跑——英国和法兰西第一帝国的劣势——生性谨慎的英格兰人——弗雷德里克·罗伯茨对阿瑟·韦尔斯利和拿破仑·波拿巴的评价——维也纳会议——反法同盟国家的节制——英国人对《维也纳条约》的真实看法——英国外交政策的延续性——英国人被迫选择的道路——1812年战争——美利坚合众国政府的远见——1812年战争的结果——"神圣同盟"——乔治·坎宁重返政坛——乔治·坎宁开始应对西班牙和葡萄牙问题——乔治·坎宁开始应对希腊问题——纳瓦里诺战役

1814年春，查狄伦会议中的反法同盟国家仍然存在一些不切实际的幻想。它们认为，只要法兰西第一帝国将侵略的欧洲其他国家的领土归还，拿破仑·波拿巴就可以继续做法兰西第一帝国皇帝。然而，拿破仑·波拿巴相信，自己可以守住莱茵河前线，欧仁·德·博阿尔内也可以继续担任意大利国王。显然，拿破仑·波拿巴低估了反法联军的实力。反法联军再次发起进攻，执意要求拿破仑·波拿巴退位。但此次，反法联军战败。不过，很快，在格布哈特·莱贝雷希特·冯·布吕歇尔的战术撤退和让-巴蒂斯特·贝纳多特出现后，反法联军重新恢复了实力。拿破仑·波拿巴包围反法联军，攻击其末端队伍的行动以失败告终。与拿破仑·波拿巴人数持续减少的军队相比，反法联军的实力明显占据上风。拿破仑·波拿巴手下的法兰西军队被迫退回巴黎并与反法联军展开了一场激烈的战斗。格布哈特·莱贝雷希特·冯·布吕歇尔一度占领了巴黎的蒙马特尔。

　　1814年3月31日，在法兰西人民的热烈欢迎下，反法联军进驻巴黎。反法联军一直宣称，自己是将法兰西人民从拿破仑·波拿巴暴政下拯救出来的解放者。法兰西元帅们自觉无望，坚持要求拿破仑·波拿巴退位。1814年4月4日，在枫丹白露，拿破仑·波拿巴正式签署了退位文件。他可以继续在意大利的厄尔

巴黎保卫战

俄罗斯军队进驻巴黎

拿破仑·波拿巴退位

拿破仑·波拿巴与法兰西帝国卫队告别

巴岛上当"皇帝",每年还能得到一笔丰厚的年金。对拿破仑·波拿巴来说,这已经是最好的结局。

问题是,拿破仑·波拿巴退位后,谁将继位呢?在法兰西,二十五年的拿破仑战争结束后,传统的君主制思想重新兴起。拿破仑战争中被推翻的波旁王朝代表一种稳定的君主制。波旁王朝君主如果能够抓住这次机会,也许已经带领着法兰西王国参与多场战争,甚至开始走向长期改革。但事实证明,在拿破仑战争中,波旁王朝没有吸取任何教训,还是维持了以往的执政风格,甚至将缺陷暴露得更明显。波旁王朝复辟的第一年,法兰西王国仍然受反法联军控制。直到1818年,波旁王朝才真正意义上重新掌权。波旁王朝君主能再次登上

拿破仑·波拿巴被流放到厄尔巴岛

法兰西王位，不是因为获胜的反法联军确信波旁王朝不会重蹈覆辙，引发让整个欧洲受尽磨难的法国大革命，而是以权力受限为前提。

　　复辟后的波旁王朝必须建立起与英国类似的宪政制度。法兰西国王路易十八必须接受新宪章。新宪章规定法兰西王国需要成立一个拥有征税权力、信仰自由、陪审团审判、出版自由的新的参议院和代表机构。以往的封建特权将被全部废除，新宪章充分体现出自由精神。这是当时法兰西人民需要的。经历数百年的挣扎后，法兰西王国开始建立起两个议会与君主共同执政的制度，正如英国从前经历过的一样。

　　法兰西政治家和外交家夏尔·莫里斯·德·塔列朗-佩里戈尔是新宪章的主要推行者。他和奥诺雷·加布里埃尔·里克蒂都是法国大革命中的重要人物，十分欣赏英国的宪政制度。尽管政治生涯跌宕起伏，政治手段十分卑劣，私人生活也不甚光彩，但夏尔·莫里斯·德·塔列朗-佩里戈尔是一个真正的爱国者，一心为法兰西王国着想。当时任何一届法兰西政府都离不开他。夏尔·莫里斯·德·塔列朗-佩里戈尔曾说过，当法兰西统治者不再重用自己，他们的统治也即将结束。"百日王朝"期间，拿破仑·波拿巴遭遇困境时，只愿意接受夏尔·莫里斯·德·塔列朗-佩里戈尔的辅佐。但聪慧的外交家夏尔·莫里斯·德·塔列朗-佩里戈尔正发挥着更重要的作用。他利用自己在反法同盟国家中的巨大影响力，竭力帮助极度窘迫的法兰西人脱离苦海，最终取得了成功。夏尔·莫里斯·德·塔列朗-佩里戈尔尽管对波旁家族并无好感，但尊重传统的君主制，相信在《自由宪章》的约束下，波旁王朝可以带领法兰西王国走向复兴之路。夏尔·莫里斯·德·塔列朗-佩里戈尔认为，英国人争取自由和宪政的革命持续了五十多年，世界各国应该对法兰西人更有耐心。他坚持要求路易十八接受《自由宪章》。路易十八尽管非常不情愿，但别无选择。从此，在欧洲大陆上，一项全新的政治实验开启，法兰西王国开始效仿英国，走君主立宪的道路。

　　在法兰西王国建立君主立宪制的过程中，俄罗斯帝国，特别是亚历山大一世，发挥了重要作用。亚历山大一世虽然是君主制国家的皇帝，但善于从老师弗雷德里克-塞萨尔·德·拉·阿尔普和英国人那里学习，热爱自由精神，对宗教也保持着极其开放的态度。不过，他也深受俄罗斯帝国政治传统的影响。法兰西人对俄罗斯帝国的侵略让亚历山大一世非常恼怒。在战争中，莫斯科和斯摩棱斯克被摧毁更加重了亚历山大一世的愤怒。普鲁士王国对法兰西人也有着同样的愤怒。在拿破仑战争中，尽管奥地利帝国损失惨重，但奥地利皇帝弗朗茨一世①的女儿玛丽亚·路易斯仍然是拿破仑·波拿巴的妻子。当英国坚持拒绝分裂法兰西第一帝国时，奥地利帝国赞同了英国的做法。

奥地利皇帝弗朗茨一世

① 在神圣罗马帝国称弗朗茨二世。——译者注

拿破仑战争结束后，英国处理战败国法兰西第一帝国的方式充分体现出英国传统的外交政策。埃德蒙·伯克曾反复声明，数百年来，英国始终是势力均衡的守卫者和管理者。在英国倡导的势力均衡体系中，法兰西王国必须是一个强大的国家，并且战败后的法兰西王国不能继续占领莱茵河以东的领土，也就是属于德意志的领土，当然法兰西王国也不能被剥夺其战前拥有的领土。这样一来，拿破仑战争期间法兰西人吞并的西班牙王国、意大利王国、瑞士联邦、荷兰共和国和比利时王国等都将恢复独立地位，法兰西王国则需要继续维持拿破仑战争爆发前的强国地位。拿破仑战争结束后，在如何处理法兰西领土的问题上，反法同盟国家发生了激烈的纠纷，差点爆发战争。幸好，英国有了一个新的代言人——阿瑟·韦尔斯利。1815年年初，阿瑟·韦尔斯利刚刚结束了在伊比利亚半岛和法兰西南部的战争，抵达维也纳。他身上笼罩着胜利的光环。英国人民已经将阿瑟·韦尔斯利当成实际意义上的英国国王。在拿破仑战争后领土分配问题上，阿瑟·韦尔斯利充分展现出政治家的风采，让反法同盟国家的君主和外交官员印象深刻。

1815年3月7日，正在召开的维也纳会议突然中断，因为与会各国接到了拿破仑·波拿巴从厄尔巴岛逃走的消息。许多历史学家都曾在自己的书中描述过这起突发事件。反法同盟国家过于自信，认为拿破仑·波拿巴将会遵守诺言或条约，自愿被困在能够目视到欧洲大陆的厄尔巴岛上。实际上，在厄尔巴岛，拿破仑·波拿巴行动十分自由。负责在厄尔巴岛上监督拿破仑·波拿巴的英国军官及追踪拿破仑·波拿巴的皇家海军军官都这样认为。拿破仑·波拿巴的意外逃走，主要是因为负责看守他的英国人过于疏忽。这意味着欧洲很可能会再次爆发一场可怕的拿破仑战争。此时，反法联军已经分散，其军队实力被严重削弱。拿破仑·波拿巴绝不会让这种机会白白溜走。反法联军必须迅速行动起来。

1815年3月1日，拿破仑·波拿巴从戛纳出发，率领军队向北行进。他没有遇到任何来自法兰西人的反抗。几周前还为自身遭遇哀叹不已的法兰西人，又匍

各国代表来到维也纳参加会议

维也纳会议现场

拿破仑·波拿巴从厄尔巴岛逃走

拿破仑·波拿巴从厄尔巴岛归来

匐在拿破仑·波拿巴脚下。他们希望能够摆脱反法联军的控制。刚刚复辟的波旁家族迅速逃离了法兰西。曾为拿破仑·波拿巴效命的法兰西元帅再次追随他冲上前线。尽管这支匆忙集结起来的法兰西军队实力远远不及反法联军,但拿破仑·波拿巴十分清楚,只要能确保手下对自己绝对忠诚,那么凭借快速的军事行动,就可以弥补军队实力上的不足。拿破仑·波拿巴深知在军队作战中,团结一致起到的关键作用。他认为反法联军无法做到团结一致。离开厄尔巴岛时,拿破仑·波拿巴坚信此时的反法联军只是一盘散沙。此时,格布哈特·莱贝雷希特·冯·布吕歇尔和阿瑟·韦尔斯利距离前线最近。拿破仑·波拿巴必定会与他们展开激烈战斗。但拿破仑·波拿巴认为布哈特·莱贝雷希特·冯·布吕歇尔性格鲁莽,阿瑟·韦尔斯利生性谨慎,他们一定会在作战策略上产生分歧。拿破仑·波拿巴计划利用他们之间的分歧,迅速各个击破。大批英国军队、荷兰军队、比利时军队被拿破仑·波拿巴俘虏。接下来,这些军队将会极大地增强拿破仑·波拿巴的实力,也会加入拿破仑·波拿巴与俄罗斯军队的战斗中。

　　拿破仑·波拿巴的设想非常美好,但实现这一设想并不容易。他手下的法兰西元帅埃马纽埃尔·德·格鲁希指挥能力有限。尼古拉·让·德·迪厄·苏厄特尽管十分英勇、能力不凡,但从未担任过法兰西军队的领导职务。米歇尔·奈伊则称不上是一个真正的军事将领。拿破仑·波拿巴因劳累过度而病倒,法兰西军队的行程一度被耽搁。拿破仑·波拿巴需要能力强悍的老部下、强大如从前的法兰西军队和充足的时间[①],才能确保在自己生病的情况下仍然取得胜利。当然,反法联军也有自身的缺陷,尤其是英国军队。此前,英国从未遇到如此紧急的情况,来不及做充足的战前准备,举国上下迅速开始招募士兵。士兵无法得到充分的军事训练就上了战场,所幸指挥军队的英国军官经验丰富。比利时军队和荷兰军队也在前线附近,反应比较迅速。阿瑟·韦尔斯利率领的英国军队,仅有不超过一半的士兵作战经验丰富。但阿瑟·韦尔斯利依

---

① 反法联军肯定不会让他占得先机。——原注

然信心十足。在英国军队中，无论是刚刚入伍的新兵，还是经验丰富的老兵，都抱着奋战到底的决心走上了前线。

无论是参战的英国军队，还是法兰西军队，双方都曾在作战中犯下错误。但显然，英国军队的错误更少。阿瑟·韦尔斯利让英国军队右翼承担了主要作战任务，以便战败时从海上迅速撤退。显然，这是非常明智的。然而，阿瑟·韦尔斯利低估了法兰西军队的行进速度。在利尼，拿破仑·波拿巴迅速打败普鲁士军队的消息也让阿瑟·韦尔斯利十分震惊。阿瑟·韦尔斯利眼光长远，对普鲁士元帅格布哈特·莱贝雷希特·冯·布吕歇尔非常了解。阿瑟·韦尔斯利坚信，只要继续坚持实施作战计划，格布哈特·莱贝雷希特·冯·布吕歇尔就一定不会让自己失望。然而，利尼战役失败后，格布哈特·莱贝雷希特·冯·布吕歇尔选择了错误的撤退路线。为了保存普鲁士军队的实力，格布哈特·莱贝雷希特·冯·布吕歇尔的军队被迫艰难行军。果然，阿瑟·韦尔斯利没有看错人。然

格布哈特·莱贝雷希特·冯·布吕歇尔在利尼战场上落马

第 12 章 1814 年到 1827 年的英国外交政策 ● 295

而，拿破仑·波拿巴高估了法兰西元帅埃马纽埃尔·德·格鲁希的实力，低估了普鲁士军队的勇气和精力。滑铁卢战役爆发当晚，拿破仑·波拿巴始终被蒙在鼓里。他认为自己即将和埃马纽埃尔·德·格鲁希会合，但朝他走来的是可怕的格布哈特·莱贝雷希特·冯·布吕歇尔。拿破仑·波拿巴已经彻底走投无路！

终于，最后的决战时刻来了。在作战中，阿瑟·韦尔斯利率领的英国军队极富耐心，最终赢得了战役。一排排英国士兵被法兰西军队中实力强悍的炮兵接连击中，却表现出了绝不退缩的勇气，誓死捍卫前哨。法兰西军队和英国军队陷入了拉锯战。这在此前从未发生过。阿瑟·韦尔斯利下达了"我们必须坚守阵地，直到所有人都战死沙场"的指令。英国军队坚定地贯彻了他的指令。最终，普鲁士军队及时抵达战场，与法兰西军队的左翼和后翼展开激烈战斗。

法兰西元帅埃马纽埃尔·德·格鲁希

滑铁卢战役

拿破仑·波拿巴离开法国海岸,前往圣赫勒拿岛

阿瑟·韦尔斯利命令英国军队竭尽全力向前冲,轻而易举地就击溃了法兰西军队。普鲁士军队一路追赶溃逃的法兰西军队。法兰西军队被彻底歼灭。拿破仑·波拿巴被迫再次退位。这也是他最后一次退位。他不可能再回到厄尔巴岛上继续当"皇帝"。最终,他被流放到圣赫勒拿岛。很遗憾,看守拿破仑·波拿巴这个危险囚犯的军官并不比哈德孙·劳爵士更合适。

我们可以引用弗雷德里克·罗伯茨在《威灵顿公爵阿瑟·韦尔斯利的崛起》中的评价，来总结阿瑟·韦尔斯利的这场胜利："我认为阿瑟·韦尔斯利是一流的军事将领，他的才能接近甚至超过了拿破仑·波拿巴。"随后，弗雷德里克·罗伯茨给出了自己的理由："在一段时间内，拿破仑·波拿巴的军事才能让革命之火燃遍了欧洲大陆。阿瑟·韦尔斯利的才能则让他率领素质精良的英国军队以少胜多，屡战屡胜，从里斯本一直赢到图卢兹，从滑铁卢一直赢到巴黎，打败了强大的对手拿破仑·波拿巴，最终建立起持续近五十年的和平。"

此前，我们已经谈到，维也纳会议的一大特点是确保欧洲大陆国家维持均势。参与会议的欧洲各国高度关注其他国家的领土扩张情况，都抱着十分警觉的态度。在拿破仑战争中，尽管摧毁了法兰西海军，让拿破仑·波拿巴入侵土耳其和入侵东方的计划流产，凭借阿瑟·韦尔斯利的军事才能扳倒了拿破仑·波拿巴，但英国的战争债务从两亿英镑增加到八亿英镑。在维也纳会议中，作为战胜国，英国得到了丰厚补偿。拿破仑战争结束后，在重新划分领土的过程中，英国保留了一些对自己在印度、地中海、西印度群岛、日耳曼海开展贸易最关键的地区。英国得到了法兰西岛、马六甲、好望角、马耳他、赫尔果兰岛、多巴哥岛、圣卢西亚等地。事实上，英国从南美洲的德梅拉拉和埃塞奎博获得了更多的贸易利润。《亚眠和约》签订后，英国获得了锡兰和特立尼达。英国获得的丰厚补偿没有引起其他国家的太多反应。英国人视之为理所当然。英国需要在维也纳会议中为欧洲各国做出一个自我节制的榜样，从而让其他欧洲国家克制自己对领土的渴望。

1814年5月30日，在维也纳会议召开的过程中，反法同盟国家签署了《巴黎条约》。《巴黎条约》体现出反法同盟国家的克制态度。根据第一次《巴黎条约》，法兰西人保住了自己从世界各地掠夺来的战利品，尽管在第二次《巴黎条约》中，这一条款被反法同盟国家删去。此时，拿破仑·波拿巴突然逃走，欧洲面临爆发第二次拿破仑战争的危险。这让反法同盟国家极其恼怒。最终，停泊在安特卫普的法兰西军舰中，有三分之二的军舰得以回国，剩下的三分之一

荷兰国王威廉一世

被交给了荷兰国王威廉一世。自从在拿破仑战争中被法兰西人占领后,荷兰王国就失去了自己的国名,被法兰西人称作"法兰西河流的沙洲"。

为了与此前欧洲的格局保持一致,维也纳会议决定让低地国家再次独立。但比利时王国要与荷兰王国组成联盟。这是一次充满善意的实验。英国人认为英吉利海峡南岸的友好国家实力不能过于强大，但这次全新的安排忽略了一个事实：近些年来，低地国家的荷兰人和佛兰芒人之间的差异越来越明显。1830年，荷兰人和比利时人也曾试图组成联盟，却导致荷兰王国和比利时王国之间的分歧日趋明显。受当时的国际环境制约，波兰、萨克森及意大利与欧洲大国无法立即缓和关系，也无法完全执行维也纳会议的安排。

有种观点认为，在制订《维也纳条约》的过程中，英国发挥了关键作用。但《巴黎条约》和《维也纳条约》遭受了诸多非议，因为它们忽视了一部分欧洲国家的需求。显然，这种观点有失偏颇，甚至已经过时。以往战争结束时签订的条约总会引发许多非议。这是一种正常现象。在拿破仑战争中，欧洲各国受尽了拿破仑·波拿巴的侵略和压迫。因此，拿破仑战争结束后，欧洲各国很难克制对法兰西王国的满腔怒火，必定会争夺足够的补偿，以弥补自己在战争中的巨大损失。因此，在参与制订《维也纳条约》时，欧洲各国必须密切关注当下形势，尽量恢复以往的欧洲格局，正如1713年的《乌得勒支和约》中体现的那样。

然而，欧洲已经无力承受任何一场战争的爆发。拿破仑战争的可怕记忆，让欧洲各国最终决定采取平和的妥协态度。在意大利的相关问题上，如果维也纳会议坚持做出错误决定，并且后续没有及时纠正错误，那么《维也纳条约》就不会带来如此长久的和平。法兰西王国和反法同盟国家都从拿破仑战争中吸取了教训，认识到坚持极端原则带来的严重后果。这为《维也纳条约》的后续推进奠定了基础。

回顾英国在拿破仑战争中采取的行动时，我们会发现，英国在拿破仑战争中的举动与英国以往的外交政策保持了高度一致。英国在拿破仑战争中争取的目标，可以用我们十分熟悉的简单话语来概括，即保护海岸安全和贸易安全、维持与其他欧洲国家的密切联系、维护欧洲国家的均势，以及保持欧洲国家的协调合作。其中，保持欧洲国家的协调合作是英国最后才确立的外交原则，但可以追溯到伊丽莎白一世在位时期。当欧洲逐渐走出野蛮动荡的宗教战争，保持欧洲国家的协调合作就成了英国外交政策的重要组成部分。在拿破仑战争中，英国同样证实了自己对世界政治的深刻理解——在一场巨大的危机到来时，一个国家如果没有做好全面牺牲的准备，必定会逐渐失去其影响力和独立性。

上述牺牲精神并不意味着英国人拥有与生俱来、超乎人类的美德。放眼世界，英国外交政策的形成过程与其他国家类似。每代人都从祖先那里继承了独特的精神遗产，并将这种独特的精神遗产一代代传递下去。为了传承这些精神遗产，一个国家仅靠自身力量是不够的，必须要与其他国家组成联盟。18世纪，汉诺威家族的统治确保了英国能与其他欧洲国家组成紧密联盟。联盟对英国外交政策的推行起到了积极作用。当法国大革命的激进革命热情席卷欧洲大陆时，拿破仑·波拿巴凭借高超的军事才能顺利入侵欧洲其他国家。英国必然会面临一个困难的抉择——要么放弃祖先建立起来的政治传统，要么参与到拿破仑战争中，决战到最后一刻。此外，英国别无选择。英国的政治家已经意识到，英国不能继续依赖本国市场，或者满足于和殖民地交换产品，而要努力在世界的每个角落发展海外贸易。如何扩大海外贸易，已经成了摆在英国面前亟待解决的问题。英国的过往历史和现实需求都决定了它必须进一步扩大海外贸易。大英帝国一旦建成，就必须维持下去。

在此，我们必须简要概述一下1812年战争。英国对中立国家的外交政策和对抗拿破仑·波拿巴"大陆封锁政策"的决心，最终引发了1812年战争。阿尔弗雷德·塞耶·马汉认为，英国对中立国家实施的外交政策不仅是为了维持海上霸权，而且是出于自我防御的目的。阿尔弗雷德·塞耶·马汉指出，为了让英国成为世界贸易的"仓库"，英国实施了成功的外交策略，将英国的海外贸易与整个世界的命运紧密联系在一起。但毫无意外的是，阿尔弗雷德·塞耶·马汉批判了在英国海外贸易扩张的过程中，美利坚合众国政府秉持的温顺态度。他认为1812年战争自有其正当性。

在英国长期以来施加的压力及沉重的赋税压迫下，美利坚人民逐渐对英国产生了反感情绪。此外,特拉法尔加战役结束后,英国政府不再需要雇佣大量水手参战,而美利坚合众国为这批训练有素的水手提供了新的工作。英国十分反感美利坚合众国的这种做法。因此,英国人总是不遗余力地在属于中立国家的商船上搜寻和逮捕这些水手。部分水手出生于美利坚合众国,被英国人押到了英格兰和英国的殖民地,迫切希望脱离囚禁。

英国人从来没有想过,美利坚合众国会变成一个敢挑战英国海上霸主地位的海洋强国。因此,1812年战争爆发时,英国人毫无准备。英国海军部丝毫没有意识到,美利坚合众国海军尽管规模极小,但拥有数艘航海能力极强,足以打败英国护卫舰的军舰。当时,英国政府正忙于应对半岛战争和阻止拿破仑·波拿巴入侵俄罗斯帝国,没有考虑到美利坚合众国竟然要认真地发动一场战争。从正式宣战到美利坚合众国海军抵达英格兰的这段时间里,英国政府才匆忙地暂停了针对美利坚合众国的《枢密令》,但早就为时已晚。美利坚合众国境内支持美利坚合众国发动1812年战争的势力日益壮大。这场"亲兄弟"之间的战争再次打响。

1812年战争影响了英国的外交政策,体现了英国为了保卫其忠诚殖民地,绝不会因暴力活动而轻易放弃航海权利的坚定决心。最终,在以上两个方面,英国都取得了胜利。经历一系列波折后,英国保住了对加拿大的管辖权。1815年,也就是1812年战争结束时,英国依然得以保留了两个传统权利——搜查权和获得中立商船上敌方货物的权利。英国护卫舰与美利坚合众国护卫舰的实力差异,让英国人猛然惊醒,从中吸取了教训。但英国将领查尔斯·布罗克·维尔在香农打败切萨皮克人的消息传出后,英国人停止了恐慌。这也证明与英国海军的实力相比,美利坚合众国海军的实力仍然有很大的提升空间。

英国利用自身海上霸主的地位,及时制止了美利坚合众国的海上贸易,再加上美利坚合众国信用崩溃,1812年战争的态势扭转了。美利坚合众国信用崩溃,差点引发全世界的恐慌情绪。一些新英格兰州提前预料到了上述风险,因为英国在拿破仑战争期间颁布的、有违中立国家利益的相关政策,已经让美利

签订《根特和约》

新奥尔良保卫战

坚合众国的贸易遭受了严重损失。《根特和约》的相关条款充分显示,拿破仑战争结束后,英国可以更自由地开展海上贸易。在美利坚合众国成功保卫了新奥尔良后,美利坚合众国的军队名声大噪。新奥尔良保卫战的最终胜利让所有

第12章 1814年到1827年的英国外交政策 ● 303

人出乎意料。对美利坚合众国这个刚成立不久的新国家来说，赢得战争带来的信心和激励比任何物质战利品更宝贵。

1812年战争只是英国外交政策历史中的一个短暂片段。此后，英国外交政策史不再以战争为主题，开启了由外交技巧主导的新阶段。为了终结拿破仑·波拿巴的暴政，欧洲大国组成了反法同盟。但欧洲大国仍然会不可避免地从自身利益出发，对待和处置那些刚刚得到解放的欧洲国家。在俄罗斯帝国、奥地利帝国和普鲁士王国，专制主义仍然有着重要影响。它们不会轻易允许刚刚获得解放的欧洲国家自主选择发展道路。1815年，俄罗斯帝国、奥地利帝国、普鲁士王国成立了"神圣同盟"，利用各自的影响力，共同促进"正义、仁慈、和平"的发展。

当然，"神圣同盟"体现出的精神弥足珍贵，但这些精神的实现主要依靠"神圣同盟"国家的具体行动。很快，我们就会发现，"神圣同盟"主张的高尚精神其实根本无法实现。对"神圣同盟"中的国家来说，使用武力支持暴政政府、迫害支持宪政人士的行为虽然不够平和，但确实是正当行为。在巴黎和维也纳举办的会议中体现出的领土扩张精神，也在"神圣同盟"国家身上表现得淋漓尽致。法兰西王国的波旁家族选择与"神圣同盟"站在同一战线。这让英国政府面临的难题愈加棘手。英国人民没有对"神圣同盟"和法兰西王国的实际行为表示不满或抵抗。这让罗伯特·斯图尔特非常失望。他认为英国有权在国际舞台上强烈发声。英国人民强烈要求政府进行改革[①]，却屡屡受阻。他们对"神圣同盟"国家的感觉从热情友好——正如1814年亚历山大一世和普鲁士国王腓特烈·威廉三世拜访英国时感受到的那样，逐渐转向了厌恶和怀疑。

带领英国人度过艰难时期的重要责任再次落到了乔治·坎宁的肩上。1822年，乔治·坎宁重返政坛。显然，英国人需要采取更果断的行动，不能再任由事态自由发展。英国国内改革派的呼声日益高涨。对乔治四世与日俱增的

---

① 虽然在拿破仑战争期间改革是不切实际的。——原注

乔治四世

不伦瑞克的卡罗琳

反感,让英国人不愿意再继续信赖托利党。乔治四世与王后不伦瑞克的卡罗琳持续恶化的关系,让英国人民更厌恶乔治四世。在野时,乔治·坎宁一直过着平静、不问世事的生活。1822年,罗伯特·斯图尔特在家中自杀。他的老对手乔治·坎宁是接替他担任英国外交大臣的最佳人选。在意大利和西班牙,反对"神圣同盟"国家实施暴政的呼声也十分高涨,因为《维也纳条约》签订后,意大利人民和西班牙人民的境遇没有任何改变。对此,他们十分不满。奥地利人粗暴、迅速地镇压了意大利的起义活动,继续实施高压统治。法兰西政府、土耳其政府、普鲁士政府也采取了类似的残暴手段对待起义的西班牙人、希腊人和波兰人。

欧洲各国接连发生的起义是法国大革命的必然结果。如今,在过去二十年中相互厮杀的欧洲各国军队成了各国专制君主的有力武器。各国专制君主及其顾问习惯于从军事角度出发，寻求和平的解决方法。此外，欧洲各国人民逐渐发觉，拿破仑战争只不过让自己换了个暴戾的统治者，而自己只能通过混乱无序的起义表达愤怒。法兰西王国和西班牙王国所谓的宪政制度不过是摆设，根本起不到任何作用。欧洲各国君主仍在继续采取镇压的老办法对付人民起义。西班牙王国的混乱状况已经对英国构成了严重威胁。西班牙地域广阔和实力强大的殖民地普遍要求独立和自由，如果此时法兰西王国通过吞并西班牙王国的方式获得了西班牙殖民地，那么英国在18世纪做的一切努力必将付诸东流。此前，乔治·坎宁曾做过小威廉·皮特的副手，又成功打赢了半岛战争，是处理目前英国危机的最佳人选。

事实上，乔治·坎宁虽然无法直接干涉奥地利帝国对意大利的暴力镇压，但可以采取有效措施处理西班牙王国和葡萄牙王国的问题。英国曾经为葡萄牙王国提供过保护，也支持过西班牙南美洲殖民地的叛乱。1825年，西班牙在南美洲的殖民地纷纷独立。对此，乔治·坎宁做出了如下评价："为了重新调整过去的势力均衡，一个新的秩序应运而生。"在西班牙王国，宪政主义者与法兰西王国支持的专制主义者陷入了长达三十多年的斗争。

然而，对乔治·坎宁来说，希腊问题比西班牙和葡萄牙的问题更棘手，也引发了英国人民更激烈的讨论。半岛战争结束后，西班牙国内此起彼伏的起义活动迅速蔓延到了希腊。随着过去五十年里英国教育水平的提高，英国上层阶级的参政热情也越来越高。这一点在乔治·戈登·拜伦身上体现得淋漓尽致。1821年，希腊人开始不顾后果地武装反抗土耳其人，并且得到了英国人的慷慨资助。有不少浪漫主义诗歌都以发生在希腊的叛乱为主题。土耳其人采取了野蛮残暴的方式镇压希腊人的叛乱活动，受到了其他欧洲国家的持续抨击。乔治·戈登·拜伦所著的《蔡尔德·哈罗德游记》中有一首著名的歌谣《希腊群岛》，就是描写发生在希腊的叛乱的。

由于东欧国家的形势日益复杂和危险，俄罗斯帝国、奥地利帝国、普鲁士王国、法兰西王国和英国决定在维罗纳召开会议。罗伯特·斯图尔特本应该代表英国参会,却在会议召开前突然自杀。于是,阿瑟·韦尔斯利成了新的英国代表。维罗纳会议的过程十分荒诞可笑,因为俄罗斯帝国一方面支持希腊人的暴乱活动,另一方面赞同法兰西人入侵西班牙王国并镇压西班牙宪政主义者。乔治·坎宁认为,英国应该支持欧洲国家的民族自决和国家独立。但在希腊问题上,英国很难坚持同一立场。毕竟,阻止俄罗斯帝国继续煽动希腊人叛乱是一回事,制止土耳其人实施暴政是另外一回事。乔治·坎宁去世后,英国才开始有能力在希腊坚持民族自决的立场。

拿破仑战争结束后,欧洲迎来了和平时期。但很快,欧洲出现了新的问题,甚至无法用各国举办议会的方式协商解决。尽管经常招致批评,但在大多数情况下,举办议会和进行协商仍然是解决欧洲问题最有效的方式。

1827年乔治·坎宁去世后,纳瓦里诺战役引爆了欧洲危机。此次危机与乔治·坎宁的外交政策紧密相关。英国政府不愿意公开支持发生在希腊的叛乱。然而,英国出版业和英国志愿者为希腊的叛乱者提供了直接帮助。土耳其人因此感到被英国背叛。英国海军上将爱德华·科德林顿被土耳其人的残暴和希

纳瓦里诺战役

腊人的悲惨境遇激怒。在纳瓦里诺，爱德华·科德林顿率领英国海军舰队摧毁了土耳其海军舰队。爱德华·科德林顿代表了英国人民的真实情感，强迫英国政治家干预希腊事务。阿瑟·韦尔斯利曾经说出了乔治·坎宁的心声，认为纳瓦里诺战役是一件"麻烦事"。但除了介入希腊叛乱，英国政府别无选择。

第 13 章

1827 年到 20 世纪的英国外交政策

精彩看点

欧洲的土耳其人——英国实际上的守护者——东方问题——伊比利亚半岛问题——比利时与荷兰的分离——夏尔·莫里斯·德·塔列朗-佩里戈尔的最后贡献——亨利·约翰·坦普尔追随乔治·坎宁的外交政策——奴隶贸易被废除——意大利的情形——奥地利帝国对意大利王国的影响——秘密社团——"七月革命"——庇护九世与朱塞佩·加里巴尔迪——亨利·约翰·坦普尔与卡米洛·本索——法兰西人的干涉——朱塞佩·加里巴尔迪在两西西里王国和那不勒斯——亨利·约翰·坦普尔支持宪政自由——意大利作家和政治家朱塞佩·马志尼——乔治·坎宁维护英国的外交政策——堂吉诃德式的外交政策——埃及入侵土耳其——克里米亚战争——"东方问题"的现状——19世纪后期的英国外交政策——英国外交政策的不干涉原则——本杰明·迪斯雷利与"东方问题"——俄罗斯帝国和英国在东方的争夺战——世界各国在非洲的竞争——英国殖民地——埃及的英国人

土耳其人在欧洲的地位总是有些尴尬。早在15世纪，土耳其人就已经通过出征，占领了拜占庭帝国的广阔领土，最终被联合起来的欧洲国家驱逐。土耳其人的军事实力一度领先世界，他们甚至曾经打算占领整个地中海。尽管土耳其人的征服对象不限于基督教教徒，但基督教教徒始终是他们的重点目标。16世纪和17世纪，随着土耳其人军事力量的衰弱，曾经备受土耳其人压迫的欧洲国家逐渐开始同情土耳其周边信奉基督教的国家。18世纪，俄罗斯帝国逐渐壮大势力，成为东欧国家的宗教领袖和政治领袖。俄罗斯帝国宣称自己是土耳其宫廷里基督教教徒的守护者，开始持续干涉其他国家事务，最终导致奥斯曼帝国解体。1774年的《库丘克-开纳吉条约》使形势发生变化，英国逐渐取代了俄罗斯帝国基督教教徒守护者的位置。

在共同利益的基础上，英国在黎凡特的商业贸易，以及捍卫前往印度航线的必要性，使英国和奥斯曼帝国建立起紧密的联盟关系。英国人希望在对基督教教徒的影响力上超过俄罗斯帝国。从"神圣同盟"国家那里得到支持的土耳其人很快发现，自己过度依赖欧洲国家的宽容和认可。土耳其人开始争论，如果信奉基督教的国家推行帮助专制政府对抗革命性改革的制度，奥斯曼帝国是否会被排除在外？如果被征服的国家都开始寻求民族自决和国家独立，那么土耳其人长久以来维持的帝国还会剩下多少领土？

对土耳其人来说，上述问题关乎生死存亡，土耳其的外交官可以一直辩论下去。然而，纳瓦里诺战役让土耳其人得到了深刻的教训。土耳其人发现，要想将奥斯曼帝国维持下去，就要扩大自身对欧洲舆论的影响力。尽管如此，土耳其人仍然相信，欧洲大国采取的防御措施，不过是出于它们对奥斯曼帝国的忌妒。土耳其人丝毫没有察觉到，欧洲国家希望随着时间的流逝，土耳其人能够逐渐改变野蛮的行事风格。

英国外交政策的制订者开始考虑"东方问题"时，英国正面临着十分复杂的形势。1852年，在默尔沃城堡，阿瑟·韦尔斯利去世。阿瑟·韦尔斯利对亚历

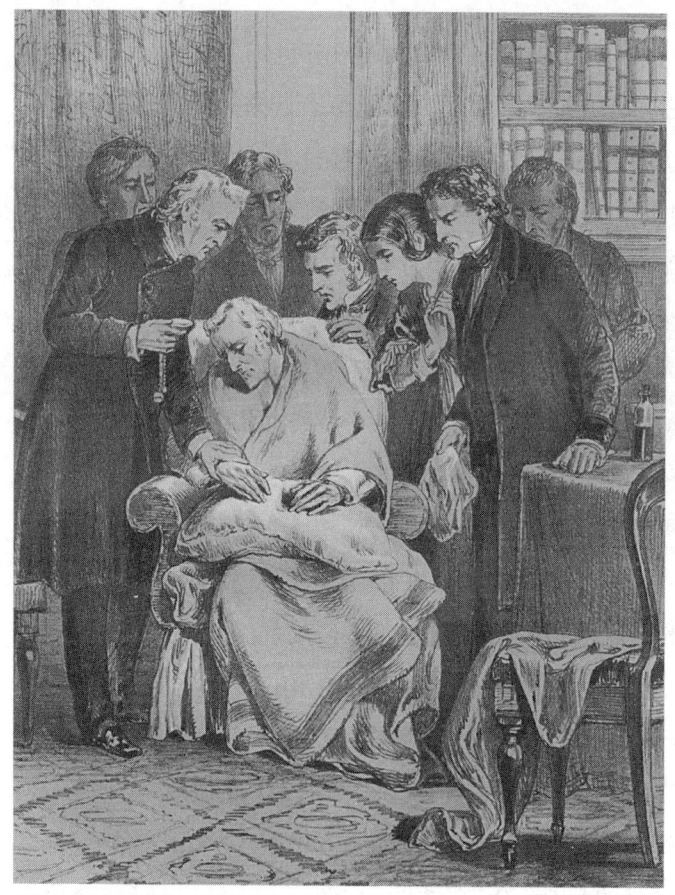

阿瑟·韦尔斯利在默尔沃城堡去世

尼古拉一世

山大一世和尼古拉一世产生了巨大影响。由于俄罗斯帝国实力强悍,在法国大革命时期和欧洲协调时期,土耳其的侵略行为和俄罗斯帝国的基督教教徒保护者身份得以延续。随后,俄罗斯帝国开始对土耳其人失去耐心。于是,1854年克里米亚战争爆发了。俄罗斯帝国坚信,法国大革命对欧洲各国是一个长久的挑战,英国不会随意插手。但从现在的角度来看,在希腊发生叛乱的问题上,英国应该率领一小批军队,监视土耳其人的行为。最终,1840年,俄罗斯帝国加入了英国、奥地利帝国和普鲁士王国共同对抗穆罕默德·阿里的军事行动中。

1815年到1854年，欧洲国家对法国大革命的恐怖记忆，足以让欧洲维持和平状态。尽管协商的过程多有波折，但最终希腊还是获得了独立。土耳其人被迫迎合欧洲国家的普遍政策。英国外交政策中的"东方问题"暂时得到缓解。信奉基督教的国家生存境遇逐渐改善。

乔治·坎宁的继任者亟须处理伊比利亚半岛问题。伊比利亚半岛问题的产生，部分是因为"神圣同盟"国家的行动，部分则是因为伊比利亚半岛上不断壮大的"宪政主义"势力。正如英格兰王国曾经通过不流血的"光荣革命"将威廉三世推上了王位，反抗了斯图亚特王朝的专制主义，伊比利亚半岛上的"宪政主义"带来的影响同样需要很长时间才会显露。西班牙人和葡萄牙人的暴动受到了英国人和法兰西人的鼓励。1830年爆发的第二次法兰西革命也显露出，波旁王朝的专制主义导致其最终覆灭。

1830年爆发的第二次法兰西革命，体现了法兰西人对波旁王朝复辟后推行极端保守政策的坚决反抗。同时，为支持《改革法案》的实施，英国各地人民纷纷起义。这标志着英国政治改革的开始和托利党执政时代的结束。法兰西王国的起义和英国的起义同时进行，要求分离比利时王国与荷兰共和国的强烈呼声随之高涨。欧洲五大强国迅速做出反应，明确了团结协作的立场。法兰西王国与英国政治嗅觉敏锐，觉察到了重新划分低地国家可能是一件有利可图的事情。法兰西人十分乐意摆脱一个实力过于强大的邻国。英国人一直秉持着确保英吉利海峡南岸被友好国家控制的原则，也希望低地国家因为被分割成两部分而变得更强。

比利时王国与荷兰共和国分离的过程既体现了君主制原则，也体现了宪政原则。在荷兰王国，支持英国人的奥兰治家族重新掌权。优秀的利奥波德一世成了比利时国王，先后与威尔士的夏洛特公主和路易·菲利普一世的女儿奥尔良的路易丝结婚。在某种意义上，利奥波德一世既是英国人，也是法国人。如

利奥波德一世

威尔士的夏洛特公主

路易·菲利普一世

奥尔良的路易丝

今，自由宪政已成了西欧国家的普遍法则。比利时王国和荷兰王国因此获得了自由地位。比利时王国与荷兰王国由于在种族和宗教上差异显著，在分别独立后得以繁荣发展。

法兰西外交家夏尔·莫里斯·德·塔列朗-佩里戈尔是促成比利时王国和荷兰王国独立的最大功臣。他始终是乔治·坎宁和阿瑟·韦尔斯利的忠实助手。在议会中，当英国上议院议员攻击夏尔·莫里斯·德·塔列朗-佩里戈尔的政治投机行为时，阿瑟·韦尔斯利为其辩护说，夏尔·莫里斯·德·塔列朗-佩里戈尔对待其他欧洲国家就像对待自己的祖国一样忠诚可信。

法国大革命、希腊独立战争、法国七月革命、比利时与荷兰的独立都建立在类似的政治原则基础上，但英国对西班牙的干涉与它们完全不同。西班牙王室和葡萄牙王室没有遵循这种政治原则。拿破仑战争结束后，通过重新整顿欧洲秩序，欧洲各国确立了一系列逻辑清晰的普遍政策。负责重塑欧洲秩序的阿瑟·韦尔斯利参加了维罗纳会议，发现"神圣同盟"国家仍然实力强悍。我们如果仔细观察当时的欧洲局势，就不难发现，某个国家的专制主义者往往能得到其他国家的外部支持，宪政主义者却很难得到外部支持。一大批英国宪政主义支持者开始为其他国家争取宪政的斗争提供帮助。时任英国外交大臣的帕默斯顿子爵亨利·约翰·坦普尔就是一个典型代表。

1830年，亨利·约翰·坦普尔开始担任英国外交大臣。在威廉四世的统治下，英国步入了新的发展阶段。威廉四世思想开明，能够接受当时的流行观点，但害怕这些观点会让英国爆发革命。亨利·约翰·坦普尔是乔治·坎宁的亲密朋友和部下，他的外交政策与乔治·坎宁类似，甚至比乔治·坎宁走得更远。亨利·约翰·坦普尔故意表露自己对伊比利亚半岛自由派事业的支持。乔治·坎宁如果还活着，应该也会持相同的支持态度。现在的问题是英国如何在避免再次引发欧洲战争的前提下介入西班牙事务。

如果发生在法兰西王国的七月革命不平息，英国就无法干涉西班牙事务。如今，法兰西君主已经不可能为伊比利亚半岛的专制主义者提供军事援助，即使他们打算这样做。法兰西的七月王朝支持伊比利亚半岛自由派的抗争事业，但无法像英国那样为伊比利亚半岛自由派参与战争提供资金支持。法兰西王国和英国开始采取伊丽莎白一世曾经在法兰西和低地国家熟练运用的策略。这种策略不违背国际法，并且完全公正合理，可以实现法兰西王国和英国支持伊比利亚半岛自由派的目的。1834年，英国、法兰西王国、西班牙王国和葡萄牙王国组成四国同盟，反对卡洛斯西班牙王国内部的正统统派和葡萄牙米格尔[①]。葡萄牙王国和西班牙王国的宪政主义者迅速占据上风，但与专制主义者的斗争依然十分艰巨。于是，英国和法兰西王国决定派遣军队前往伊比利亚半岛提供援助。

葡萄牙国王米格尔一世

---

① 这里实际上指不受正统历史学家认可的篡位者葡萄牙国王米格尔一世。——译者注

西班牙王国和葡萄牙王国兵力充足。西班牙王后玛丽亚·克里斯蒂娜和葡萄牙女王玛丽亚二世都很年轻,并且十分热情。英国将领乔治·德·莱西·埃文斯负责指挥前往西班牙的英国军队。乔治·德·莱西·埃文斯曾经在伊比利亚半岛参加过战争,是一个自由主义的坚定支持者。英国军队和法兰西军队的到来改变了伊比利亚半岛的局势,但由于军队中的军官和士兵来自不同国家,沟通协作上存在一些障碍。查尔斯·内皮尔率领的英国志愿军为葡萄牙宪政主义者提供了高效协助。最终,与希腊王国、比利时王国和荷兰王国一样,西班牙王国与葡萄牙王国也毫无保留地顺应了潮流,尽管在20世纪,它们可能已经淡忘了追求自由的痛苦过程。

在奴隶贸易的问题上,一些欧洲国家没有紧随英国的脚步。这并不是亨利·约翰·坦普尔的问题,但正是在英国的长期影响下,奴隶贸易最终被禁止。很久后,巴西才与欧洲保持一致态度,禁止奴隶贸易。接连几届英国外交大臣都十分坚决地运用除战争之外的所有手段,积极推行《废除奴隶贸易法案》。废除奴隶贸易成为19世纪英国外交政策的重点之一。英国的做法十分正确,尽管英国并不是奴隶贸易的开启者,但英国人及其殖民者曾热切和广泛地促进过奴隶贸易。因此,英国人应该担负起主要责任。

20世纪,意大利王国仍然没有追上欧洲国家自由解放的潮流。尽管英国人的影响力和善意让意大利人大为受益,但英国政府并没有带领意大利王国走向解放。欧洲强国都赞同英国对欧洲秩序的重建方案。1825年亚历山大一世驾崩后,"神圣同盟"已经分崩离析。此后,欧洲列强更倾向于支持在德意志各国与意大利各国流行的君主制。欧洲强国意识到,宪政主义和民族主义已经不再强势。奥地利外交大臣克莱门斯·文策尔·冯·梅特涅对拿破仑战争后欧洲秩序的重建做出了重要贡献。他的决策和思想均体现出拿破仑战争后欧洲强国对宪政主义和民族主义的打压。

奥地利外交家克莱门斯·文策尔·冯·梅特涅曾经说过一句名言:"意大利只是一个地理概念。"他的观点不无道理。自1494年以来,法兰西王国和神

西班牙王后玛丽亚·克里斯蒂娜

葡萄牙女王玛丽亚二世

乔治·德·莱西·埃文斯

查尔斯·内皮尔

圣罗马帝国始终在争夺意大利的领土，摧毁了意大利的政治活力。长期的艰难处境使意大利经常遭到其他欧洲国家侵略，尤其是奥地利帝国。18世纪，为了平衡法兰西王国在西班牙的势力，英国曾经支持过奥地利人入侵意大利。尽管意大利人渴望独立和自由，但重塑欧洲秩序的维也纳会议并没有改变他们的生存状况。奥地利皇室和许多意大利小国的统治者有血缘关系，进一步扩大了奥地利帝国在意大利半岛的影响力。

然而，在推行反对欧洲各国起义的正义事业时，克莱门斯·文策尔·冯·梅特涅和奥地利人没有注意到拿破仑·波拿巴对欧洲国家的征服也让公平、秩序、同情等精神深入人心。上述宝贵的精神源于法国大革命，已经在欧洲被传播开来，并且得到了欧洲人民的广泛认可，任何强权都无法将其消灭。对欧洲国家来说，与接下来有可能爆发的内战相比，法国大革命的后果似乎没有那么严重。

随着奥地利帝国对意大利王国变本加厉的控制和压迫，意大利爱国者的运动被迫转到地下，以秘密结社的方式进行。在意大利，秘密社团开始出现，随后迅速发展起来。意大利爱国诗人西尔维奥·佩立科等人的悲惨遭遇激起了英国人民的怒火。乔治·戈登·拜伦将16世纪日内瓦的独立主义者弗朗索瓦·博尼瓦尔的感人事迹及其遭受萨伏依公爵压迫的经历写成了《西庸的囚徒》。英国人对解放希腊的斗争热情，逐渐转移到了意大利。1846年，当亨利·约翰·坦普尔第三次担任英国外交大臣时，他已经意识到，英国人民必定会支持自己推进意大利解放事业。

1830年，七月革命爆发，意大利解放浪潮的星星之火最终形成了燎原之势。但奥地利帝国仍然实力强悍，有能力镇压大规模的人民起义。尽管在意大利作家和政治家朱塞佩·马志尼的带领下，意大利人民坚持自治原则的暴力运动取得了一些进展，也获得了国内外的广泛支持，但如果没有其他欧洲国家的外部援助和直接干涉，意大利很难成功解放。

最终，看似无望的意大利解放运动，以最出乎意料的方式取得了胜利。

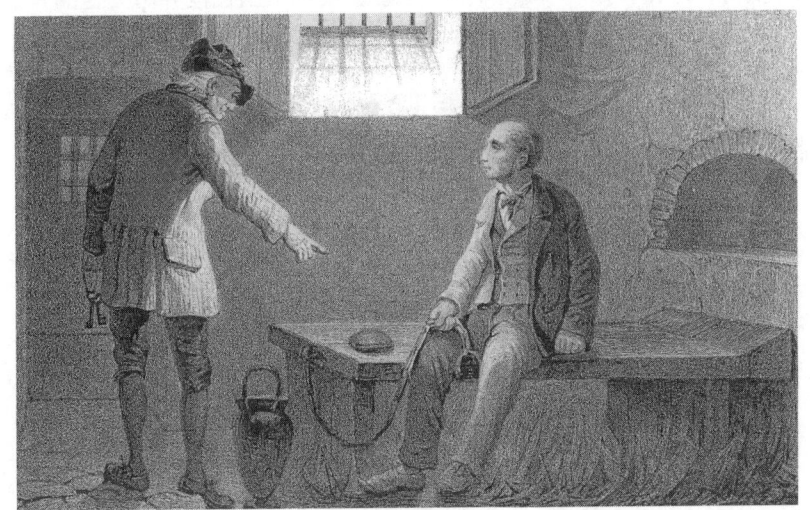

狱中的西尔维奥·佩立科

亨利·约翰·坦普尔

朱塞佩·马志尼

但这次胜利建立在19世纪初发生的一系列事件之上。每一次失败的解放运动和奥地利帝国的每一次镇压，都促成了意大利王国在世界历史上的首次统一。1846年当选为教皇的庇护九世与充满旧式英雄主义色彩的英勇水手朱塞佩·加里巴尔迪是意大利解放运动中的关键人物。但意大利王国的最终统一与撒丁国王维托里奥·埃马努埃莱二世及首相卡米洛·本索紧密相关。

卡米洛·本索

虽然教皇庇护九世认为高举宪政主义旗帜只是一种权宜之计，但他的计谋导致意大利国内暗流涌动。教皇庇护九世突然发现，自己的政策已经走得太远，其造成的影响已经不可消除。他的举动不仅影响了所有意大利国家，而且对被1848年第三次法兰西革命影响的欧洲国家产生了积极意义。意大利境内的小国纷纷融入自由主义运动浪潮，撒丁王国和两西西里王国也随之加入。革命之火蔓延到了伦巴第。奥地利帝国及时警醒，要想继续维持对意大利的控制，就必须尽快实施武装干涉。1848年，奥地利帝国与撒丁王国爆发战争。战争爆发初期，局势对奥地利将领约瑟夫·拉德茨基·冯·拉德茨很不利。但很快，他就赢得了库斯托扎战役。意大利解放的希望寄托在深陷战争却英勇无比、目标坚定、崇尚自由的撒丁王国。1849年诺瓦拉战役失败后，维托里奥·埃马努埃莱一世退位。随后，他的儿子维托里奥·埃马努埃莱二世即位。维托里奥·埃马努埃莱二世让意大利解放事业重燃希望。但他不是一个土生土长的意大利人，并且十年后才会名声大噪。

1848年，意大利解放运动中出现了两股外部势力。在罗马教皇缺位期间，朱塞佩·加里巴尔迪积极地推动建立意大利共和国。浪漫主义情怀和英勇无畏的性格让他脱颖而出，吸引了大批勇敢的意大利人加入他的事业。此外，拿破仑三世成了法兰西第二共和国的首位总统，坚持认为法兰西人应该插手意大利事务。他以帮助教皇收复罗马，驱逐朱塞佩·加里巴尔迪和意大利共和派的名义，派出一支法兰西军队前往意大利。法兰西人重拾中世纪结束时希望摧毁意大利的宏伟目标。由于法兰西第二共和国的介入，奥地利帝国的压力有所减轻，但意大利解放事业的前途因此变得黯淡。

除奥地利帝国和法兰西第二共和国之外，英国也在干涉意大利事务，只不过采取了一种截然不同的方式。在避免惹怒奥地利人和法兰西人的同时，英国外交大臣亨利·约翰·坦普尔利用丰富的外交经验和新颖的外交技巧，竭力推动意大利解放事业的发展。亨利·约翰·坦普尔通过明托伯爵吉尔伯特·埃利奥特-默里-基宁蒙德与教皇庇护九世和撒丁王室取得联系，竭力让奥地利人

教皇庇护九世

约瑟夫·拉德茨基·冯·拉德茨

库斯托扎战役

诺瓦拉战役

维托里奥·埃马努埃莱二世

拿破仑三世

相信，如果奥地利人继续无视意大利人的心声，将会造成严重后果。此时，卡米洛·本索已经在政坛崭露头角。1852年，卡米洛·本索成为首相，开始施展高超的外交能力。卡米洛·本索需要足够的耐心、理智、远见。他与英国特使频繁会面，开始在英国的协助下，实施新的外交政策。意大利爱国者的信心逐渐恢复，撒丁王国已经做好准备，随时抓住一切可能的机会。

1854年，克里米亚战争爆发。在克里米亚，通过与英国人和法兰西人并肩作战，卡米洛·本索进一步巩固了自身权力。卡米洛·本索的主动援助和撒丁军队在战争中的良好表现，让法兰西人和英国人对意大利解放运动表现出了更支持的态度，也进一步激化了法兰西人和普鲁士人之间的矛盾。意大利人要想推翻奥地利帝国的统治，就一定需要欧洲强国的介入。1859年，法兰西人出面介入意大利事务，法兰西军队与撒丁军队联合起来，组成了一支强大有序的军队，强迫奥地利帝国签署协议。拿破仑三世选择与撒丁王国结成联盟的动机十分复杂。他十分清楚，"为理念而战"的参战借口不会让法兰西人满意。因此，当法兰西军队在马真塔和索尔费里诺打败奥地利军队时，拿破仑三世向意大利人提出了吞并萨伏依和尼斯的交换条件。出乎意料的是，拿破仑三世没有再采取进一步行动。1859年签订的《比利亚弗兰卡和约》要求奥地利帝国将伦巴第归还给撒丁王国，但奥地利帝国仍然可以占领威尼提亚和意大利中部。两西西里王国的归属没有改变。

迄今为止，意大利还是没有统一，甚至仍然只是一个"地理概念"。朱塞佩·加里巴尔迪面临的境况进一步恶化。他率领一众追随者闯入两西西里王国。整个欧洲为之震惊。四个月内，朱塞佩·加里巴尔迪征服了墨西拿海峡两侧由波旁王朝控制的王国。朱塞佩·加里巴尔迪发现撒丁军队已经开始对抗意大利中部和罗马教皇的势力，甚至向加埃塔进军，包围那不勒斯王国。于是，他放弃了意大利民族解放事业的领导权，将其交给了已经做好准备接替自己的维托里奥·埃马努埃莱二世。

1862年，维托里奥·埃马努埃莱二世完成了意大利民族解放事业。在都

马真塔战役

索尔费里诺战役

灵，维托里奥·埃马努埃莱二世召开了一次会议。除威尼提亚和罗马以外，各地都派出了代表参会，维托里奥·埃马努埃莱二世被授予"意大利国王"的称号。同时，朱塞佩·加里巴尔迪和追随他的志愿军再次出现，决心让罗马恢复古时意大利首都的地位。不料，维托里奥·埃马努埃莱二世出于自身考虑，派出皇家军队镇压了朱塞佩·加里巴尔迪的起义。朱塞佩·加里巴尔迪的历史使命彻底结束。

20世纪，意大利王国已经跻身欧洲强国之列。1866年，奥地利帝国败给普鲁士王国，意大利王国因此收复了威尼提亚。1871年，在维托里奥·埃马努埃莱二世的努力下，罗马重新成了意大利的首都。乔治·戈登·拜伦曾写下关于意大利民族解放的忧伤诗句："意大利！噢，意大利！你失去了往日可爱，被迫变得坚强。"如今，忧伤的诗句变成了欣喜的吟唱："从阿尔卑斯山脉到亚得里亚海，意大利终于获得了自由。"

维托里奥·埃马努埃莱二世被授予"意大利国王"的称号

如果想探究在意大利争取民族解放的五十年中，英国究竟扮演了何种角色，最好的方法就是阅读亨利·约翰·坦普尔留下的信。为亨利·约翰·坦普尔撰写传记的伊夫林·阿什利就曾大量引用了亨利·约翰·坦普尔信中的内容。英国无法像其他国家处理希腊、西班牙和葡萄牙问题那样处理意大利问题。英国人一直在密切关注意大利的民族解放运动，因为对英国来说，地中海意义重大。英国人也从18世纪的战争中领悟到，意大利绝对不能落入任何敌对国家的手中。

此外，毫不过分地说，朱塞佩·马志尼身上体现的暴力运动精神更容易引发公众恐慌，而非广泛的赞同。虽然朱塞佩·马志尼的主张赢得了意大利人的同情，但疯狂的革命主义者从他领导的暴力运动中得到鼓励，变本加厉地实施暗杀行动，引起了意大利人的恐慌。意大利境内罗马教皇的反对者开始四处传播反教权主张。他们的举动产生了深远影响，甚至激起了新教教徒的同情。亨利·约翰·坦普尔对意大利暴力运动造成的负面影响深有体会。他希望意大利能够获得宪政自由，而非共和自由。因为撒丁王国的领导前途和发展前景符合自己为意大利设定的目标，所以亨利·约翰·坦普尔千方百计地利用手中权力巩固和发展意大利西北部撒丁王国的势力。

我们需要深入分析亨利·约翰·坦普尔的行为。1846年，亨利·约翰·坦普尔开始担任英国外交大臣，随后很快成为意大利民族解放运动的指引者和建议者。在亨利·约翰·坦普尔的指导下，吉尔伯特·埃利奥特-默里-基宁蒙德鼓励意大利各国加入民族解放运动，公开宣称英国反对意大利各国对外国政府的限制。从此，亨利·约翰·坦普尔与意大利的民族解放和独立事业紧密结合。但他并不打算让英国直接武装介入意大利事务，甚至坚决反对奥地利帝国对意大利的武装干涉。1848年，民族解放运动席卷了整个意大利。亨利·约翰·坦普尔采取了进一步行动。他否认奥地利帝国有权占领意大利的任何领土。他坚决认为1846年奥地利帝国对格拉科夫的占领违背了《维也纳协议》，甚至尝试说服奥地利帝国通过得到一笔补偿金的方式放弃伦巴第，仅保留威尼提亚。后来，亨利·约翰·坦普尔更是加入了法兰西人的阵营，在约瑟夫·拉德茨基·冯·拉德茨入侵撒丁王国时，要求奥地利帝国签署停战协议。

亨利·约翰·坦普尔很好地代表了英国的国家利益，无论是意大利还是奥地利的极端政治家都无法反对他的政策。如果想在意大利挑起战争，英国人还需要再等待一段时间，继续对英国政府施加道德上的影响。与此相反的是，法兰西皇帝拿破仑三世坚持与奥地利帝国开战。亨利·约翰·坦普尔从中斡旋，但未能成功。当时，没有人能预料到，在法兰西第二帝国和奥地利帝国爆发战争后，奥匈帝国会迅速崛起。奥匈帝国通过高超的政治智慧、持久的努力和无限的耐心，确保意大利逐渐走向强大，在长期动乱后让意大利人获得了片刻安宁。

对意大利事务的迅速回顾有助于我们了解法国大革命结束后，英国外交政策的真实定位。在欧洲大陆陷入长达二十多年的动荡危机后，欧洲各国都不愿意再冒太大的风险开展任何政治实验。在危机中，英国需要承担引导责任，采取一系列有益于全人类的外交政策，防止欧洲再次被卷入类似法国大革命的风波。维系欧洲秩序的机制需要定期修补，但绝不能被推倒重来。欧洲秩序应该由影响力强、权威性高的大国来主导，战争应该成为欧洲各国解决问题采取的最后手段。英国人认为，权力性影响力应该建立在普遍自由和自治的基础上，国家的进步与安定只能在专制统治和无政府主义的折中状态下实现。

如果有人认为，在负债累累、兵力不足的情况下，英国仍然会义无反顾地加入一场自身影响力极其弱的战争，那就大错特错了。我们通常将上述外交政策描述为堂吉诃德式的外交政策。只有在一种情况下，英国人民会要求政府实施堂吉诃德式的外交政策，那就是在英国为了自身利益必须参战时。通过之前对英国外交政策的梳理，我们了解到，英国的国家利益往往与贸易和国家安全有着密切联系。亨利·约翰·坦普尔时常被指责为其他国家提供超出自身能力的援助许诺。确实，亨利·约翰·坦普尔实施的外交干涉并不总是明智的，但往往出自正当理由，并且最终能够取得成功。然而，英国对波兰的外交干涉是个例外。英国人对波兰人的遭遇感同身受、极度同情。但18世纪，欧洲强国仍然毫无阻力地瓜分了波兰。19世纪，无论是采取外交手段还是付诸战争，都已经无法改变波兰的局势。英国对瑞士和西班牙采取的外交干涉则有所不同，因为瑞士在一定程度上会采纳英国的外交建议。

英国与法兰西第二帝国和俄罗斯帝国的外交关系更复杂。首先，英国与这两个国家面临着爆发战争的风险；其次，这种战争的风险往往会变为现实。"东方问题"是英国与法兰西第二帝国和俄罗斯帝国外交关系中的棘手问题。我们已经回顾了俄罗斯帝国被剥夺奥斯曼帝国"摄政者"的身份，以及拿破仑·波拿巴公然侵略欧洲国家的行为。拿破仑·波拿巴曾说过："君士坦丁堡必须成为法兰西人或哥萨克人的领土。"英国人绝不会允许法兰西人或俄罗斯人损害英国的国家利益。通过尼罗河战争，英国人已经征服了地中海。英国政治家逐渐意识到，如果任何一个充满敌意的欧洲国家占领了黎凡特，英国就有可能会失去印度殖民地。为了保住印度殖民地，英国承担着巨大的责任，也面临着战争和暴乱的危险。

纳瓦里诺战役结束后，取得胜利的英国、法兰西王国、俄罗斯帝国需要迅速承担责任。土耳其海军舰队的毁灭让埃及人钻了空子。实力强悍、野心十足的埃及瓦利①穆罕默德·阿里趁机抓住了这个机会。穆罕默德·阿里从法兰西人那里得到了支持，因为法兰西人从中看到了潜在机遇。欧洲各国必须尽快开会，商讨对策，因为埃及人不仅入侵了叙利亚，而且收买了土耳其海军舰队。然而，法兰西人选择袖手旁观，拒绝参与欧洲协调。此时，事态已经十分严峻。亨利·约翰·坦普尔下定决心，冒着与法兰西人开战的风险，派出英国的地中海舰队，将埃及人赶出了叙利亚，前提是英国人必须帮助穆罕默德·阿里在埃及建立统治王朝。外交经验丰富的拿破仑三世辞退了愤怒的法兰西外交部部长阿道夫·梯也尔。法兰西人意识到，此时与英国人开战极不明智。英国外交政

---

① 奥斯曼帝国统治时期的称号，指政区的统治者。——译者注

维多利亚女王

策中非常重要的一部分内容,就是保持与法兰西人的友好关系。维多利亚女王和阿尔伯特亲王始终与路易·菲利普一世和拿破仑三世维持着良好关系。尽管法兰西人时常谈到自己要为滑铁卢战役复仇,但总体来说,法兰西人十分清楚,在滑铁卢战役中,英国的对手不是法兰西人,而是拿破仑·波拿巴。对法兰西人来说,英国始终是帮助自己维持欧洲秩序的盟友。

当克里米亚战争爆发时,英国外交政策再次迎来了艰巨挑战,但英国与法兰西第二帝国之间的友好关系仍在持续。克里米亚战争是英国外交史上的又一个"东方问题"。然而,此时,亨利·约翰·坦普尔已经不再担任英国首相。在阿伯丁伯爵乔治·汉密尔顿·戈登担任首相期间,即1852年到1855年,亨利·约翰·坦普尔只是担任了内政大臣一职。从此,亨利·约翰·坦普尔卸下了重担。他如果更明智,就应该更早地从繁重的外交事务中脱身。斯坦莫尔男爵阿瑟·汉密尔顿-戈登在处理外交事务的过程中就曾遭遇极大的困难。乔治·汉密尔顿·戈登无论能力如何高超,仍然不是解决英国外交危机的合适人选。英国需要亨利·约翰·坦普尔回归,只有亨利·约翰·坦普尔才能秉持从容不迫的态度应对危机。

1856年签订的《巴黎条约》结束了克里米亚战争。但《巴黎条约》无法为奥斯曼帝国及其信奉基督教的臣民的关系带来任何实质性的改变。欧洲各国对上述关系的观点日趋成熟。乔治·坎宁和亨利·约翰·坦普尔的继任者则将

阿伯丁伯爵乔治·汉密尔顿·戈登

斯坦莫尔男爵阿瑟·汉密尔顿-戈登

他们的外交原则发扬光大。如今，许多曾经被奥斯曼帝国入侵和奴役的信奉基督教的国家重获自由，但以君士坦丁堡为中心的土耳其势力尚未瓦解。英国外交政策中的"东方问题"总是暗藏危机，但随着时间的流逝，解决问题的可能性在不断增加。

我们不需要详细回顾过去几十年中影响英国外交政策的所有事件；不需要详细展示英国外交政策是如何在短暂停滞后重新延续下来的；不需要时刻检验英国对其他国家的态度、分析世界上发生的所有"棘手问题"；更不需要预测未来，试图勾勒出英国外交政策今后可能或应该采取的路线。上述问题尽管与英国外交政策息息相关，但应该是外交家和政治家的关注焦点，而非历史学家的研究重心。历史学家只需要对史实做简要总结。

19世纪后期，英国外交政策的重点是大英帝国的维持和扩张，尤其是在亚洲、非洲和美洲。在与欧洲强国和美利坚合众国打交道的过程中，英国始终秉持着不干涉的外交原则，不再延续以往通过军事斗争获取重要利益的方式。这种不干涉的外交原则与英国最初的外交政策一脉相承，并且延续了其增强自身实力、保卫不列颠群岛等显著特点，强调对外部可能会损害英国利益的任何变化保持警惕。

1861年到1865年，美利坚合众国爆发了南北战争，英国人也深受其影响。"特伦特事件"的发生令英美关系急剧恶化。亨利·约翰·坦普尔迅速采取行动，维多利亚女王和阿尔伯特亲王也从中协调，英国和美利坚合众国保持了理性和冷静，最终化解了这场外交危机。英国和美利坚合众国成功避免了战争的爆发。在艰苦的战斗后，美利坚合众国北方各州赢得胜利，美利坚人和英国人的友好关系得以延续。

1865年到1871年，欧洲爆发了一系列战争，最终促成了奥匈帝国的建立。在此期间，英国始终秉持着不干涉的原则，因为这些战争都与英国利益无关，也不会导致专制制度的确立，从而威胁到欧洲的势力均衡格局。俄罗斯帝国利用英国的不干涉外交原则，趁战争频繁爆发之际，拒绝履行结束克里米亚战争的《巴黎条约》。1877年，拒绝履行《巴黎条约》后，俄罗斯帝国立刻派兵入侵奥斯曼帝国。关键时刻，英国及时介入，扭转了局势。比肯斯菲尔德伯爵本杰明·迪斯雷利迅速集结了驻扎在印度的英国军队，前往伊斯坦布尔海峡，为当地的英国军队提供援助。1878年的柏林会议阻止了俄罗斯帝国继续担任奥斯曼帝国的"保护国"。本杰明·迪斯雷利买下了苏伊士运河公司的最大股份，并且让塞浦路斯成了黎凡特的英国军事基地。本杰明·迪斯雷利对英国外交政策中"东方问题"的影响力仅次于亨利·约翰·坦普尔。

俄罗斯帝国对印度的觊觎是导致19世纪后期亚洲小规模战争的主要原因。英国人的当务之急是加强对印度的统治。发生在阿富汗、贝洛奇、锡克、缅甸的战争，以及1857年的印度民族大起义等发生在亚洲前线的冲突，推动英国建立起了一个团结、自给自足、不容侵犯的帝国。英国在中国和日本追求的外交政策将俄罗斯帝国排除在外。在亚洲，英国大力发展自由贸易，任命能力高超的官员管理亚洲事务。有时，像哈里·帕克斯这样务实能干的英国官员甚至能起到比军队更重要的作用。

超过一个世纪以来，英国在非洲的外交政策仅限于发展殖民地。阿比西尼亚[①]、阿散蒂人聚居区和南非等地发生的战争结束后，在非洲，英国与其他欧洲国家展开和平竞争。谁也不知道这些欧洲殖民帝国的未来会怎样。为了维持和平与合作，欧洲国家穷尽外交资源，竭力做到相互理解，甚至有时会采取仲裁的方式。欧洲的殖民帝国既开拓了非洲市场，也为非洲人民和非洲文明提供了一个更光明的前景。

发展为数众多、意义重大的殖民地不是英国外交政策的全部。英国外交政策每年都会根据局势变化，做出调整和增添新内容。英国不会再犯18世纪末的错误，英国及其殖民地之间的和平关系对英国大有裨益。英国全世界各地的殖民地进一步增强了大英帝国的实力。

---

① 今埃塞俄比亚。——原注

"特伦特事件",美国军舰"圣哈辛托"号(右)拦截英国邮轮"特伦特"号

1878年的柏林会议

比肯斯菲尔德伯爵本杰明·迪斯雷利

哈里·帕克斯

一种古老的观点认为，埃及既不属于欧洲，也不属于亚洲或非洲。20世纪，这种观点仍具有一定的正确性。埃及曾获得过一段时间的独立地位，与君士坦丁堡同属神秘的"东方问题"。埃及发生叛乱后，英国介入和干涉了埃及事务，导致英国改变了已经持续一百五十年的地中海政策。小威廉·皮特、乔治·坎宁、亨利·约翰·坦普尔和本杰明·迪斯雷利都曾为现代英国外交政策的形成做出重大贡献。他们体现了英国外交政策的延续性。除非英国遇到紧急情况，如当英国贸易和国家财产即将遭遇重大损失，或者英国人民和国家安全遭遇重大威胁时，否则英国外交政策将会一如既往地延续下去。

尽管英国人民可能不太了解，但任何党派的政治家都十分清楚，教育的普及极大地提高了英国人的知识水平。在教育普及的过程中，历史学也对提高英国人的素质发挥了重要作用。历史研究已经不再仅限于探究史实，也不再只是学者感兴趣的学科，而是开始产生现实意义。历史学更多地发挥了诠释作用，成为照亮国家和民族未来的一盏明灯。通过对历史案例的分析，在未来，国家可以避免重走弯路。历史学的发展和进步最终会为人类带来和平与繁荣。

译名对照表

Abolition of the Slave-trade Act	《废除奴隶贩卖法案》
Aboukir	阿布基尔
Abyssinia	阿比西尼亚
Acadian	阿卡迪亚
Acre	阿科
Act of Settlement	《王位继承法》
Adam Duncan	亚当·邓肯
Adolphe Thiers	阿道夫·梯也尔
Adriatic	亚得里亚海
Afghan	阿富汗
Albemarle Bertie	阿尔比马尔·伯蒂
Alexander Hood	亚历山大·胡德
Alexander I	亚历山大一世
Alexander Pope	亚历山大·波普
Alexandria	亚历山大港
Alfred Thayer Mahan	阿尔弗雷德·塞耶·马汉
Algiers	阿尔及尔
Alps	阿尔卑斯山脉
Amboyna	安汶岛
American Treaty	《美洲条约》
Amphictyonic Council	同盟会议

Amphictyonic Council	近邻同盟
André Masséna	安德烈·马塞纳
André-Hercule de Fleury	安德烈－埃居尔·德·弗勒里
Angles	昂格鲁人
Anglo-Saxons	盎格鲁－撒克逊人
Anne Hilarion de Costentin	安内·伊拉里翁·德·科斯唐坦
Anti-Jacobin	反雅各宾派
Antwerp	安特卫普
Aquitaine	阿基坦大区
Aragon	阿拉贡
Aragonese	阿拉贡王国
Armed Neutrality	武装中立
Arthur Hamilton-Gordon	阿瑟·汉密尔顿－戈登
Arthur Herbert	阿瑟·赫伯特
Arthur Onslow	阿瑟·翁斯洛
Arthur Wellesley	阿瑟·韦尔斯利
Ashantee	阿散蒂人
Assiento	售奴许可证
Attila	阿提拉
Auguste de Marmont	奥古斯特·德·马尔蒙
Augustus Hervey	奥古斯塔斯·赫维
Augustus Keppel	奥古斯塔斯·凯佩尔
Australia	澳大利亚
Austria	奥地利
Austrian Empire	奥地利帝国
Badajoz	巴达霍斯
Balearic Islands	巴利阿里群岛
Balkans	巴尔干半岛
Baltic states	波罗的海国家
Bar	巴尔
Barcelona	巴塞罗那
Baron Stanmore	斯坦莫尔男爵

Bartholomew Frere	巴塞洛缪·弗里尔
Battle of Arcole	阿尔科莱战役
Battle of Austerlitz	奥斯特利茨战役
Battle of Bautzen	包岑战役
Battle of Bayonne	巴约讷战役
Battle of Blenheim	布伦海姆战役
Battle of Bordeaux	波尔多战役
Battle of Borodino	博罗季诺战役
Battle of Cape St Vincent	圣文森特角战役
Battle of Culloden	卡洛登战役
Battle of Custozza	库斯托扎战役
Battle of Flodden	弗洛登战役
Battle of Hohenlinden	霍恩林登战役
Battle of Italy	意大利战役
Battle of Landen	兰登战役
Battle of Lodi	洛迪战役
Battle of Lutzen	吕岑战役
Battle of Navarino	纳瓦里诺战役
Battle of Nive	尼夫河战役
Battle of Nivelle	尼韦勒战役
Battle of Novara	诺瓦拉战役
Battle of Orthez	奥尔泰兹战役
Battle of Salamanca	萨拉曼卡战役
Battle of Steenkerque	斯德克尔克战役
Battle of Talavera	塔拉韦拉战役
Battle of the nations	诸国之战
Battle of the Nile	尼罗河战役
Battle of Toulon	土伦战役
Battle of Toulouse	图卢兹战役
Battle of Trafalgar	特拉法尔加战役
Battle of Waterloo	滑铁卢战役
Bavaria	巴伐利亚公国

Bay of Biscay	比斯开湾
Bay of Campeachy	坎佩切湾
Beachy Head	比奇角
Belfast	贝尔法斯特
Belgium	比利时
Belooch	贝洛奇
Benjamin Disraeli	本杰明·迪斯雷利
Benjamin Keen	本杰明·基恩
Berlin Conference	柏林会议
Berlin Decree	柏林法令
Berwick	"贝维克"号
Bible	《圣经》
Bidassoa	比达索阿河
Bishop of Fréjus	弗雷瑞斯枢机主教
Black Friday	黑色星期五
Black sea	黑海
Bonn	波恩
Boulogne	布洛涅
Brazil	巴西
Brest	布雷斯特
Bristol	布里斯托尔
British Empire	大英帝国
British Isles	不列颠群岛
British Navy	英国陆军
Brittany	布列塔尼公国
Burgundy	勃艮第
Burmese	缅甸
Byzantine Empire	拜占庭帝国
Cabot	卡伯特
Cadiz	加的斯
Camillo Benso	卡米洛·本索
Camperdown	坎珀当

Canada	加拿大
Canary Islands	加那利群岛
Cannes	戛纳
Cape of Good Hope	好望角
Cardinal Richelieu	枢机主教黎塞留
Carew Raleigh	卡鲁·罗利
Caribbean Seas	加勒比海
Carlos II	卡洛斯二世
Carlovingian	加洛林王朝
Caroline of Brunswick	不伦瑞克的卡罗琳
Castile	卡斯蒂尔
Catalonia	加泰罗尼亚
Catherine the Great	叶卡捷琳娜大帝
Celtic	凯尔特人
Ceylon	锡兰
Channel	英吉利海峡
Charlemagne	查理曼大帝
Charles Broke Vere	查尔斯·布罗克·维尔
Charles Cornwallis	查尔斯·康沃利斯
Charles I	查理一世
Charles James Fox	查尔斯·詹姆斯·福克斯
Charles Maurice de Talleyrand-Périgord	夏尔·莫里斯·德·塔列朗-佩里戈尔
Charles Middleton	查尔斯·米德尔顿
Charles Moore	查尔斯·摩尔
Charles Napier	查尔斯·内皮尔
Charles Saunders	查尔斯·桑德斯
Charles the Bold	"大胆"查理
Charles V	查理五世
Charles VI	查理六世
Charles Wager	查尔斯·韦杰
Charles Whitworth	查尔斯·惠特沃思
Charles William Ferdinand	查尔斯·威廉·斐迪南

Charter of Liberties	《自由宪章》
Cheseapeak	切萨皮克
Childe Harold's Pilgrimage	《蔡尔德·哈罗德游记》
China	中国
Christian IV	克里斯蒂安四世
Christian VII	克里斯蒂安七世
Christopher Codringtons	克里斯托弗·科德林顿
Cinque Port Volunteers	五港同盟志愿海军
Cisalpine Republic	奇萨尔皮尼共和国
Ciudad Rodrigo	罗德里戈城
Clique Ports	五港同盟
Commentaries on the History of England	《英格兰历史评论》
Concert of Europe	欧洲协调
Confederation of the Rhine	莱茵邦联
Congress of Chatillon	查狄伦会议
Congress of Erfurt	爱尔福特大会
Congress of Vienna	维也纳会议
Constantinople	君士坦丁堡
Constitutionalism	宪政主义
Convention of Pardo	《帕尔多公约》
Copenhagen	哥本哈根
Count of Gondomar	贡多马尔伯爵
Crimean War	克里米亚战争
Cromwellian Settlement	《克伦威尔协议》
Cuthbert Collingwood	卡斯伯特·科林伍德
Cyprus	塞浦路斯
Danes	丹麦人
Danube	多瑙河
Darien	达里恩
David Leslie	戴维·莱斯利
Declaration to the Nations	《公开宣言》
Deist	自然神论者

Demerara	德梅拉拉
Denmark	丹麦王国
Dettingen	代廷根
Diego Sarmiento de Acuña	迭戈·萨缅托·德·阿库纳
Dietrich Heinrich von Bulow	迪耶特里克·海因里希·冯·比洛
Downs	唐斯
Dresden	德累斯顿
Dublin	都柏林
Duke of Brunswick	不伦瑞克公爵
Duke of Buckingham	白金汉公爵
Duke of Cumberland	坎伯兰公爵
Duke of Gloucester	格洛斯特公爵
Duke of Lorraine	洛林公爵
Duke of Marlborough	马尔伯勒公爵
Duke of Monmouth	蒙茅斯公爵
Duke of Newcastle	卡斯尔公爵
Duke of Portland	波特兰公爵
Duke of Sully	苏利公爵
Duke of Wellington	威灵顿公爵
Duke of York	约克公爵
Duke of York and Albany	约克公爵兼奥尔巴尼公爵
Dunbar	邓巴
Dunkirk	敦刻尔克
Earl Granville	格兰维尔伯爵
Earl of Aberdeen	阿伯丁伯爵
Earl of Bath	巴斯伯爵
Earl of Beaconsfield	比肯斯菲尔德伯爵
Earl of Bristol	布里斯托尔伯爵
Earl of Bute	比特伯爵
Earl of Chatham	查塔姆伯爵
Earl of Chesterfield	切斯特菲尔德伯爵
Earl of Liverpool	利物浦伯爵

Earl of Malmesbury	马姆斯伯里伯爵
Earl of Minto	明托伯爵
Earl of Portland	波特兰伯爵
Earl of Stair	斯泰尔伯爵
Earl of Torrington	托灵顿伯爵
East India Company	东印度公司
Eastern Question	东方问题
Ebro	埃布罗河
Edinburgh Review	《爱丁堡评论》
Edmund Burke	埃德蒙·伯克
Edward Boscawen	爱德华·博斯科恩
Edward Braddock	爱德华·布拉多克
Edward Codrington	爱德华·科德林顿
Edward Fitzgerald	爱德华·菲茨杰拉德
Edward III	爱德华三世
Edward Montagu	爱德华·蒙塔古
Edward Russell	爱德华·罗素
Edward Vernon	爱德华·弗农
Edward VI	爱德华六世
Edward VII	爱德华七世
Egypt	埃及
Elba	厄尔巴岛
Elbe	易北河
Elector of Bavaria	巴伐利亚选帝侯
Electorate of Brandenburg	勃兰登堡选帝侯
Elisabetta Farnese	埃丽莎贝塔·法尔内塞
Elizabeth I	伊丽莎白一世
Emmanuel de Grouchy	埃马纽埃尔·德·格鲁希
Emperor of the West	西方皇帝
Empress Joséphine	约瑟芬皇后
English Civil War	英格兰内战
Essequibo	埃塞奎博

Eugène de Beauharnais	欧仁·德·博阿尔内
European concert	欧洲协调
European confederation	欧洲同盟
Evelyn Ashley	伊夫林·阿什利
Eylau	艾劳
Fair of Pannama	巴拿马博览会
Falkland Islands	福克兰群岛
Family of Pett	佩特家族
Faversham	法弗舍姆
Federico Gravina	费德里科·格拉维纳
Ferdinand I	斐迪南一世
Ferrol	费罗尔
Finland	芬兰
First French Empire	法兰西第一帝国
Flanders	佛兰德斯人
Flemish	佛兰芒
Flemish Alliance	佛兰芒联盟
Fontainebleau	枫丹白露
Foreign Secretary	外交大臣
Foxite	福克斯派
Francis Drake	弗朗西斯·德雷克
Francis Hosier	弗朗西斯·霍西尔
Francis I	弗朗索瓦一世
Francis II	弗朗索瓦二世
François Bonivard	弗朗索瓦·博尼瓦尔
Frankfort	法兰克福
Franks	法兰克人
Frédéric-César de La Harpe	弗雷德里克-塞萨尔·德·拉·阿尔普
Frederick North	弗雷德里克·诺思
Frederick Roberts	弗雷德里克·罗伯茨
Frederick Warren	弗雷德里克·沃伦
Frederick William III	腓特烈·威廉三世

French Consulate	法兰西执政府
French First Republic	法兰西第一共和国
French Revolution	法国大革命
French Second Republic	法兰西第二共和国
Friedland	弗里德兰
Fund of Credit	信用基金
Gaeta	加埃塔
Gallican Church	天主教会
Gallican Liberty	高卢自由
Gallo-Franks	加洛-法兰克人
Gascony	加斯科涅
Gebhard Leberecht von Blücher	格布哈特·莱贝雷希特·冯·布吕歇尔
George Anson	乔治·安森
George Brydges Rodney	乔治·布里奇斯·罗德尼
George Canning	乔治·坎宁
George de Lacy Evans	乔治·德·莱西·埃文斯
George Gordon Byron	乔治·戈登·拜伦
George Grenville	乔治·格伦维尔
George Hamilton Gordon	乔治·汉密尔顿·戈登
George Howe	乔治·豪
George I	乔治一世
George III	乔治三世
George IV	乔治四世
George Monk	乔治·蒙克
George Pocock	乔治·波科克
George Rooke	乔治·鲁克
George Villiers	乔治·维利尔斯
George Washington	乔治·华盛顿
Gilbert Elliot-Murray-Kynynmound	吉尔伯特·埃利奥特-默里-基宁蒙德
Giuseppe Mazzini	朱塞佩·马志尼
Glorious Revolution	光荣革命
Governor-General	总督

Gracow	格拉科夫
Grand Alliance	大同盟
Grattan Parliament	格拉顿议会
Great conception	大构想
Greece	希腊人
Gross-Beeren	大贝伦
Gulf of Lyons	里昂湾
Gulf of Mexico	墨西哥湾
Gustav IV Adolf	古斯塔夫四世·阿道夫
Gustavus Adolphus	古斯塔夫·阿道夫
Halifax	哈利法克斯
Hamburg	汉堡
Hanover	汉诺威
Hanse	汉萨同盟
Harry Parks	哈里·帕克斯
Heeren	黑伦
Heligoland	赫尔果兰岛
Henry Addington	亨利·阿丁顿
Henry Bentinck	亨利·本廷克
Henry Hallam	亨利·哈勒姆
Henry John Temple	亨利·约翰·坦普尔
Henry St. John	亨利·圣约翰
Henry VII	亨利七世
Henry VIII	亨利八世
Hesse	黑森
History of England	《英国历史》
Holland	荷兰共和国
Holy Alliance	神圣同盟
Holy Roman Empire	神圣罗马帝国
Home Secretary	内政大臣
Honoré Gabriel Riqueti	奥诺雷·加布里埃尔·里克蒂
Honoré Joseph Antoine Ganteaume	奥诺雷·约瑟夫·安托万·冈托姆

Horatio Nelson	霍雷肖·纳尔逊
House of Bourbon	波旁王朝
House of Hanover	汉诺威王朝
House of Lords	上议院
House of Normandy	诺曼底王朝
House of Orange	奥兰治家族
House of Peers	参议院
House of Plantagenet	金雀花王朝
House of York	约克家族
Hudson Lowe	哈德孙·劳
Hugo Grotius	胡戈·赫罗齐厄斯
Huguenots	胡格诺派
Hundred Days	百日王朝
Hungary	匈牙利
Huy	于伊
Hyde Parker	海德·帕克
Iberian Peninsula	伊比利亚半岛
Illyria	伊利里亚
Imperial Church	帝国教会
Imperial England	《英格兰帝国》
Imperial Federation	帝国邦联
Imperialist	帝国主义者
India Bill	《印度法案》
Indian Rebellion of 1857	1857年的印度起义
Indian tribes	印第安部落
Ionian Islands	伊奥尼亚群岛
Ireland	爱尔兰
Irish rebellion of 1803	1803年爱尔兰叛乱
Island of Cape Breton	布雷顿角岛
Island of Jamaica	牙买加岛
Isle of France	法兰西岛
Isle of Wight	怀特岛

Isles of Greece	《希腊群岛》
Italian Wars	意大利战争
Italy Peninsula	意大利半岛
Jacobin Clubs	雅各宾俱乐部
Jacobitism	詹姆斯党
Jacques MacDonald	雅克·麦克唐纳
James Francis Edward Stuart	詹姆斯·弗朗西斯·爱德华·斯图亚特
James Gambier	詹姆斯·甘比尔
James Harris	詹姆斯·哈里斯
James I	詹姆斯一世
James Scott	詹姆斯·斯科特
James Stanhope	詹姆斯·斯坦霍普
James Stuart	詹姆斯·斯图亚特
James VI	詹姆斯六世
James Wolfe	詹姆斯·沃尔夫
Japan	日本
Jean Victor Marie Moreau	让·维克多·马里·莫罗
Jean-Andoche Junot	让-安多什·朱诺
Jean-Baptiste Bernadotte	让-巴蒂斯特·贝纳多特
Jean-Jacques Rousseau	让-雅克·卢梭
Jeffery Amherst	杰弗里·阿默斯特
Joachim Murat	若阿基姆·缪拉
John Barnard	约翰·巴纳德
John Byng	翰·宾
John Carteret	约翰·卡特里特
John Churchill	约翰·丘吉尔
John Dalrymple	约翰·达尔林普尔
John Graham	约翰·格雷厄姆
John Hawkins	约翰·霍金斯
John Jervis	约翰·杰维斯
John Knox Laughton	约翰·诺克斯·劳顿
John Leake	约翰·利克

John Moore	约翰·摩尔
John Narbrough	约翰·纳伯勒
John Stuart	约翰·斯图尔特
Joseph Bonaparte	约瑟夫·波拿巴
Joseph François Dupleix	约瑟夫·弗朗索瓦·迪普莱
Joseph II	约瑟夫二世
Joseph Radetzky von Radetz	约瑟夫·拉德茨基·冯·拉德茨
Junius	朱尼厄斯
Jutes	朱特人
Karl Philipp	卡尔·菲利普
Katzbach	卡茨巴赫
King of Italy	意大利国王
Kingdom of the Two Sicilies	两西西里王国
Klemens Wenzel von Metternich	克莱门斯·温策尔·冯·梅特涅
Knights of Malta	马耳他骑士
Kremlin	克里姆林宫
Lancastrian	兰开斯特派
Lancastrians	兰开斯特家族
League of Armed Neutrality	武装中立同盟
League of Augsburg	奥格斯堡同盟
Legitimist	世袭王位主义者
Leopold I	利奥波德一世
Leopold von Ranke	利奥波德·冯·兰克
Levant	黎凡特
Liberalism	自由主义
Life of Admiral Lord Hawke	《海军上将爱德华·霍克传》
Ligny	利尼
Limbourg	林堡
Lines of Torres Vedras	托里什韦德拉什防线
Lisbon	里斯本
Livonia	利沃尼亚
Livonians	利沃尼亚人

Lombardy	伦巴第
Lord Lieutenant	治安长官
Lord Newark	纽瓦克勋爵
Lord Peterborough	彼得伯勒勋爵
Lorraine	洛林
Lotharingia	洛塔林
Louis Gabriel Suchet	路易·加布里埃尔·叙歇
Louis Philippe I	路易·腓力一世
Louis VIII	路易八世
Louis XIV	路易十四
Louis XVIII	路易十八
Louisbourg	路易斯堡
Louise of Orléans	奥尔良的路易丝
Louisiana	路易斯安那
Low Countries	低地国家
Luxemburg	卢森堡
Maarten Tromp	马尔滕·特龙普
Maddalena Islands	马达莱纳岛
Madrid	马德里
Magenta	马真塔
Mahon	马翁港
Mahratta	马拉塔帝国
Malacca	马六甲
Malta	马耳他
Mare Liberum	公海
Marengo	马伦戈
Margaret Tudor	玛格丽特·都铎
Maria Christina	玛丽亚·克里斯蒂娜
Maria II	玛丽亚二世
Maria Louise	玛丽亚·路易斯
Maria Theresa	玛丽亚·特雷莎
Marquis of Pombal	蓬巴尔侯爵

Marshal Forwards	前进元帅
Martinique	马提尼克
Mary I	玛丽一世
Mary II	玛丽二世
Maurice de Saxe	莫里斯·德·萨克斯
Maximilian I	马克西米利安一世
Maximilian I Joseph	马克西米利安一世·约瑟夫
Maximilien de Béthune	马克西米利安·德·贝蒂纳
Mediteranean	地中海
Methuen Treaty	《梅休因条约》
Michael de Ruyter	迈克尔·德·勒伊特
Michel Ney	米歇尔·奈伊
Middle Ages	中世纪
Middle Passage	中间航程
Miguel I	米格尔一世
Milan Decree	米兰法令
Minorca	梅诺卡岛
Mississippi	密西西比河
Montmartre	蒙马特尔
Moors	摩尔人
Morea	摩里亚
Moscow	莫斯科
Muhammad Ali	穆罕默德·阿里
Muscovy	莫斯科公国
Naples	那不勒斯
Napoléon Bonaparte	拿破仑·波拿巴
Napoleon III	拿破仑三世
Napoleonic Wars	拿破仑战争
Napoleonism	拿破仑主义
Narrow Seas	爱尔兰海
Nation of Shopkeepers	商人的国度
National Assembly	国民议会

National Debt	国债
National Guards	国民警卫队
New England	新英格兰
New England States	新英格兰州
New Orleans	新奥尔良
New World	新世界
Nice	尼斯
Nicholas I	尼古拉一世
Nicolas Jean de Dieu Soult	尼古拉·让·德·迪厄·苏厄特
Nicolas Oudinot	尼古拉·乌迪诺
Niemen	尼曼河
Nootka Sound	努特卡海湾
Normandy	诺曼底
North Sea	北海
Nova Scotia	新斯科舍
Old Whigs	老辉格党
Oldenburg	奥尔登堡
Oliver Cromwell	奥利弗·克伦威尔
Orders in Council	《枢密令》
Orthodox Tory	传统托利党
Ottoman Empire	奥斯曼帝国
Palatinate	巴拉丁领地
Palatine	普法尔茨
Pampelona	潘普洛纳
Panal Laws	《惩罚法案》
Paolo Sarpi	保罗·萨尔皮
Partition Treaties	《分治条约》
Patriot	爱国者
Peace of 1604	《1604年和约》
Peace of Ghent	《根特和约》
Peace of Paris	《巴黎和约》
Peace of Ryswick	《赖斯韦克和约》

Peace of Tilsit	《蒂尔西特和约》
Peace of Utrecht	《乌得勒支和约》
Peace of Versailles	《凡尔赛和约》
Peace of Vienna	《维也纳条约》
Peace of Villafranca	《比利亚弗兰卡和约》
Peace of Westphalia	《威斯特伐利亚和约》
Peninsula of Otranto	奥特朗托半岛
Peninsular War	半岛战争
Peninsular War	《半岛战争》
Pension Parliament	受资助议会
Perkin Warbeck	珀金·沃贝克
Persia Empire	波斯帝国
Peter the Great	彼得大帝
Philip I	腓力一世
Philip II	腓力二世
Philip Stanhope	菲利普·斯坦诺普
Picardy	皮卡第
Pierre Dupont de l'Étang	皮埃尔·杜邦·德·莱唐
Pierre Paul Guérin de Tencin	皮埃尔·保罗·介朗·德·唐森
Pierre-Charles Villeneuve	皮埃尔-夏尔·维尔纳夫
Pilnitz	皮尔尼茨
piracy of Barbary States	柏柏里海盗
Pius IX	庇护九世
Poland	波兰
Pomerania	波美拉尼亚
Porte	宫廷
Porto Bello	波托贝洛
Portugal	葡萄牙王国
Pretender	王位觊觎者
Prime Minister of France	法兰西王国首席大臣
Primitive Church	初期教会
Prince Eugene of Savoy	萨伏伊的欧根亲王

Prince Frederick	弗雷德里克亲王
Prince of Schwarzenberg	施瓦岑贝格亲王
Prince of Wale Frederick	威尔士亲王弗雷德里克
Prince Rupert of Rhine	莱茵河的鲁珀特亲王
Prince William	威廉王子
Princess Charlotte of Wales	威尔士的夏洛特公主
Prisoner of Chillon	《西庸的囚徒》
Protectorate	保护国
Protestant	新教教徒
Provence	普罗旺斯
Province of Gipuzkoa	吉普斯夸省
Prussia	普鲁士王国
Prussian	普鲁士人
Quadruple Alliance	四国同盟
Quadruple Treaty	《四国协议》
Queen Victoria	维多利亚女王
Ralph Abercromby	拉尔夫·阿伯克龙比
Rebellion of 1745	1745年叛乱
Reform Bill	《改革法案》
Reformation	宗教改革
Regent of France	法兰西摄政
Religious Wars	宗教战争
Renaissance	文艺复兴
Revolt of the American colonies	北美殖民地叛乱
Rhenish Confederation	莱茵同盟
Rhine	莱茵河
Richard Lestock	理查德·勒斯托克
Richard Wellesley	理查德·韦尔斯利
Right of Search	搜查权
Rise of Wellington	《威灵顿公爵阿瑟·韦尔斯利的发迹》
Robert Banks Jenkinson	罗伯特·班克斯·詹金森
Robert Blake	罗伯特·布莱克

Robert Calder	罗伯特·考尔德
Robert Clive	罗伯特·克莱夫
Robert Emmet	罗伯特·埃米特
Robert Jenkins	罗伯特·詹金斯
Robert Stewart	罗伯特·斯图尔特
Robert Walpole	罗伯特·沃波尔
Rochefort	罗什福尔
Rock of Gibraltar	直布罗陀巨岩
Roermond	鲁尔蒙德
Romanised Britons	罗马人统治下的不列颠人
Romans	罗马人
San Sebastian	圣塞巴斯蒂安
Saracens	撒拉逊人
Saragossa	萨拉戈萨
Sardinia	撒丁王国
Savoy	萨伏伊
Saxony	萨克森王国
Scandinavian	北欧国家
Sea-Power	海权论
Sebastian Cabot	塞巴斯蒂安·卡伯特
Sebastião José de Carvalho e Melo	塞巴斯蒂昂·若泽·德·卡瓦略·梅洛
Second French Empire	法兰西第二帝国
Secretary of Ireland	爱尔兰事务大臣
Seven Years' War	七年战争
Shannon	香农
Sicily	西西里岛
Sidney Smith	悉尼·史密斯
Siege of Namur	那慕尔之围
Sikh	锡克
Silvio Pellico	西尔维奥·佩立科
Slave Trade Act 1807	《1807年奴隶贸易法》
Solferino	索尔费里诺

South Africa	南非
South Sea Company	南海公司
Spain	西班牙王国
Spanish America	西属美洲
Spanish Armada	西班牙舰队
Spanish Peninsula	西班牙半岛
Spanish ulcer	西班牙溃疡
Spanish War	西班牙战争
Spencer Perceval	斯潘塞·珀西瓦尔
Spithead	斯皮特黑德
St Helena	圣赫勒拿岛
St Lucia	圣卢西亚
St. Lawrencee	圣劳伦斯
Stamp Act	《印花税法案》
Sterling patriotism	英式爱国主义
Storm of Nations	国家风暴
Storm of Smolensk	斯摩棱斯克攻防战
Strait of Istanbul	伊斯坦布尔海峡
Straits of Gibraltar	直布罗陀海峡
Straits of Messina	墨西拿海峡
Stuart Dynasty	斯图亚特王朝
Suez Canal	苏伊士运河
Sweden	瑞典王国
Swiss	瑞士人
Switzerland	瑞士
Syria	叙利亚
Tagus	塔古斯
Tartars	鞑靼人
Tenerife	特内里费岛
The ghost of Francis Hosier	《弗朗西斯·霍西尔的鬼魂》
The Union of 1706	《1706年合并法案》
Theory of maritime freedom	海洋自由理论

Thirty Years' War	三十年战争
Thomas Babington Macaulay	托马斯·巴宾顿·麦考利
Thomas Clarkson	托马斯·克拉克森
Thomas Durell	托马斯·迪雷尔
Transylvania	特兰西瓦尼亚
Treaty of Amiens	《亚眠条约》
Treaty of Chaumont	《肖蒙条约》
Treaty of Kuchuk-Kainarji	《库丘克-开纳吉条约》
Treaty of Luneville	《吕内维尔条约》
Treaty of Munster	《明斯特条约》
Treaty of Nijmegen	《奈梅亨条约》
Treaty of Paris	《巴黎条约》
Treaty of Seville	《塞利维亚条约》
Treaty of Toplitz	《托普利茨条约》
Treaty of Vienna	《维也纳条约》
Trent Affair	特伦特事件
Trinidad	特立尼达
Tripoli	的黎波里
Tsardom of Russia	俄罗斯沙皇国
Tunis	突尼斯
Turin	都灵
Turks	土耳其人
Tuscany	托斯卡纳
Venetia	威尼提亚
William Pulteney	威廉·普尔特尼
William Schaw Cathcart	威廉·肖·卡思卡特
William Wilberforce	威廉·威尔伯福斯
William Wyndham	威廉·温德姆
William Wyndham Grenville	威廉·温德姆·格伦维尔
Yorkist	约克派
Yorktown	约克镇